西安交通大学
人口与发展研究所·学术文库

出生性别比
治理绩效的影响机制

—— 基于制度分析视角的实证研究

毕雅丽　李树茁／著

AN EMPIRICAL RESEARCH ON
INFLUENCING MECHANISM OF
THE PERFORMANCE OF
THE GOVERNANCE OF SRB IN CHINA
Perspective of Institutional Analysis

社会科学文献出版社
SOCIAL SCIENCES ACADEMIC PRESS (CHINA)

总　序

　　西安交通大学人口与发展研究所一直致力于社会性别歧视与弱势群体问题的研究，在儿童、妇女、老年人、失地农民、城乡流动人口（农民工）和城镇企业困难职工等弱势群体的保护和发展领域进行了深入研究。研究所注重国内外的学术交流与合作，已承担并成功完成了多项国家级、省部级重大科研项目及国际合作项目，在弱势群体、人口与社会发展战略、公共政策研究等领域积累了丰富的理论与实践经验。

　　研究所拥有广泛的国际合作网络，与美国斯坦福大学人口与资源研究所、杜克大学、加州大学尔湾分校、南加州大学、加拿大维多利亚大学、圣塔菲研究所等国际知名大学和研究机构建立了长期的学术合作与交流关系，形成了研究人员互访和合作课题研究等机制；同时，研究所多次受联合国人口基金会、联合国儿童基金会、联合国粮农组织、世界卫生组织、国际计划、美国 NIH 基金会、美国福特基金会、麦克阿瑟基金会等国际组织的资助，合作研究了多项有关中国弱势群体问题的项目。国际合作使研究所拥有了相关学术领域的国际对话能力，扩大了国际影响力。

　　研究所注重与国内各级政府部门的密切合作，已形成了与国家、地方各级政府的合作研究网络，为研究的开展及研究成果的推广提供了有利条件和保障。研究所多次参与有关中国弱势群体、国家与省区人口与发展战略等重大社会问题的研究，在有关政府部门、国际机构的共同合作与支持下，在计划生育和生殖健康、女童生活环境等领域系统地开展了有关弱势群体问题的研究，并将研究结果应用于实践，进行了社区干预与传播扩散。1989 年以来，研究所建立了 6 个社会实验基地，包括"全国 39 个县建设新型婚育文化社区实验网络"（1998 ~ 2000 年，国家人口和计划生育委员会）、

"巢湖改善女孩生活环境实验区"（2000～2003 年，美国福特基金会、国家人口和计划生育委员会）、"社会性别引入生殖健康的实验和推广"（2003年至今，美国福特基金会、联合国人口基金会与国家人口与计划生育委员会）等。其中，"巢湖改善女孩生活环境实验区"在国内外产生了重要的影响，引起了国家和社会各界对男孩偏好问题的重视，直接推动了全国"关爱女孩行动"的开展。

近年来，研究所开始致力于人口与社会可持续发展的理论、方法、政策和实践的系统研究，尤其关注以社会性别和社会弱势人群的保护与发展为核心的交叉领域。作为国家"985 工程"研究基地的重要组成部分，研究所目前的主要研究领域包括：人口与社会复杂系统的一般理论、分析方法与应用研究——探索人口与社会复杂系统的理论和方法，分析人口与社会复杂系统的一般特征及结构，建立人口与社会复杂系统模型，深入分析社会发展过程中出现的重大人口与社会问题；人口与社会政策创新的一般理论、分析方法与应用研究——分析人口与社会政策创新的理论内涵与模式，人口与社会政策创新的政策环境、条件、机制、过程与应用，建立人口与社会政策创新评估体系；转型期面向弱势群体保护与发展的社会政策创新研究、评价与实践——以多学科交叉的研究方法，研究农村流动人口在城镇社会的融合过程，分析农民工观念与行为的演变及其影响机制，研究其人口与社会后果，探索促进农民工社会融合的途径，探讨适合中国国情的城镇化道路；国家人口与社会可持续发展决策支持系统的研究与应用——在人口与社会复杂系统和人口与社会政策创新研究的基础上，结合弱势群体研究所得到的结果，面向国家战略需求，从应用角度建立人口与社会可持续发展决策支持系统，形成相应的数据库、模型库、知识库和方法库，解决人口与社会可持续发展过程中的重大战略问题。

中国社会正处于人口与社会的急剧转型期，性别歧视、城乡社会发展不平衡、弱势群体等问题日益凸显，社会潜在危机不断增大，影响并制约着人口与社会的可持续发展。西安交通大学人口与发展研究所的研究成果有利于解决中国社会面临的、以社会性别和弱势群体保护与发展为核心的人口与社会问题。本学术文库将陆续推出其学术研究成果，以飨读者。

摘　要

从传统的公共行政理论到公共治理理论，是公共行政理论自身发展和社会公共事务管理日趋复杂化和多元化相交织的产物，而公共行政理论变迁的每一个阶段都伴随着理论基础、价值取向、研究重点和研究方法的更替、调整和转变。人口问题一直是中国面临的重大社会问题，也是政府公共事务管理的重要议题之一。人口问题主要是人口的数量、质量、结构等与社会经济和资源环境之间不协调而产生的影响人类生存和发展的各种社会问题的总称。出生性别比（又称出生人口性别比）问题是当前较为突出的人口问题，性别结构失衡态势仍未根本改变是人口新常态之一。2013 年统计数据显示我国出生性别比连续 5 年下降，但下降程度非常有限，2014 年仍达到 115.88，出生性别比严重偏高的态势并未得到根本改变。陕西省曾是国家重点管理和督导的 14 个出生性别比处于较高状态的省份之一，从 2005 年开始经过近 5 年的综合治理，虽然出生性别比有所下降，但 2010 年陕西省出生性别比仍达到 115.3，依然属于全国出生人口性别比偏高的 7 个省份之一。微观个体层面，受儒家文化"重男轻女"传统的影响，男孩偏好仍在陕西省大部分地区存在。中观层面的治理虽然有一定效果，但成效并不显著。加之宏观制度环境的变迁，陕西省出生性别比治理问题面临诸多不确定性。而对于出生性别比治理绩效问题，虽然已有一些研究成果，但是已有研究无论在理论构建还是研究方法上都有待扩展和深化。

基于上述背景，本书首先提出了出生性别比治理绩效分析的微观行动舞台 – 中观制度结构 – 宏观制度环境（ASSP）的分析框架。该框架以制度分析与发展框架为基础，结合出生性别比治理绩效的现状与特征对原有框架进行扩展、修正与整合，在此基础上提出面向出生性别比治理绩效分析的综合分析框架，从而为分析我国出生性别比治理绩效的影响机制提供新的理论路径和方法；在分析框架的基础上，使用 2009～2010 年"陕西省综合治理出生性别比工作的态势、模式和战略"数据进行了实证分析，通过数据结果验证了微观个体行动、中观制度结构以及宏观制度环境因素对我国出生性别比治理的影响机制及路径。在研究方法上，本书综合使用了定量与质性研究方法，包括分层线性统计方法、宏观经济计量统计方法和一般的回归方法以及社会学、心理学、人口学和公共管理学等多学科交叉应用的质性研究方法。首先，揭示了出生性别比治理中的治理对象和治理主体的个体心理及行为偏好对出生性别比治理绩效的影响机制。其次，揭示了制度结构对出生性别比治理绩效的影响机制。实证研究发现，制度结构对出生性别比治理绩效各个维度均产生显著的差异性影响。最后，揭示了制度环境，包括静态的制度环境和动态的制度变迁对出生性别比治理绩效的影响机制。

本书根据研究结果，向国家和地方政府提出了改进出生性别比治理绩效的政策建议。

ABSTRACT

The formation process from public administration to public governance is the outcome of the interlace of the complicated and diversified development of public administration and social public affairs management. Every stage of the theories of the public administration is accompanied by the replacement, adjustment and transformation of the theoretical basis, research focus and research methods. The population problem is not only the major social issues but also one of the most important issues of government management. Population problem is the generic term of all kinds of social problems caused by the population problem by the discordant between the quantity, quality and structure of population and social economics and resource. The problem of birth sex ratio is a prominent population problem at present, and the imbalance of gender structure is still one of the new normal of population. Statistics in 2013 show that the SRB in China has declined for five consecutive years, but the decline is very limited. In 2014, it still reached 115.88, and the situation of high SRB has not fundamentally changed. Shan'xi province once had higher SRB in the 14 provinces who were under the key management and supervision of the State. Although for five years comprehensive governance, in 2010, the SRB in Shan'xi province still reached 115.3 and still belonged to one of the seven provinces with higher SRB in China. At the micro-individual level, influenced by the Confucian tradition of "valuing boys over girls", son preference still exists in most areas of Shan'xi province. Although the medium-level governance has certain effect, the effect is not obvious. Coupled with the changes of macro-institutional environment, the governance of SRB in Shan'xi province faces many uncertain. As for the performance of SRB governance, although there have been some research results, the existing research needs to be expanded and deepened in both theoretical construction and research methods.

Based on above, this book first puts forward the analytical framework of ASSP for the performance analysis of SRB. This framework is based on the IAD framework, and combines the current situation of the SRB to expand , modify and integrate the original framework. On this basis, it puts forward a comprehensive analysis framework for the performance analysis of the SRB. This thus has provided new theoretical paths and methods for analyzing the impact mechanism research of the governance performance of the SRB in China. Based on the analysis framework, this paper makes an empirical analysis by using the data of "situation, pattern and strategy of comprehensive management of SRB in Shan'xi province " from 2009 to 2010, and verifies the influence mechanism and path of micro-individual actions, medium-institutional structure and macro-institutional environment factors on SRB governance in China through the data results. In terms of research methods, this book comprehensively uses quantitative and qualitative research methods, including hierarchical statistical method, macroeconomic measurement statistical method and general regression method, as well as qualitative research methods of interdisciplinary application in sociology, psychology, demography and public management. In terms of the specific research content, first of all, it reveals the governance object in the governance of the SRB and the mechanism of the influence of individual psychology and behavioral preferences of the governance bodies and governance objects. Secondly, by extension the dimension of application rules, we analysed the effects of institutional structure on the governance performance of SRB. By our study, we have found that the institutional structure has significant and different effects on the performance of birth sex ratio governance in all dimensions. At last, it reveals the influence mechanism of institutional environment, including static institutional environment and dynamic institutional change on governance performance of SRB.

Finally, based on the research results, this book proposes policy Suggestions to improve the performance of birth sex ratio governance for national and local governments.

前　言

　　出生性别比失衡是中国当前面临的重大社会问题，也是关系到社会可持续发展的难点问题。西安交通大学人口与发展研究所经过多年的研究与实践，已经成为中国人口与社会可持续发展相关研究议题的重要研究阵地，其中，出生性别比问题及其治理是研究的核心议题。目前，对于出生性别比问题的研究集中在出生性别比态势、出生性别比失衡的原因以及出生性别比长期失衡导致的社会后果方面，对于出生性别比问题治理的研究相对薄弱。目前虽然在出生性别比治理的研究领域已经产生了一些研究成果，但是在研究视角、研究方法方面还有待探索与完善，尤其以出生性别比治理绩效研究为主题的相关研究仍少而浅，亟待进行更加深入、系统而多视角的科研探索。基于上述背景，本书拟从制度分析视角入手，从更为整体性、系统性、全面性的层面进行面向出生性别比治理绩效影响机制的实证研究。

　　本书的研究依托于西安交通大学人口与发展研究所于 2009～2010 年实施的"陕西省综合治理出生性别比工作的态势、模式和战略"课题研究。该项目为期接近两年，课题组在项目设计、课题调研、数据分析以及报告撰写方面都投入了大量的人力、物力、财力，项目组成员包括人口与发展研究所的教授专家、博士硕士研究生。在调查设计阶段，进行了大量的文献阅读和二手资料整理，并结合国内外最新研究成果设计了面向中国情境的调查问卷。在调查过程中，为保证调查质量，前期进行了小范围的试调查，在试调查的基础上分析问卷可能存在的缺陷，并对问卷内容与结构进行重新调整与完善。在正式调查过程中，每一调查地都有人口与发展研究所的老师全程跟踪以确保调查质量。在陕西省卫计委的高度重视以及各个调查地相关政府部门工作人员和调查群众的大力配合下，课题调查工作得以顺利完成。在数据分析过程中，坚持按照科学规范的数据分析方法和路径进行。

本书的创新点之一是提出了出生性别比治理绩效分析的微观行动舞台－中观制度结构－宏观制度环境的分析框架。基于扎根理论以及制度分析相关理论，结合出生性别比治理的具体情境，论证了以制度分析理论为基础的分析框架应用于本研究的可行性，在此基础上以制度分析与发展框架为基础，结合出生性别比治理绩效的现状与特征对原有框架进行扩展、修正与整合，在此基础上提出面向出生性别比治理绩效分析的综合分析框架，从而为分析我国出生性别比治理绩效的影响机制提供了新的理论路径和方法，在一定程度上弥补了已有研究在研究视角与方法上的单一性不足，从宏观、中观、微观三个层面关注出生性别比治理绩效问题。该框架不仅体现系统性、整体性，还充分考量了动态性的要素对出生性别比治理绩效的影响，有助于更加全面、系统地识别出生性别比治理绩效的影响机制。

在框架构建基础上，本书首先揭示了出生性别比治理中的行动舞台对出生性别比治理绩效的影响。行动舞台包括个体心理、行为偏好以及该个体心理、行为偏好形成的具体情境。研究发现，一方面，个体的心理和行为倾向因素对微观出生性别比治理绩效的影响是非常显著的；另一方面，出生性别比治理的微观绩效受到行动情境的显著影响。这一研究发现突破了以往研究注重个体心理研究而对行动情境关注不足的缺陷。

其次，本书揭示了中观层面的制度结构对出生性别比治理绩效的影响机制。实证研究发现，制度结构对出生性别比治理绩效各个维度均产生显著的差异性影响，制度结构要素对过程绩效和宏观的结果绩效有显著影响，对微观的结果绩效即男孩偏好的影响最弱。

最后，本书研究发现出生性别比治理绩效的实现受到宏观制度环境的约束和限制。结合制度关联视角的分析发现，现有与出生性别比治理相关的社会制度中存在着与出生性别比治理相耦合的制度，这些制度充分体现社会性别平等的视角，因而能够促进出生性别比治理工作的进行，而同时更多地存在性别失衡治理产生互斥的社会制度，由此导致出生性别比治理也呈现出治理低效的特征。动态制度环境方面，社会变迁对出生性别比水平的变化不仅具有影响，而且其作用还具有时间效应差异。

毕雅丽

2018 年 6 月

目　录

CONTENTS

第一章 绪论

第一节 研究背景

中国关于公共行政理论的研究已有时日，经过 20 多年的发展，公共行政理论无论在理论探索还是学科建制方面都获得了前所未有的突破，尤其受新公共管理理论和公共治理理论的影响，公共物品、公共选择、制度分析、政府与公民社会关系等研究主题开始进入学术视野。但是从整体上看，作为后起之秀，与西方国家相比，中国的公共行政理论研究还相对滞后。首先，传统的思辨和批判式的研究范式仍占主导地位，实证研究严重不足。其次，中国本土化的经验研究不足。主要侧重对西方研究成果的介绍和引进，尚未对理论进行中国化的改进和检验。再次，理论研究对于中国公共行政实践的指导不足。由于研究上的思辨传统和本土化研究的不足，中国的公共行政研究难以对我国当前社会变革中的重大问题做出相对科学的回应。而中国社会综合改革的不断深入与完善，必须依托先进的公共行政理论和框架，因此，当下有必要吸收公共行政领域中较新的理论和方法，面向中国问题、中国情境进行相关研究，实现理论和实践上的突破。

人口问题一直是中国面临的重大社会问题，也是政府公共事务管理的重要议题之一。人口问题是指在人口的数量、质量、结构等与社会经济和资源环境之间不协调而产生的影响人类生存和发展的各种社会问题的总称，中国的人口问题在数量、质量和结构上都有所体现。在人口数量上，"六普"数据显示，我国总人口为 13.71 亿，同"五普"相比，10 年间人口增加 7389 万，年平均增长率为 0.57%，与历次普查相比，增幅明显降低。这在一定程度上说明中国 30 多年的人口计划生育是卓有成效的。而人口数量的下降，并未带来人口质量的显著提高。一方面，中国出生缺陷监测中心数据显示，从 1996 年到 2007 年，全国出生缺陷率呈明显上升趋势，每年有 80 万~200 万例出生缺陷婴儿降生，给家庭和社会带来沉重负担。另一方面，劳动力整体素质仍比较低下，农村剩余大量劳动力，这部分剩余劳动力主要从事廉价劳动，严重影响了人口红利对经济增长的贡献率。同时，控制人口数量的计划生育政策造成了中国生育率的快速下降，由此引发了严重的人口结构问题，人口老龄化危机凸显。相关统计数据显示，截至 2013 年底，中国 65 岁及以上人口已达 1.32 亿，占总人口的 9.7%，且每年以 1000 万人的速度增加。预计到 2053 年，中国的老龄人口将达到峰值 4.87 亿，约占总人口的 35%，给未来的经济和社会发展带来严峻的挑战。而人口结构失衡的另外一种表现即为性别结构失衡。性别结构失衡主要用出生性别比水平加以衡量，以每出生百名女婴相对应的男婴数为衡量标准，联合国明确认定出生性别比的正常值域为 103~107，其他值域被视为异常。

中国的出生性别比持续偏高已经 20 年有余，从 20 世纪 80 年代起，随着控制人口数量的计划生育政策的实施和 B 超技术的普及，出生性别比问题开始出现，1982 年中国第三次人口普查显示全国出生性别比为 108.47，这一数字引起了中国政府的高度重视。中国政府针对此问题通过立法、行政约束等手段进行了控制，但仍没有遏制住出生性别比的持续上升的态势。1990 年至 2000 年的 10 年间，出生性别比从 113.89 上升至 117.1，而"六普"数据显示，我国出生人口性别比为 118.06，而且城乡、孩次差异比较明显，农村普遍高于城市，"二孩"以上出生性别比高于"一孩"。性别结构的失衡将对我国的社会、经济发展带来重大挑战。中国社科院发布的 2010 年《社会蓝皮书》指出，目前我国 19 岁以下年龄段的人口性别比严重失衡，到 2020 年，中国处于婚龄的男性人数将比女性多出 2400 万。经测算，届时将有上千万适龄男性面临"娶妻难"问题。而当计划生育国策的推行遭遇强烈的男孩偏好以及 B 超胎儿性别鉴定技术的滥用时，出生性别比的失衡风险又大大增加了，势必会为中国未来 10~20 年的发展埋下重大隐患。男女比例失调还会带来就业挤压问题，未来 10~20 年，男性劳动力过剩所形成的"就业性别挤压"和"婚姻挤压"，不仅会造成大量光棍无法成婚，还会威胁到女性的生存、发展及安全。

性别失衡问题已经成为制约中国社会可持续发展的重大人口问题之一，中国政府采取了多种举措进行治理，更从 2005 年开始实施以"关爱女孩行动"为主题的综合治理行动。而性别失衡的现状和治理实践也引发了学术界的广泛关注。早在 20 世纪 80 年代初性别失衡初现端倪时，国家计划生育委员会就召开了专题研讨会进行出生性别比升高的归因分析。伴随着对出生性别比研究的深入，产生了大量有价值的学术成果，但从研究内容上看多数研究主要注重对于性别失衡态势、原因和后果的分析。态势方面，整体的性别失衡现象描述，性别失衡的城乡差异、孩次差异、地区差异等是研究的热点[1-3]，而原因方面，传统文化、技术和政策以及社会因素等是学者们的关注点所在[4-6]，后果研究则主要关注性别失衡导致的人口后果和社会后果[7-8]。与态势、原因、后果的研究现状相比，有关出生性别比治理绩效的研究比较少。

中国的出生性别比治理行动已经进行了多年，但是有关其治理绩效学界一直没有明确的论断，究其原因，与学术界的关注重点有关，但是主要在于性别失衡问题的产生有着非常复杂的机制，导致对其治理绩效的分析难以从复杂的机制中抽丝剥茧，准确定位。作为人的意识和行为的产物，性别失衡首先受到人的观念、意识的影响，观念具有相对的稳定性，但同时又具有社会性，外部行为和环境可以改变观念与行为的方向和强度。因此，影响出生性别比治理绩效的因素既有微观个体的因素，又有外界行为的干预因素，同时也受到环境的塑造，各种因素交织作用对绩效产生影响，可以说，分析出生性别比治理绩效问题，治理中的利益相关体即人、治理所依托的组织以及治理所面对的环境是三个最重要的研究对象。这也是出生性别比治理绩效分析所要关注的主要对象和核心问题，基于此，对于人、组织和环境对出生性别比治理绩效的影响的分析尤为重要。

本书力图将新制度经济学中的制度分析视角引入出生性别比治理绩效的影响机制研究中，以制度分析与发展框架为理论基础，结合中国出生性别比治理绩效的现实情境构建框架，并利用数据进行验证，以期进一步丰富出生性别比治理绩效的理论研究，同时，为出生性别比治理实践的绩效评估和改进做出贡献。

第二节　选题意义

虽然有关出生性别比问题研究的文献比较丰富，但是，有关出生性别比治理，尤其是出生性别比治理的绩效研究仍是一个研究得少而浅的问题，无论在理论构建上还是实证检验上都存在较大的研究空间，本书的研究不但从理论创新上进行了尝试，而且也致力于指导出生性别比治理绩效评估的实践。

一　理论意义

本书将制度分析与发展框架引入出生性别比治理的绩效影响研究中。从研究视角和研究内容方面都较前人的研究有所丰富。在研究视角方面，以往的研究多从人口、社会、经济、文化等视角切入，从制度视角切入进行研究的并不多见，而本书则主要以新制度经济学中的制度分析与发展框架作为理论基础，构建了三个层面要素对于出生性别比治理的影响模型，从而丰富了出生性别比治理绩效研究的研究视角；从研究内容上，将影响出生性别比治理绩效的微观、中观和宏观要素系统纳入分析框架，形成了比较完整、全面的分析体系。

二　现实意义

出生性别比问题是我国实现人口、经济和社会可持续发展，构建和谐社会的重要制约因素，因此，该问题是中国政府持续高度关注的重大社会公共事务之一，对其治理并达到理想的绩效目标是各级政府的重要管理职责之一。中国的出生性别比治理已有 30 多年，出生性别比的治理绩效到底如何？如何从复杂的因果链条中剥离影响出生性别比治理绩效的关键要素和机制？这些都是摆在中国政府和相关部门面前的难以回应却又亟待解决的现实问题。因此，本书将出生性别比治理的绩效作为研究主题，对于回应和观照现实问题具有积极的意义。

第三节　概念界定

一　出生性别比

出生性别比指的是一个国家或地区在一个时期内平均 100 个出生女婴人口对应的出生男婴人口的数量，联合国认定的正常出生性别比应该是 100 个活产女婴对应 103~107 个活产男婴，超过 107 的上限即认为出生性别比偏高[9]。我国的出生性别比偏高出现于 20 世纪 80 年代，在随后的 30 年间，出生性别比水平持续在较高位徘徊，中国成为世界上出生性别比失衡程度最严重、持续时间最长、覆盖地域最广的国家。1982 年进行的第三次全国人口普查，首次得到的出生性别比数据为 108.47，稍高于国际通认的正常值域上限。之后，出生性别比出现持续的偏高态势，1990 年第四次人口普查、2000 年第五次人口普查和 2010 年第六次人口普查，出生性别比分别达到 113.89、116.86 和 117.94[10,11]。性别失衡问题在中国不仅表现为出生性别比偏高，还表现出城乡性别失衡、分孩次性别比失衡和全国普遍失衡的特点。城乡差异方面，1982 年的人口普查显示，中国城乡出生性别比均接近正常水平，并未出现失衡现象。20 世纪 80 年代中后期，城乡出生性别比均呈现上升趋势，且农村出生性别比上升趋势明显高于城市。2005 年 1% 人口抽样调查显示，城镇出生性别比已经升至 117.1，而农村出生性别比更是达到 122.8 的水平[12]。而"六普"数据显示，镇、县、市出生性别比呈现逐级升高的趋势，城镇取代农村成为性别失衡的重灾区[13]。孩次差异方面，"六普"数据显示，我国出生性别比为 121.21，其中一孩、二孩、三孩及以上分别为 113.73、130.29 和 158.41，可见，各孩次出生性别比都处于偏高状态，而且偏高水平与孩次呈正相关关系，孩次越高，出生性别比越高[13]。此外，中国的出生性别比具有普遍失衡的特点，除西藏、新疆外，其他省份都处于不同程度的性别失衡状态[13-14]。出生性别比失衡问题不仅存在于中国，也存在于世界其他国家和地区，其中以奉行男孩偏好文化的亚洲国家和地区最为普遍，比如中国台湾、韩国、印度、巴基斯坦。出生性别比问题是重要的社会人口问题，性别失衡将造成女性短缺、男性失婚等人口问题，继而引发严重的社会后果，因此，出生性别比问题是国内外政府和学者高度关注的关系人类可持续发展的社会问题。

二　出生性别比治理

治理一词源于拉丁语和古希腊语，原意是控制、引导和操纵，主要用来概括与国家的公共事务相关的管理活动和政治活动[15]。治理在不同的时代具有不同的含义，最早的治理几乎与"统治"同义，而最新的治理与传统的含义相去甚远，最具有代表性和权威性的全球治理委员会将治理定义为各种公共的或私人的个人和机构管理其共同事务的诸多方式的总和。可见，治理的含义并不固定，而是当提到权威在某一特定领域的实践时，治理根据权威的性质代表了那个时代的一种观念，治理的实质就是创造一种环境（条件）[16]。传统的治理更多的是以统治权威为唯一合法性主体的治理，手段以控制、约束为主，而最新的治理则涵盖了诸多要素，包括权力分散、主体多元、结构网络化、过程互动化等关键概念[17]。中国的公共治理介于传统治理和最新的公共治理之间，相比于传统的治理，我国的治理不拘泥于权力的一维性和对公民的绝对控制性，而是通过分权改革、公民社会培养、政府职能转变以及市场导向等一系列的改革超越传统行政模式。而相比于全新的公共治理模式，中国的现有治理模式又并未实现真正意义上的公共治理，本质在于"强政府－弱社会"的模式短期内无法改变，导致权力分散、主体多元、公民社会等公共治理所要求的治理环境难以形成，因此，我国的治理更多的是政府治理或被称为"以执政党主导的国家治理模式"[18]。通过对治理概念的考察，可以将我国的治理界定为以政府为主导，通过一系列的制度设计，包括正式制度和规则以及非正式制度安排，协调各种利益关系，达成共识和合作，以实现公共治理目标的过程。在这样的界定下，我国的"治理"具有以下外延：第一，"治理"手段的多元性，包括一切能够促进治理目标实现的合法性条件、措施和手段；第二，治理对象的复杂性，包括所有能够对治理结果产生影响的人群、活动和事务。首先，人是主要的治理对象，包括两类人群，一类是治理主体，他们既是治理主体，也是治理的对象，他们需要在一定的治理规则和机制约束下实施治理行为；另一类是与具体治理事务相关的民众。其次，组织作为治理实施的载体也是重要的治理对象，组织通过对职权－职责关系结构的制度化来保证治理的合法性。最后，政府治理体系下的相关制度设计和安排为治理目标的实现创造了有利的或不利的条件和背景，因此也是治理的对象之一。综上所述，人、组织和环境是构成治理对象的三个部分。

依据我们对中国公共治理的概念界定，可以将出生性别比治理界定为以政府为主导，通过一系列的制度设计，包括正式和非正式的制度安排，协调各种利益关系，达成共识和合作，以实现出生性别比治理绩效的过程。出生性别比治理中，治理对象包括以下三个部分：一是治理中的人，既包括实施具体的出生性别比治理行为的治理主体，又包括对出生性别比产生影响的民众；二是治理中的组织，主要是围绕出生性别比问题而形成的政府组织及其行为机制；三是治理的环境，包括对出生性别比治理问题产生或存在潜在影响的宏观条件和环境。中国的出生性别比治理始于 1986 年，早期以出台相关的法律和法规对"两非"等行为进行约束为主。进入 21 世纪，面对持续偏高的出生性别比态势，中国政府开展了"关爱女孩行动"，主要是在党委、政府领导下，由相关政府部门共同参与来综合治理出生性别比偏高问题。该项战略行动在手段上除了继续保持查处"两非"的高压态势，同时也注重通过一系列的利益导向性制度安排从根本上引导群众改变男孩偏好，而制度安排反映在治理措施上主要为直接和间接治理措施两种类型，前者主要包括针对性的立法、查处性别选择案例等约束手段[19-20]，后者主要包括改变男孩偏好文化[21-22]和改善女性经济地位等引导性措施[23-25]。

三 出生性别比治理绩效

绩效一词来源于公司治理，主要指行为过程的结果[26-27]，指通过治理行为而达到的治理效果。而随着绩效研究的深入，对绩效的界定更为全面、科学，形成了结果绩效与过程绩效兼顾、主观绩效和客观绩效并重的立体化、多维度的绩效界定，其中，结果绩效指行为过程的结果，过程绩效则强调行为过程以及个体对行为的评价、反馈。同时，在绩效评估中，所有绩效又可以分为客观绩效和主观绩效。前者立足于经验、观察或记录，而后者则依据个人的认知、态度和主观感受。出生性别比治理绩效即通过政府为主导的一系列治理出生性别比的制度设计和安排所达到的治理效果。按照对绩效的多维度划分，出生性别比治理绩效也存在多个维度，既包括治理的结果绩效，也包括治理实施过程的绩效，同时还包括治理对象中的人，即出生性别比治理主体和民众的认知、态度和主观感受所构成的主观绩效。但是，当前的研究和使用中多将出生性别比治理绩效划分为宏观绩效和微观绩效两个维度，宏观的治理绩效包括出生性别比水平，微观绩效主要指群众生育意愿，具体到性别失衡治理中即男孩偏好的改变程度。对于出生性别比治理绩效的测量是比较困难的，目前中国的出生性别比治理是否有效以及在多大程度上是有效的？如果有效，又是哪些治理措施起到了主导性的作用？学界对这些问题尚未达成共识，原因在于导致性别失衡的原因的多元性和复杂性，性别失衡态势的改变，受到环境因素、个人观念和意愿因素以及治理的综合影响。

四 影响机制

关于机制，《现代汉语词典》将其界定为一个系统中各元素之间的相互作用的过程和功能，社会科学中，机制通常被理解为社会系统中影响或作用于具体事务的结构、制度或方法，但不同于一般的方式、方法，机制建立在对通常的方式和方法的提炼基础上，较为系统化和理论化，因此，在社会科学中，机制被进一步界定为制度化了的方法。具体到治理中，机制本质上是治理体系的内在联系、功能及运行原理，主要包括运行机制、动力机制和约束机制三类。运行机制是组织基本职能的活动方式，动力机制是指治理系统动力的产生与运作机理，而约束机制是对系统行为进行修订与限定的功能与机理。结合社会科学对机制的一般界定，对于出生性别比治理而言，出生性别比治理绩效的影响机制即是对出生性别比治理体系内要素的联系、功能及运行产生影响的各种因素。由于出生性别比问题形成的复杂性，决定出生性别比治理绩效的影响机制相应具有复杂性和多元性。

五 制度分析

制度分析是制度经济学和新制度经济学的重要分析方法。制度经济学中的制度分析最早可以追溯到亚当·斯密、约翰·斯图亚特·穆勒等古典政治经济学家。而新制度经济学的制度分析则形成于 20 世纪 70 年代，主要代表人物有科斯、威廉姆森、奥尔森等。制度是制度分析的逻辑起点，所谓的制度分析方法就是用新制度经济学的研究方法研究制度与人的行为关系的理论与方法，也就是说制度与行为的关系是影响绩效的重要变量。制度分析与主流的经济学在方法论上存在很大不同，主流经济学主要运用抽象的演绎法和数量分析法去研究现实问题，而制度分析的重要意义在于"提供一种新的、有别于近代工具理性思维方式的、强调历史分析、总体分析和人文传统的分析框架和方法论原则"。[28]制度分析主要关注制度与行为、制度结构、制度环境与制度变迁等问题，它们共同构成了制度分析的理论框架。

第四节　研究目标

本书的研究目标是将新制度经济学中的制度分析与发展框架引入出生性别比治理的绩效影响机制研究中，并利用相关的数据对出生性别比治理的绩效进行深入的研究，具体的研究目标如下。

（1）基于中国情境构建制度分析与发展框架下的出生性别比治理绩效分析框架。

（2）基于制度分析与发展框架，建立各层次制度要素对出生性别比治理绩效的影响机制。

（3）对于构建的出生性别比治理绩效分析框架，结合实证数据进行分析和验证。

（4）基于研究发现进行政策分析，并提出政策建议，为国家出生性别比治理行动和战略制定提供理论支持。

第五节　研究框架与内容

基于以上研究目标，本书主要研究制度分析与发展框架下出生性别比治理绩效的微观、中观和宏观三个层次的影响机制。研究的内容框架如图1-1所示。

第一，在绪论部分交代本书的研究背景和选题意义，并对核心概念进行界定，进而确定研究内容和目标。

第二，进行理论综述和研究评述，通过对出生性别比问题、出生性别比治理以及出生性别比治理绩效研究现状的梳理和归纳，总结出当前关于

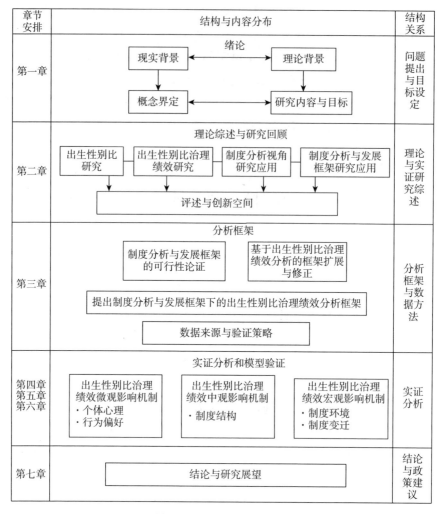

图 1-1　研究的内容框架

出生性别比治理绩效研究的发展空间；对制度分析与发展框架及其应用进行理论和实证研究的综述和评述，提炼出其理论优势和发展空间，在此基础上总结出制度分析与发展框架对出生性别比治理绩效分析的启示，确定研究主题。

第三，基于情境分析，结合出生性别比治理的相关理论和研究对制度分析与发展框架进行扩展与修正，建立制度分析与发展视角下的出生性别比治理绩效影响机制分析框架。

第四，结合相关数据对现有的分析框架进行验证。

第五，基于实证分析和模型检验得出本书的研究结论，提出政策建议，并做出研究展望。

第六节 数据与方法

一 数据来源

1. 调查地

陕西省位于中国西部，省会西安，是中华民族的发祥地之一，也是汉文化的典型区域之一。陕西省南北狭长，位于黄河中游，南部跨汉水上游，北部跨黄土高原，中部为关中平原，由北向南形成三大地区——陕北、关中、陕南，三个地区在地理、历史、文化、语言方面存在明显差异，尤其是文化特色鲜明，形成了陕北的黄土文化、关中的周秦文化和陕南的巴蜀文化。该省总面积20.58万平方公里，下辖1个副省级城市西安，9个地级市及1个农业示范区。陕西省的三大地区依托于各地的资源和环境特色形成了不同特色的产业集群。陕北地区原本土地贫瘠，一直以传统的农耕文化为主，20世纪90年代起，因为发现了大量的煤炭、石油、天然气等化石能源以及盐业、稀土等重要资源而迅速崛起，成为中国重要的能源供应地。关中地区介于陕北高原与秦岭山地之间，地势平坦，土质肥沃，水源丰富，是陕西自然条件较好的地区，农业经济比较发达，同时由于省会西安的地区优势辐射，关中地区重工业、纺织工业、高科技产业、电子产业、航空航天产业、旅游业近年来也成为经济支柱。陕南位于秦岭山脉以南，气候湿润，水资源丰富，生态环境良好。经济以生态农业、渔业、林业为基础，航空产业、药业、旅游业为支柱。根据第六次全国人口普查，陕西省常住人口为3733万，占全国的比重为2.79%，常住人口在陕北、关中、陕南三个地区的分布分别为554万、2320万和859万，以汉族为主，占99%以上。从陕西省的人口发展来看，人口再生产同全国的规律相似，已经由高出生、高死亡、高增长的"三高"转向低出生、低死亡和低增长的"三低"状态。但同时，人口结构方面的问题开始凸显，尤其是性别结构的严重失衡影响着该省人口结构的均衡，进而影响陕西省社会经济的全面发展。陕西省自2003年开始成为国家"关爱女孩行动"试点县，并开始对出生性别比问题进行集中治理。2005 年开始综合治理，并探索出了以二孩全程优质服务等柔性治理模式为特色的综合治理模式。经过十多年的综合治理，陕西省出生性别比治理取得了怎样的绩效，需要多方位、多维度的综合判断。

首先，从宏观的出生性别比水平判断，陕西省出生性别比不仅整体偏高，而且存在明显的区域、孩次和城乡差异。

第一，出生性别比水平整体偏高。20 世纪 80 年代以后，随着人口和计划生育政策在全国的实施，生育空间受到挤压，借助性别鉴定和性别选择技术实现生育儿子的目的成为主要手段，这一时期陕西省出生性别比开始突破正常范围，并且偏高程度逐年加剧，90 年代中期以后出生性别比已经严重偏离正常水平。由表 1 - 1 可以看出，陕西省出生性别比进入 21 世纪虽然没有持续升高，但仍处于偏高水平，介于 115 ~ 135，2005 年 1% 人口抽样调查数据显示，陕西省出生性别比达到 130.7，远远超出了正常值，出生性别比有所攀升，比 2000 年上升 5%，创历史新高。经过多年的治理陕西省出生性别比显著下降，但是，整体而言，陕西省出生性别比仍居于较高水平，而且在区域、孩次、城乡方面的差异都比较显著。

表 1 - 1　陕西省第六次人口普查低龄人口出生性别比

出生年份	"六普" 时年龄（岁）	"六普" 时性别比
2010	0	118.06
2009	1	115.68
2008	2	120.20
2007	3	121.28
2006	4	121.74
2005	5	130.70
2004	6	120.54
2003	7	124.88
2002	8	126.05
2001	9	119.83

资料来源：2005 年陕西省 1% 人口抽查数据，2010 年陕西省 "六普" 数据。

第二，陕西省出生性别比在城乡分布、孩次分布和地域分布上的差异显著（见图 1 - 2、图 1 - 3、图 1 - 4）。

陕西省分城市、镇、村的出生性别比差异显著，乡村、镇出生性别比明显高于城市，乡村的出生性别比偏高最为严重，已经严重偏离了正常水平。同时，图 1 – 2 也揭示出，20 世纪 90 年代以来，城市的出生性别比总体上也呈上升趋势，城乡普遍失衡的局面在陕西省已经出现。而 2010 年数据则显示，除城市外，镇和村的出生性别比较 2005 年大幅度下降。

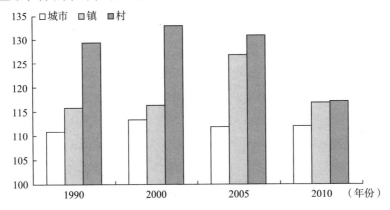

图 1 – 2　陕西省分城乡出生性别比

资料来源：陕西省 1990 年、2000 年人口普查资料，2005 年陕西省 1% 人口抽样调查资料，陕西省 2010 年人口普查资料。

图 1 – 3 显示出陕西省出生性别比明显的孩次差异，数据显示，2001～2010 年的 10 年中，一孩出生性别比水平变化不大，但是 2009 年以后上升趋势明显，二孩出生性别比整体下降趋势较为明显，而三孩出生性别比在 2007 年以前下降趋势明显，但在 2007 年以后开始逐年升高。而 2014 年陕西省一孩和二孩出生性别比分别为 103.63 和 112.76，实现了一定程度的下降。

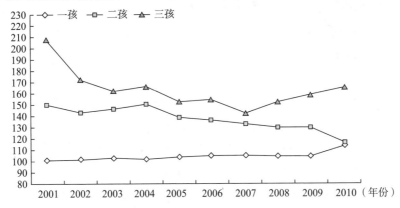

图 1 – 3　陕西省分孩次出生性别比

资料来源：陕西省人口统计年报。

此外，陕西省出生性别比地域差异也十分突出。图1-4显示，1990年开始，陕北和关中地区出生性别比都呈逐年上升趋势，其中陕北地区上升幅度最大，2005年陕北地区出生性别比逼近140。相比较而言，陕南的出生性别比水平最低。而从最近两期的数据比较看，各地区出生性别比水平都较2005年有所下降，其中陕南地区下降最为明显。

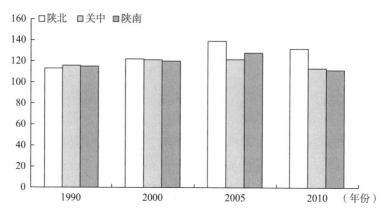

图1-4　陕西省分地区出生性别比

资料来源：陕西省1990年、2000年人口普查资料，2005年陕西省1%人口抽样调查资料，陕西省2010年人口普查资料。

2. 数据收集

由于本书主要从微观行动舞台、中观制度结构和宏观制度环境三个层面深入探析出生性别比治理绩效的影响机制，因此，数据内容包括有关出生性别比治理中的个体、制度结构和制度环境三个部分，主要收集了陕西省专项调查数据、宏观统计数据以及政策文本数据，下面将对三个部分的数据进行具体说明。

（1）陕西省专项调查数据

专项调查数据来源于西安交通大学人口与发展研究所于2009~2010年与陕西省卫计委合作开展的题为"陕西省综合治理出生性别比工作的态势、模式和战略"的专项调查。基于陕西省独特的地区分布形成的文化、经济和人口差异，本书选取了陕西省107个县区作为调查地，在考察陕西省出生性别比治理绩效的同时，也可以将三地区的文化、经济等环境纳入分析，进行区域上的对比研究。问卷类型方面，围绕治理机构、治理主体和治理对象形成了县区、工作人员和群众三套问卷。

　　调查工具与抽样方法。通过结构化的问卷方式收集主要数据，同时辅以半结构化的访谈。抽样方法上，采用多级整群抽样方法，具体的问卷调查内容和抽样方法详见 2014 年尚子娟的博士论文[29]。最终共获得县区问卷 71 份、工作人员问卷 701 份、群众问卷 669 份。具体调查内容如表 1 - 2 所示。

表 1 - 2　问卷调查的主要内容

问卷类型	调查内容
县区问卷	县区环境
	人口与计划生育组织
	出生性别比治理工作
	出生性别比治理考核制度
	出生性别比治理制度
工作人员问卷	个人基本信息及工作网络
	工作人员性别平等意识
	出生性别比治理考核评价
	工作态度与工作环境评价
	相关政策评价
	工作满意度评价
群众问卷	个人基本信息
	生育偏好与规范
	政策知晓状况
	服务满意度评价

（2）宏观统计数据

　　这部分数据主要来自陕西省和全国统计年鉴以及相关文献中的二手数据，主要用来衡量动态的制度变迁对出生性别比治理绩效水平的影响。本书收集了陕西省 1982～2013 年社会制度变迁相关数据，主要包括妇女社会地位变迁、经济变迁、传统文化变迁以及人口变迁的相关变量。相关数据来源见表1-3。

表1-3 宏观统计数据收集来源

数据内容	收集来源
妇女社会 地位变迁	1982~2000年数据:《陕西省统计数据2001》
	2001~2004年数据:《中国社会统计年鉴2011》
	2005年、2010年、2011年数据:《陕西省统计年鉴2012》
	2005~2006年数据:陕西省统计数据库(试运行版)
	2007~2010年、2013年数据:《"当代中国离婚态势及原因分析"报告》
经济变迁	1982~2012年数据:《陕西省统计年鉴2013》
	2013年数据:《陕西国民经济和社会发展统计公报2014》
传统文化变迁	2000年、2002年数据:《陕西省统计年鉴2003》
	1982~1999年数据:《国家统计局分省数据陕西省数据2000》
	2003~2010年数据:《国家统计局分省数据陕西省数据2011》
	2011~2013年数据:《陕西国民经济和社会发展统计公报(2012~2014)》
人口变迁	1982年、1990~2001年数据:《陕西省统计年鉴2003》
	1983~1989年数据:《陕西省人口发展报告2013》
	2002~2011年数据:《陕西省统计年鉴2013》
	2012年、2013年数据:《国家统计局分省数据陕西省数据》

(3)政策文本数据

此部分数据主要用于本书第六章前半部分的写作,主要用以分析现存社会制度与出生性别比治理的关联性状况,收集途径主要包括法律专网、官方网站以及相关文献。具体途径如下。第一,通过法律之星法规查询网收集到1986~2011年的相关制度文件。首先,将可能涉及目标制度的36个发布部门纳入搜索范围,按照部门在性别失衡治理中的职能设定搜索关键词,共检索到相关制度文件102项;其次,由于该网提供的检索分类中将与性别平等有关的制度统一归入"其他"分类项中,因此考虑到前次检索可能会遗漏部分制度性文件,因而再将文件分类设定为"其他",发布部门不做改变进行了二次检索,共计检索到43项制度文件。通过两次检索共获得目标制度文件145项。第二,为确保检索信息的完整性,又登录了23个部门的官方网站补充检索到相关制度文件18项。第三,通过文献阅读,再次补充整理出制度文件17项。具体的文件搜索情况见表1-4。

表 1 - 4   政策文本数据收集一览

检索来源		检索部门	文件分类或关键词	目标文件数
法律之星法规网中国地方法规数据库	一次检索	涉及陕西省人民代表大会、陕西省人大常委会等共计36个部门和机构	涉及金融保险、食品医药等15个关键词	102 项
	二次检索	同上	"其他"	43 项
官方网站		涉及陕西省政府网等23个部门和机构	以部门职能设定关键词,如教育厅则设定"教育平等""女性教育权利"等为关键词	18 项
文献		—	—	17 项
合计				180 项

二 研究方法

本书的研究方法主要包括定量研究方法,同时也辅之以质性研究方法。定量的研究方法主要包括分层线性统计方法、宏观经济计量统计方法和一般的回归方法。质性的分析方法主要包括社会学、心理学、人口学和公共管理学等多学科交叉应用的研究方法。具体来说,在理论构建部分主要应用了社会学、公共管理学、心理学等多学科交叉的方法,而在实证部分主要应用定量研究方法对分析框架进行检验。关于研究方法将在第三章的研究策略中进行详细介绍。

第七节   章节安排

本书共分为七章,其中第三、四、五、六章为本研究的核心内容。

第一章:绪论。介绍了本书的研究背景、选题的意义,并对研究所涉及的主要概念进行了界定。结合前面的内容提出研究的内容框架,并简单介绍本研究的数据来源、分析方法与分析策略。

第二章:文献综述。对本研究涉及的相关理论和研究的国内外进展进行了深入的评述,包括出生性别比问题、出生性别比治理及其绩效的相关理论和研究进展、制度分析视角的绩效理论和研究应用以及制度分析与发展框架的绩效分析及其应用。在上述文献归纳、总结和评述的基础上提出本书的研究空间。

第三章：构建分析框架。结合对已有研究的总结和评述，构建制度分析与发展框架下的出生性别比治理绩效分析框架。

第四章：出生性别比治理的行动舞台对出生性别比治理绩效的影响机制。以治理主体和治理对象的行动舞台为研究对象，实证分析行动舞台对出生性别比治理绩效的影响机制。

第五章：出生性别比治理的制度结构对出生性别比治理绩效的影响机制。构建出生性别比治理中制度结构对治理绩效影响的操作化分析框架，并结合相关实证数据进行验证。

第六章：出生性别比治理的制度环境对出生性别比治理绩效的影响机制。构建宏观制度环境对治理绩效影响的操作化分析框架，并结合实证数据和政策文本数据进行分析和解释。

第七章：结论与展望。结合本书的研究结论和发现提出本书的主要创新点。并面向具体的研究问题提出本书的政策建议，同时指出本研究的研究缺陷和未来研究空间。

第二章 文献综述

第一节 出生性别比研究

人们通常相信，两性间数量的平衡是社会健康发展的必要条件，而出生性别比维持正常水平（103～107）是保证这一平衡的前提[30]。我国自1982年以来，经历了出生性别比持续偏高的历程。1982年的出生性别比水平为108.47，而且在当时的29个省（区、市）中有18个省（区、市）的出生性别比高于107[31]。1990年"四普"数据显示出生性别比水平为113.89，到2005年出生性别比水平达到120.49[32]。之后出生性别比持续升高的趋势有所改善，但是2012年中国出生性别比仍然高达117.7，远远高于正常值的上限。迄今为止，中国性别失衡问题历时之久、爆发区域之广、峰值之高均达到世界之最。而伴随着出生性别比问题的出现，学者们的研究也逐渐聚焦于此。

一 出生性别比研究的阶段性特征

通过梳理1982年以来关于出生性别比问题的相关研究，笔者发现学界对于出生性别比问题的研究呈现出明显的阶段性特征。

第一阶段（20世纪80年代初至90年代初）：关于"真性"失调与"假性"失调的论争。这一阶段主要围绕出生性别比是"真性"失调还是"假性"失调展开论争[33-35]。出生性别比问题在我国引起关注是在1982年第三次人口普查数据公布后，但当时由于人口数量控制被视为主要的人口工作，出生性别比问题并没有引起足够重视，很多学者认为出生性别比升高是瞒报、漏报造成的假性偏高。这一时期的研究基本上是对出生性别比问题的简单描述或初步估计，并未进行深入探讨。而同时期，已经有外国学者对中国的出生性别比问题进行了比较深入的研究，Jia 和 Rosmary 对1979～1988 年河北省人口数据的比较发现，中国的男孩偏好具有刚性，在短期内，社会环境的变化也难以削弱固有的男孩偏好[36]，而 Feeney 等利用胎次递进比较法，通过中国人口普查与生育率调查数据对男孩偏好对生育率的影响进行了研究，认为男孩偏好对中国生育率的影响不到 10%[37]。

第二阶段（20 世纪 90 年代初至 90 年代末）：出生性别比的研究开始深化。到 1990 年第四次全国人口普查数据公布后，数据显示的持续升高的出生性别比水平使其成为中外学者聚焦的热点人口问题之一。此时，学界关于此前的论争逐渐减弱，基本上意识到出生性别比升高不是统计数据的偏差，而是现实。因此，更多学者将关注焦点转向出生性别比的现状、特征、产生的原因、后果和应对策略等方面。学者顾宝昌等的研究发现，出生性别比升高与育龄妇女的受教育程度、居住地和曾生子女性别等因素有关，另有几位学者则对出生性别比升高与生育率下降之间的关系进行了探讨[38-40]。岩复和陆光海[41]通过对农村地区的微观调查发现，B 超机的使用与出生性别比升高在时间上是同步发生的。除此之外，一些学者也对出生性别比升高的后果进行了前瞻性研究，认为出生性别比的升高将对婚姻市场、女性权利和社会安全造成不利影响。而这一时期，国外越来越多的学者也开始关注中国的出生性别比问题，围绕此问题的研究也较上一阶段更全面、更系统，形成了几个较大的研究方向，包括中国的失踪女孩研究、男孩偏好问题研究、儿童死亡率研究、出生性别比失常的原因分析以及后果研究等，同时还有一些国外学者进行了出生性别比问题的国际比较，这一阶段关于出生性别比问题的研究无论是在研究视野还是在研究方法上和视角上都更多元化，为中国学者对出生性别比问题的进一步研究提供了借鉴。

第三阶段（2000 年至今）：出生性别比研究的视角和方法的多元化。进入 21 世纪，持续升高的出生性别比引起党和政府的高度关注和重视，综合治理出生性别比成为统筹解决人口问题的重要议题之一。这一时期，关于出生性别比治理的研究不仅数量激增，而且在质量上表现出研究的多视角、内容的丰富化和方法的多元化。一方面，关于出生性别比问题的研究多视角开始出现，很多学者从人口学、医学、社会学、管理学和经济学、统计学等学科视角入手进行研究，此外也形成了许多跨学科的研究视角，比如人口文化学、人口社会学等，这些综合视角的出现为进一步深化对出生性别比问题的认识提供了良好的知识支撑。另一方面，研究内容日益多元化。不仅原有的研究内容有所深化，而且新的研究内容开始出现。在出生性别比态势方面，有学者开始探讨出生性别比的时间趋势[42]，同时，学者李树茂等从性别偏好视角出发探讨了中国人口的转变模式[43]；在原因方面，陈卫等人从代际支持的视角考察了男女对父母养老支持的效用差异[44]；在出生性别比问题的后果方面，陈友华和米勒的研究结论认为性别结构将替代年龄结构成为婚姻挤压的主要变量[45]；关于出生性别比问题的对策研究方面，变革传统婚育观念、加速城镇化步伐以及完善社会保障制度[46-48]等成为解决出生性别比问题的主要举措。而这一期的国外学者围绕出生性别比问题进行了更多的跨学科研究，影响较大的是 Becker 提出的子女成本－效应理论[49]，还有学者探讨了出生性别比与经济增长之间的关系[50]。

二 国内出生性别比研究的主要内容与观点

自中国出生性别比问题产生以来，围绕此议题的研究日益增多，到目前为止，研究的内容和观点主要集中于以下几个方面。

第一，出生性别比的态势、特征分析。主要包括中国出生性别比的总体态势、分布以及变动特征，涉及出生性别比的地区分布、城乡差异、孩次差异等。关于总体态势，学者一致认为当前出生性别比偏高的态势并未减弱。在地区分布方面，李树茂等利用分省份数据对总和生育率与出生性别比的区域类型和空间特征进行了深入分析，将出生性别比划分为四种类型，分别为重度失衡型、中度失衡型、轻度失衡型和突变型。并进一步发现重度失衡型包括广西、广东等10个省份，主要分布于珠江流域、长江流域和黄河流域；中度失衡型的7个省份主要为经济欠发达、城市化率较低的中西部农业省份；轻度失衡型的6个省份集中分布于东北三省和西北少数民族地区[14]。在城乡和孩次差异方面，多数学者[51-53]的研究认为中国的出生性别比在城乡和孩次方面的差异显著，即乡村出生性别比高于城镇，出生性别比随孩次的升高而升高。但石人炳通过对"五普"和"六普"数据的对比分析得出不同的结论，发现我国的出生性别比呈现"五升高"、"四缩小"和"一增多"的特点，即在全国出生性别比持续增高的背景下，出生性别比的地区差异、城乡差异、孩次差异均在缩小[54]。

第二，出生性别比的原因探讨。这一方向的研究是目前最为广泛的，研究的一般范式是从性别失衡的根本原因、条件原因和技术原因三个角度分析性别失衡治理的影响因素[48,55,4,5,6]。也有学者[55,6]将社会制度因素归结为影响治理的关键因素。曾毅则认为出生漏报是出生性别比治理失效的一个不容忽视的因素，黄润龙等人[56-57]则认为社会因素之外的生物因素，包括家族遗传、母体生理特征等也是影响出生性别比治理绩效的因素之一。

第三，出生性别比的治理研究。关于出生性别比治理的研究，最常见的范式是从出生性别比升高的原因入手进行研究。出生性别比治理是当前偏高的出生性别比背景下必须面对的关键问题之一，现有相关研究主要集中于以下几个方面。

其一，影响出生性别比治理的因素研究。这一领域的研究主要从影响出生性别比的原因入手进行治理策略的制定和选择。当前针对出生性别比问题的治理，多从性别失衡的原因入手。首先，针对性别失衡的根本原因实施了以宣传倡导为主要措施的治理行动。性别失衡的根源在于男孩偏好的传统文化，传统文化的变革主要依托思想观念的改变，因此，以宣传倡导为主导的一系列政策的制定和实施就成为主要手段。其次，针对性别失衡的条件性原因进行了相应的生育政策调整，主要是2013年以来国家制定并在局部省份逐步落实的单独二孩政策，其实施在一定程度上有利于改变"一孩"政策或"一孩半"政策导致的生育空间的狭小状况，对于减缓性别失衡有一定的积极意义。再次，针对直接原因制定和实施的一系列约束政策。性别鉴定和性别选择以及溺弃女婴是性别失衡的直接原因，其中产前性别鉴定和性别选择是最大的诱因。针对"两非"行为，国家制定了一系列法律法规，并对"两非"的器械使用进行了相关规定。而以上政策和措施的实行和落实都依托于我国的"关爱女孩行动"战略平台，围绕这一战略平台形成了出生性别比治理的公共政策体系，主要表现为四大工作领域和四项实施机制。四大工作领域主要包括全程服务、查处"两非"、利益导向以及宣传倡导，而为了保障工作的落实效率，在实施机制方面进行了相关的政策创新。一是，针对出生性别比问题本身的复杂性以及工作领域的多面性和多层次性，制定了整合政府资源的部门合作机制；二是，建立了党政一把手负责的领导机制，将出生性别比治理工作纳入各层级政府的重大议事日程之中；三是，制定了资金保障机制以便为治理工作的有效开展提供充足的经费保障。最后，总体上制定了保障工作落实和机制有效的统计监测机制，以便对出生性别比治理工作的各项政策落实进行监测、考核和评估，为工作绩效的实现提供评估依据和保障机制。目前以"关爱女孩行动"为战略平台的出生性别比治理行动形成了部门合作、工作领域相对完善的综合治理格局，并且已经取得了一定的成效。但是当前的治理工作仍然存在一些问题。一方面，治理主体、治理手段比较单一。当前的出生性别比治理工作基本上以人口计生部门为主体来推动。治理手段上，行为约束仍是治理的主要工具。另一方面，出生性别比治理以政策干预为主，政策措施以治标为主，大多数政策着眼于技术层面的限制，而关于动摇性别失衡背后的根本性因素的政策实施较少。

其二，出生性别比治理模式的识别与选择。杨雪燕[58]通过对 24 个试点县区质性数据的量化处理，对中国县区级出生性别比治理模式进行了识别研究。

其三，出生性别比治理理论创新研究。基于性别失衡原因和治理的复杂性，一些学者[59,60]将整体性视角引入性别失衡治理的研究中，主张利用整体性的理念和框架重新审视性别失衡问题，并形成有效的治理框架。陈婉婷、吴帆[61]等从理性选择理论出发，分析了出生性别比治理成效不佳的微观心理机制。而刘中一[62]则从当前的性别失衡治理过分强调权力管理而导致社会动员不足的假设出发，将公民社会视角引入性别失衡治理，认为最大程度地进行社会动员是性别失衡治理取得成效的根本保证。

其四，出生性别比治理的公共政策分析。杨雪艳、张世青等[63-65]一致认为相关社会政策不协调是性别失衡治理低效的关键因素，并依此提出通过提高社会政策的系统协调性为性别失衡治理构建良好的政策环境。

其五，关于出生性别比治理的国际比较。杨雪燕、韦艳、刘中一[66-68]等通过比较不同国家和地区性别失衡治理的做法和经验，总结出改进中国出生性别比治理绩效的政策建议。

第四，出生性别比失衡的后果研究。出生性别比偏高将导致严重的社会后果和人口后果，这在学界已基本取得一致认识[34,69,70,71]。在后果研究方面，研究最多的是婚姻挤压，也有学者将性别失衡背景下的女性权利问题作为后果进行了研究[72-74]，另外一些学者则更多地从社会安全的视角进行论证，包括宏观层面的社会犯罪和微观家庭层面的婚姻道德和生育道德等[72-74]。

第二节　出生性别比治理绩效研究的主要视角

治理绩效是治理行为达到的效果[75]，也是对政府的治理和服务行为进行科学评估和判断的标准，任何一项公共治理行为的最终目标都是取得治理绩效。出生性别比问题作为重要的人口问题，其持续偏高的态势引起了国家和政府的广泛关注，对其治理以及对治理效果的研究是出生性别比问题的核心。而相对于其重要性而言，出生性别比治理的绩效问题仍是学术界关注较少的论题。本节重点对出生性别比治理绩效研究的主要视角进行综述和述评，提出出生性别比治理绩效研究的进一步创新空间。国内目前针对出生性别比治理绩效的专门研究还比较少，对于出生性别比治理绩效的研究散见于出生性别比的原因和治理的文献中。大量学者对出生性别比的影响方面的考察几乎都包含对出生性别比治理绩效的思考和探索。因为学者们对出生性别比治理影响因素考察的多视角，所以对出生性别比治理绩效的研究视角也是多元的。通过阅读文献笔者发现，主要包括人口文化学、人口社会学、人口经济学、政策科学以及公共治理等视角。

一　人口文化学视角及其应用

人口文化学视角更多关注历史或现有的社会文化以及文化变迁对人口变量的影响。人口文化学在人口数量、人口迁移以及人口结构的研究中都有所应用。在人口数量方面，如有学者通过文化对中国生育率下降的影响的研究发现，导致中国的生育率快速下降的因素中，文化对生育率的下降起着推动力、导向力的作用[76]；在人口迁移方面，主要从文化融合和文化适应的角度探讨影响人口流动的文化因素，多项研究发现文化因素对流动人口的社会适应、社会参与、社会认同和居留意愿都有显著的影响[77-80]；在人口结构方面，探讨最多的是传统文化、生育文化、地区文化、家庭文化和宗族文化对出生性别比的影响，研究发现，男孩偏好的刚性文化是出生性别比偏高的本质原因[81-82]。具体来讲，盛亦男的研究揭示家族制度中的宗族文化、婚姻模式与传宗接代思想是造成男孩偏好的根本性制度原因[83]；刘爽认为男孩偏好在中国是一种制度化的价值取向[84]；严梅福等则从生育的心理文化出发进行论证，认为在中国延续千年的"孝文化"构成了主要的生育动机[85]；也有学者认为村落文化中的姓氏文化、宗族文化和赡养文化强化了传统的男孩偏好思想[86-87]。总之，从人口文化学的视角，出生性别比升高是在中国传统的父系制度文化影响下，继嗣文化、生育文化、宗族文化和村落文化交互作用的产物。从这个视角看，出生性别比的平衡是一个漫长的过程，因为必须依托于传统文化的渐进式变革来实现。

二 人口社会学视角及其应用

人口社会学是在 20 世纪 50 年代后出现的一门新兴学科，是主要研究人口与社会发展相互关系及其变化规律的理论，是人口学与社会学的交叉学科[88]，是在西方社会学家如科斯特、杜尔科姆·迪芒等人的人口理论中的社会学派的研究基础上形成的，该学科的主要特征在于比较重视人口问题中的社会因素，认为社会因素，尤其是社会的经济、文化和政治因素对人口结构和变迁都有重要的影响。20 世纪 80 年代后，人口社会学开始引进中国，诸多学者结合人口发展和社会发展的实际，进行了一系列的探索性研究。例如基于社会影响相关度分析的合理人口规模判断、农民工与城市化问题、人口老龄化问题、人口生育行为与出生性别比问题以及人口就业与社会保障问题等。人口社会学是分析出生性别比问题的主要视角。对于绩效分析而言，人口社会学视角主要有以下三个分支。一是社会心理视角。该视角从社会心理的角度入手，分析生育偏好中男孩偏好形成的心理机制。最核心的社会心理是生育价值观，包括"传宗接代""多子多福""不孝有三，无后为大"等，这些传统价值观代代相传，从根本上固化了一代又一代人的生育价值[87]；同时，生育男孩的社会心理需求强化了已有的生育价值[89]。对于多数妇女来说，生育男孩会带来自身家庭地位的稳固并且会赢得尊敬；此外，也有学者从村落文化形态入手，认为场域－惯习下的群体观念催生了生育主体追求男孩的从众心理[90-91]。二是社会性别视角。一些学者以能够体现社会性别的社会制度为分析对象，认为现存的社会制度，包括正式制度以及非正式的性别文化都明显缺乏社会性别意识，从而造成了两性之间不平等的制度供给，造成了严重的性别不平等。有学者[92-95]发现现行的计划生育政策、社会保障制度以及就业、收入制度缺失社会性别平等[96-97]意识,造成了两性社会地位的不平等引起出生性别比偏高。而梁丽霞等以家庭为分析单元,通过对两性的角色差异、活动差异、责任差异的对比分析,发现正是这些两性差异造成了两性在社会领域的严重不平等。卜卫则认为社会媒体往往仅从男性利益出发倡导出生性别比的后果治理,这种缺乏社会性别意识的倡导理念使其丧失了保护女性权利的社会责任[98]。而汤兆云则进一步认为社会性别差异性理念和实践将会进一步恶化出生性别比现状[71]。三是社会变迁视角。主要从人口要素的变迁和社会要素的变迁两个维度分析社会变迁对出生性别比的影响。在人口要素变迁方面,有学者认为生育意愿的变迁为性别失衡提供了社会心理基础[99],也有学者认为人口生育率下降和性别偏好的变迁共同影响了性别结构[100]。在社会要素变迁方面,以陈友华为代表的学者认为社会变迁为出生性别比的回落提供了条件[101],而闫绍华和杨凡则发现社会变迁与出生性别比之间的关系是非常复杂的,社会变迁究竟会对出生性别比产生正向还是反向的作用取决于社会环境的多因素互动,互动的结果往往是生育率下降和男孩偏好同时存在[102-103]。

三 人口经济学视角及其应用

人口经济学视角在人口问题研究中应用广泛,包括人口数量[104-105]、老年人口[106-107]、人口变迁[108]以及性别结构等。在出生性别比治理绩效的研究方面,人口经济学主要从宏观的经济状况和微观的家庭经济角度探讨了经济要素对出生性别比水平的影响。在微观层面,以成本 - 效用为理论依据,将男女的效用差异作为影响出生性别比治理绩效的因素进行研究是该视角研究的主要范式[109-111];此外,还有学者[112]从妇女的家庭地位、经济类型以及消费模式等微观要素出发,分析其对出生性别比升高的影响。宏观层面的研究主要认为宏观的经济水平,包括收入、城镇化等是影响出生性别比水平居高不下的重要因素[113-115]。

四 政策科学视角及其应用

政策科学是通过综合运用各种知识和方法来研究政策系统和政策过程,探求公共政策的实质、原因和结果的学科,其目的在于提供政策相关知识,改善公共决策系统，提高公共政策质量[116-117]。政策科学产生于20世纪60年代的西方国家，是对西方社会战争、贫困、犯罪等社会问题特别关注的产物。政策科学在中国是伴随改革开放而兴起的，被广泛应用于经济、教育、卫生、文化、人口等领域的政策研究中。随着出生性别比治理的推进，对出生性别比治理相关的政策分析引起了一些学者的关注。通过对已有研究的综述，笔者发现当前政策科学视角的出生性别比治理绩效主要从两个方向展开，一是专门研究中国的计划生育政策对出生性别比治理绩效的影响，由此形成了两种不同的观点，一种观点认为我国计划生育政策对出生性别比有影响[5,118-120]，另一种观点认为计划生育政策与出生性别比升高并无关系[121,122]。政策科学在出生性别比问题研究中的另外一个方向即对影响出生性别比治理绩效相关的社会政策分析。杨雪燕等[63,64,123]对影响出生性别比治理绩效的各种公共政策，包括经济、人口、社会保障等因素进行了系统分析，认为相关的公共政策失效是出生性别比治理绩效不显著的主要原因，继而建议通过协调社会政策来实现出生性别比水平的降低，而周垚则将研究范畴设定为出生性别比治理政策本身，通过指标评定法对出生性别比治理中的引导性、服务性和约束性政策进行了绩效评估[124]，还有学者[125]进行了公共政策的国际比较，总结了韩国公共政策的赋权性内容对中国出生性别比政策制定的启示。

五　公共治理视角及其应用

公共治理是公共行政和公共管理范式变革的产物，公共治理所关注的主要问题是如何在日益多样化的组织形式下保护公共利益，如何在有限的财政资源条件下以灵活的手段回应社会公众的需求[126]。随着公共治理在我国的引进，围绕这一范式形成了新的研究领域，如政府与非政府伙伴关系、治理结构、政策网络治理以及公民社会等，同时，公共治理理论也开始应用于具体的管理领域，包括环境治理、贫困问题等。出生性别比问题方面，以公共治理为视角的研究并不多见，主要有两种研究取向。一种是国际比较研究，韦艳等[127-129]通过对韩国、印度与中国出生性别比公共治理的比较，为中国的相关治理提供了借鉴与启示。另一种是以公共治理为理论基础的出生性别比治理绩效实证研究。尚子娟基于治理的碎片化，引入整体性治理理论构建了整体性治理的绩效分析框架，并运用此框架从治理结构和治理工具两个维度出发，实证分析了治理的结构要素和工具要素对出生性别比治理绩效的影响机制[130-131]。这一框架的提出和应用为克服治理出生性别比中的碎片化问题提供了整体性的理论视角，具有理论意义和实践价值。

上述各个视角基于不同的学科特色，在分析内容和层次上均有差异，表2-1总结出了各种视角的特征与分析重点。

表2-1　出生性别比治理绩效分析的主要视角

主要视角	分析内容	分析层次
人口文化学视角	传统文化、生育文化、地区文化、家庭文化和宗族文化	宏观
人口社会学视角	社会心理、社会性别、社会变迁	宏观
人口经济学视角	社会经济、家庭经济	宏观、微观
政策科学视角	社会政策	宏观
公共治理视角	治理要素	中观

第三节　绩效研究的制度分析视角及其应用

制度分析范式是新制度经济学的重要内容，是当代社会科学领域的一个重要的理论分析工具，为研究社会问题提供了独特的视角。该范式将制度变量纳入理论框架，强调制度研究的整体性，在分析路径上具有多重属性，在很大程度上是一种联结宏观理论和微观理论的"桥梁性"理论[132]。因此，对于全面、系统地理解社会问题具有很好的适应性。

一　制度分析的界定

关于制度的研究历史悠久，可以追溯到古希腊，在政治学领域，亚里士多德最早将制度研究作为政治研究的对象。随着制度研究的不断扩展和社会的发展变迁，制度作为研究对象在研究领域上有所突破，逐渐渗透到管理学、社会学、心理学等诸多学科和领域。当今，关注制度问题的制度分析理论已经成为各学科和领域重要的理论范式之一。制度分析经历了由传统向现代、由旧范式向新范式的转变。这里有必要对其理论变迁的背景和内容做一阐释。

（一）制度的内涵

制度的内涵十分丰富，古典政治经济学家主要将制度界定为政治制度。在经济学领域，早期很长一段时间内，制度或者被视为不变的"自然状态"的一部分而被省略，或者被视为外生的变量而被认为与经济增长无关[133]。20世纪30年代起新制度经济学的兴起及其发展不仅丰富了制度的内涵，也拓宽了制度研究的领域，制度已经成为经济学、社会学、管理学等诸多学科中的关键概念和内容。按照新制度经济学的理解，制度被定义为一种行为规则[134]，更确切地讲，制度是一种行为的规则系统。

（二）制度的分类和分层

在制度的分类研究上，诺斯将制度分为正式的制度安排、非正式的制度安排和实施机制，我国学者一般遵循诺斯的分类，把制度分为正式制度和非正式制度，在具体分析不同制度在制度结构中的地位和作用时，将制度结构又划分为制度环境和制度安排。德国学者柯武刚和史漫飞首先将制度分为内在制度和外在制度两大类，每一大类下，又有若干不同的制度形式。我国学者杨瑞龙先生把制度分为宪法秩序、制度安排和伦理道德规范，林毅夫先生对制度的分类与诺斯相似，但他将制度等同于制度安排，并将制度安排分为正式的制度安排和非正式的制度安排。还有学者将制度分为制度环境、具体的制度安排与实施机制[135-137]。

（三）制度的关联性

制度分析理论不仅认为制度存在不同的分类和分层，而且认为各种层次之间的制度是具有关联性的，而且其关联的属性决定了制度配置的效率。威廉姆森[138]将制度分为嵌入、制度环境、治理以及资源配置与雇佣关系四个层次，并将其作为社会分析的四个层次。国内学者张旭昆[139]认为制度具有层次性和相关性。层次性主要将制度视为一个层级系统，包括基本制度以及由其衍生而来的派生制度。在派生制度内，制度子系统之间又存在互斥、耦合和独立三种相关性。而制度博弈论专家青木昌彦将制度之间的关系概括为"嵌入"、"捆绑"和"互补"三种[140]。同时从时间维度上对制度关联属性进一步划分，区分出同一时间不同制度的关联，即共时关联，新制度与历史已有制度的关联，即历时关联，而后者主要指历史的路径依赖。白千文将制度关联区分为狭义的制度关联与广义的制度关联，并基于狭义制度关联的局限性提出了广义制度关联的分析范式，认为广义的制度关联主要包括制度环境、非正式制度和正式制度之间的关联，由此划分了广义制度关联的三个层次：第一层为制度运行环境与正式制度之间的关联性；第二层为正式制度与非正式制度之间的关联性；第三层为正式制度内部基础性制度与次级制度之间的关联性[141]。上述关于制度关联性观点的贡献不只在于发现了制度之间的关联属性，而且在于将制度关联性视为影响制度实施成本、保障制度实施效果与效率的根本所在，即制度是以相互关联的方式影响绩效的。

通过以上对制度相关研究的梳理可见新制度经济学中的制度具有不同于一般制度的特征。第一，关于制度的界定。基本上达成共识的界定是将制度视为一种行为规则，而且这种行为规则既包括正式规则也包括非正式规则。第二，关于制度的分类与分层的结构观和系统观。很多学者都将制度视为一种结构、一个系统，而非仅仅探讨单个制度，对于制度的效力以及配置效率的解析都建立在结构化和系统化前提假设下。第三，制度具有关联性，制度关联性是在结构观和系统观的制度分类与分层上形成的分析范式，正式制度之间、正式制度与非正式制度之间以及制度与制度环境之间都存在普遍的关联，制度配置的效率受到制度关联性的影响。制度关联包括静态的和动态的关联，前者包括既定的制度群之间的关联，后者包括动态的制度变迁对相关制度的状态和变迁的改变。

二 制度分析视角下的绩效研究

无论是制度分类分层研究，还是制度关联性的理论范式，抑或是关于制度分析的流派划分，其落脚点都在于制度的配置效率或后果，而且存在的一个隐含假设即制度以结构化、系统化的方式影响着制度的配置效率，即绩效。

（一）制度分析中的绩效

绩效是活动的结果，是治理或管理行为的结果[142]。"制度绩效"一词源于新制度经济学家对经济发展和制度变迁关系的关注，他们的研究发现，在没有发生技术变化的情况下，通过制度创新亦能提高生产率和实现经济增长[143]，可见，最初的制度绩效主要指经济制度的绩效，主要用来说明制度对经济发展的规制性作用。制度分析的绩效主要在于制度变迁与经济活动主体（人或组织）是否相互适应以及相互适应的程度，制度绩效实质上是"适应性效率"。

随着新制度经济学理论和方法向管理学、政治学以及社会学等领域的扩展，制度绩效也不再局限于经济学领域，在诸多学科和领域得到应用。一般意义上的制度绩效就是指某一社会制度实施的效果，绩效可以分为两种：狭义的制度绩效，指对制度运行机制本身的一种度量[144]；而广义的制度绩效是指制度安排的状态，主要指制度与制度、制度与环境以及制度与人之间相互适应以及相互适应的程度，这里的制度绩效实际上是"适应性效率"[145]。制度绩效在内容和边界上较我们通常所说的管理绩效或组织绩效更为宽广，管理绩效或组织绩效将制度绩效的影响因素和制度作用的边界限定在特定的组织内部，是一种相对静态和有限范围的绩效范畴，而制度绩效的着眼点不仅包括组织内部的微观运行机制、组织结构安排，还注重考察制度与外部环境的相互适应性，是一个联结微观个体、中观组织结构和宏观环境的综合的绩效评估概念。制度绩效由于能够更加完备地涵盖有可能影响制度效用发挥的因素，运用其衡量绩效会增强评估的科学性和有效性，因此许多学者在对治理的评估中应用了制度绩效的评估维度，原因在于制度绩效更能反映治理的多元性和动态性特征下绩效评估的复杂性。

（二）制度分析中绩效的测度

关于究竟怎样衡量制度所产生的绩效，学界并没有达成一致意见，也没有成熟的模型可以借鉴，但是通过对相关文献的梳理，可以总结出制度分析中衡量绩效主要有三个切入点和视角。

第一，制度的分类与分层视角。一种维度是将制度绩效分为制度安排绩效和制度结构绩效[146]。制度安排绩效是指某一制度安排的"普适性"；而制度结构绩效又可以分为静态结构绩效和动态结构绩效，静态结构绩效是指各项制度安排之间相互协调和匹配的状况，而动态的制度结构绩效是指从制度体系对环境的适应能力和环境对制度体系的影响力角度来分析制度绩效。另一种维度将制度绩效分为内在制度绩效和外在制度绩效，按照学者郑志龙的分类和理解，内在制度绩效指结构的设置及其工作效率状况，是对承担相关责任的相关机构运行效果的评价，更多的是一种基于过程的评价。而外在制度绩效主要指某一制度对于管理和治理的作用大小，主要是基于结果的绩效。由此可见，从制度分类与分层视角，制度绩效的衡量标准从制度结构上可以区分为静态绩效和动态绩效两种类别，从范围上可分为过程绩效和结果绩效两类。

第二，制度均衡视角。将制度均衡作为衡量制度绩效的指标。张曙光运用成本－收益分析方法对此加以分析，他认为一种制度安排和制度结构只要其净效益大于零，且在各种可供选择的制度安排和制度结构中净效益最大，这项制度就是最好最优越的制度，人们自然会对它感到满意和满足。这时，对制度服务的需求就等于制度服务的供给，人们既无改变现行制度的动机和要求，也无改变的能力和力量，更不会采取变革的行动。这时的制度状态就是制度均衡。张旭昆[147]也指出制度均衡不是数量均衡而是行为均衡，即任何个人或群体都不再有变动现存制度的动机和行为，因为他们不能通过变动获取更多的利益。他也进一步指出，制度均衡是一种双适态的均衡，即制度均衡意味着任何两种现存的具体制度之间都不存在互斥关系，而是处于相互适应协调的状态（简称适调态），同时制度均衡状态还是适合各群体意愿的状态（简称适意态）。通过制度均衡视角对绩效的衡量指标的划分，可以抽取出如下信息：首先，制度均衡是衡量制度绩效的一种指标；其次，对于制度均衡的衡量既包括客观的均衡判断，又包括主观的感知均衡。

第三，制度关联的视角。认为制度是一个系统，由许多子系统组成，每一个子系统内又包含许多单一制度，各个子系统之间和子系统内的各单一制度间都存在相互依赖的关系，每一个单项制度的变化在影响其他制度变化的同时，又都受到其他制度变化的制约，每一个制度、每一个制度的子系统的实施绩效都和其他制度及其子系统的实施绩效相关，因此制度绩效主要取决于制度之间的关联属性，在这一意义上的制度绩效更多的是一种"适应性"效率。

（三）三种制度分析流派的绩效分析

正如迪厄梅尔和科勒比尔认为的，制度分析要阐明的问题是，制度的激励和约束是如何影响社会行动者和他们的集体选择，它的目的是理解制度、行为和结果之间的联系[148]。从研究内容上，制度分析既强调社会背景的重要性，也强调个体角色的动机[149]。制度分析方法旨在对经济、政治、社会结构、社会制度、历史进程、社会心理、生活习俗、行为方式等诸多因素进行综合考察，力图更好地把握制度运行轨迹及其内在制约因素。比较有代表性流派主要是理性选择制度主义、社会学制度主义和历史制度主义[150]。

　　早期的理性选择制度主义有着最为严格的逻辑假定，即制度对行为的作用是通过行为者的策略性算计而发挥作用的，无法被非个人的其他力量所驱使，理性选择制度主义的基本假设主要涉及三个方面：第一，个体是政治过程的核心行动者，个体展开理性行动的目标是个人效用最大化；第二，制度是形塑着个体行为的规则集合体；第三，个体对于制度（约束或激励）能够做出理性的反应，并且大多数个体都会以同样的方式对制度做出反应[151]。他们认为制度是内生的，是行动者为了实现自身价值以及在合作中获利而创建的，制度的形成过程就是一个理性个体去寻找自身利益最大化的过程。但是理性选择制度主义的代表人物温加斯特通过对美国国会行为的研究发现单纯的理性个人策略假设并不能够解释美国国会选举中面临的集体行动的困境问题，造成这种困境的根本原因一直被界定为内生于个体偏好的制度作为一种外生变量约束着人们的偏好选择[152]，薛布斯里就认为一个纯以偏好为导引的均衡难以寻得，但是在某些制度限制下，我们可以发现由结构因素所导引的均衡[153]。温加斯特和薛布斯里的研究发现激发了更多的理性选择制度主义者对制度与行为关系的重新思考，加里·考克斯（Gray Cox）、马修·D. 麦卡宾斯（Mathew D. McCubbins）、埃莉诺·奥斯特罗姆（Elinor Ostrom）与道格拉斯·诺斯（Douglass North）等放宽了早期理性选择制度主义的前提假设，将制度作为外生变量引入理性选择中，认为"个体是整治过程中的核心行动者，个体展开理性行动的目标是自身利益的最大化。制度是形塑着个体行为的规则集合体，但是，个体对于这些由制度所建立起来的激励和约束能够做出理性的反应"[154]。奥斯特罗姆的制度分析与发展框架（IAD）就是修正后的理性选择制度主义的典型，在该模型中，个体的理性选择对行为的影响是主要机制，但同时，制度背景、制度规则以及行动情境是调节个体行为的重要外在变量。诺斯、青木昌彦和斯密德等人力求以个体认知心理和行为研究为基础，来揭示制度演进路径的过程、性质和绩效。他们的研究构成了行为制度理论的一个重要方向[155]。

与理性选择制度主义不同，社会学制度主义对制度与行为关系的分析，采取了文化途径，即认为制度是超越理性的，是一种具有意义判断作用的文化的具体实践模式[156]。在社会学制度主义中，组织的结构和运行对制度与行为的影响是不容忽视的，同时，认为行为者并不是超越于社会之外的抽象存在，相反它是扎根于社会、文化、传统之中的[157-158]，个人行为深受特定的世界观、价值观的影响。社会学制度主义的形成主要源于社会组织理论，将制度界定为嵌入政体或政治经济组织结构中的正式或非正式的程序、规则、规范和惯例[159]。由于社会学制度主义同时也强调组织作为一种制度形式对行为产生的影响，因此，在研究层次上，除了具有文化人假设基础之上个人策略选择的微观属性之外，还具有基于组织及其运行的中观视野。

历史制度主义意在阐明政治斗争是如何受到它所得以在其中展开的制度背景的调节和塑造的[160]。历史制度主义认为理性选择制度主义的假设过于狭隘，认为人的行为受到理性和文化模式的双重驱使，究竟受到哪一种因素驱使要视具体的制度背景而定，因为个体的理性会受到特定制度的塑造，而既有的文化模式也要扎根于制度之中后才具有决定性的作用[161]。同时，历史制度主义强调制度的关联性，认为对制度与行为关系的分析必须在制度环境中进行。同时，注重通过追寻事件发生的历史轨迹来找出过去对现在的重要影响[162]。它试图通过放大历史视角来找出影响事件进程的结构性因果关系和历史性因果关系。结构性因果关系主要体现在两个方面：第一，宏观制度环境与所研究的具体制度安排之间的关联性关系如何影响制度与行为关系；第二，制度安排中的具体制度之间的结构关系如何影响行为。历史性因果关系注重从一个宏大的历史视域中展现具体制度的选择、变更与替代的过程[163]，即强调历史对现在的影响及由此形成的路径依赖性。

三种流派各自的理论视角不同，在研究内容和研究层次上均有差异，理性选择制度主义侧重于个体行为与绩效的关系研究，社会学制度主义侧重于组织结构及其运行以及文化因素对绩效的影响，而历史制度主义则从更为宏观的制度背景识别影响绩效的宏观要素（见表2-2）。

表 2－2　三种制度分析流派的比较

派别	研究内容	研究层次
理性选择制度主义	偏好、行为、绩效	微观
社会学制度主义	组织、文化、绩效	中观
历史制度主义	制度环境、绩效	宏观

　　通过以上文献分析发现制度分析的三种代表流派在分析逻辑和支撑性理论方面都存在分野，但这并不能否认制度分析的现有理论思想和观点在理论交流和整合上存在切点和交集。"所以研究宏观的政体与制度结构要考虑到个人的偏好选择问题，研究特定的中观或微观组织与规则要有大历史观即整体主义的预设"[164]。近期的研究出现了整合三个流派的探索和尝试，例如卡罗尔·索坦尔探讨了将三种流派融合在一起的新制度主义，并认为"此种相互融合的新制度主义在关于合作、社会秩序和经济增长方面具有更强的解释力"[165]。国内学者何俊志[166]与杨光斌[167]一致认为三种流派作为一种分析框架，理性、观念和历史集装成的制度在分析过程中都有自己的位置。埃莉诺·奥斯特罗姆的制度分析与发展是对三种理论流派进行整合的最具代表性的成熟框架，因此关于该框架的内容与应用将会进一步地系统介绍。

第四节　制度分析与发展框架（IAD）及其绩效分析

　　新制度经济学的产生和发展是 20 世纪 60 年代以来经济学最为令人瞩目的成果之一，这一时期制度分析领域形成了诸多学派，比较具有代表性的有理性选择制度主义、社会学制度主义和历史制度主义三大学派，这些学派均从制度－行为关系出发进行制度分析，但是这些学派进行制度分析的共同特点有：一是集中进行单一层次的制度分析，较少探讨多层制度之间的相互作用对行为的影响；二是将所关注的分析层次之外的制度设为外生变量，进行静态分析。美国政策科学家埃莉诺·奥斯特罗姆质疑这种比较静态研究方法的合理性，认为在进行制度分析时必须尽可能地将涉及的相关制度纳入分析范畴，并作为内生变量来处理，经过其不断的理论探索和实践考察，最终形成了制度分析与发展框架（Institutional Analysis and Development Framework，IAD）。制度分析与发展框架的最大贡献在于放宽了理性选择制度主义的理论假设，并最大化地整合和吸收社会学制度主义和历史制度主义的理论思想，致力于解释包括组织规则、物质环境在内的外生变量如何为行为提供一套能够增强信任与合作的制度设计方案及标准，并最终作用于政策结果[168]。制度分析与发展框架强调多层次的制度分析，为新制度经济学的制度分析提供了一般动态分析的视角[169]，更贴近于现实的制度情境。

一 制度分析与发展框架的构成

在制度分析与发展框架下，政策结果或治理结果并非行为相互作用的产物，而是行为者与行动情境和外部系统之间相互影响的一个函数[170]，该框架是一个关于自然和物质条件以及共同体属性如何影响行动舞台结构、个体面临的激励及其结果产出的通用术语[171]（见图2-1）。

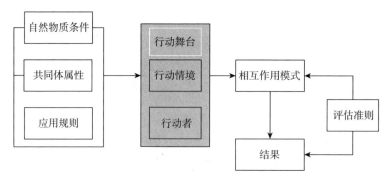

图 2-1 制度分析与发展框架

制度分析与发展框架主要由三个部分组成，即行动舞台、外部变量和结果。首先是行动舞台。行动舞台是指一个广泛存在于公司、市场、地方、国家、国际等各种和各级事务中的社会空间[172]，而行动舞台又由行动情境和行动者两组变量组成。行动情境是指直接影响作为研究对象的行为过程的结构，它能够分析一种制度对人的行为及其结果的影响[173]。奥斯特罗姆将行动情境划分为7组变量，包括参与者集合、参与者身份、行为集合等，而行动者主要指处于行动情境中的个体。运用制度分析与发展框架的关键就是分析行动舞台中的行动情境和行为者在外生变量的影响下相互作用及其产生的结果[174]。其次是外生变量。制度分析与发展框架的兴趣并不仅仅在于关注个别行动舞台，而在于深入挖掘影响行动舞台的结构因素，这些结构因素是那些能够影响行动舞台的外部变量,外部变量是可能影响行动舞台结构的变量。奥斯特罗姆将外部变量分为三个部分,即自然和物质条件、共同体属性和应用规则。自然和物质条件主要指资源的排他性、竞争性、衰减性以及稀缺性等;共同体属性,即共同体所普遍接受的行为规范、共同体内成员对行动结构的共同理解、生活在某一共同体中的人们偏好的异质性、共同体内人们取向上的认同程度、在认识结构上的类似程度等[176];而应用规则是参与者之间共同认可的强制性规范[175]。最后是行为和外部变量共同作用的结果是制度分析与发展框架分析的最终落脚点,关于结果,奥斯特罗姆提出了一组评估标准,包括经济效率、融资均衡、再分配公平、问责制、与普遍的道德一致以及适应性。可见,在制度分析与发展框架中,结果并非单一的后果,而是一个多维的概念。

二 制度分析与发展框架下的绩效分析路径

制度分析与发展框架源自理性选择制度主义,是在对传统理性选择制度主义进行修正的基础上发展而成的,由此形成了独特的绩效分析路径。

(一) 理性选择制度主义的绩效分析路径

理性选择主义形成于对美国国会行为的研究,主要研究国会的制度规则与立法者的理性行为之间的矛盾。早期的理性选择制度主义有着最为严格的逻辑假定,即制度对行为是通过行为者的策略性算计而发挥作用的,无法为非个人的其他力量所驱使。理性选择制度主义的典型行为假设有三种。第一,偏好稳定。理性选择制度主义者大都假定相关行动者具有一套固定的偏好,并不会随着外界环境变化和制度的不同而加以改变。第二,个体是政治过程的核心行动者,个体展开行动的目标是个人效用最大化,而行为是效用最大化的工具,而且行为具有通过算计而产生出的高度策略性[176]。第三,个体的策略性行为受到制度约束,但是个体对于制度的约束或激励能够做出理性反应[151]。可见,早期的理性选择制度主义以个体认知和心理为载体的行为为核心变量,认为制度无非个体内生的产物,制度虽在一定程度上能够约束个体行为,但是个体完全能够对制度的约束做出理性的回应,因此,绩效的形成主要决定于个体的策略性行为,其绩效分析路径如图2-2所示。

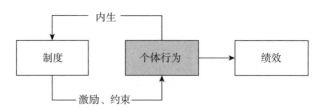

图 2 - 2　基于内生制度的理性选择制度主义模型

理性选择制度主义尽管有着严密的假设，也形成了比较成熟的理论模型，但在现实问题分析中存在缺陷。首先，这种强假设下的分析结果往往不符合实际，通过对美国国会行为的研究，学者温加斯特等[152]发现该模型并不能解释美国国会选举中面临的集体行动的困境问题，并发现造成这种困境的根源在于一直被界定为内生于个体偏好的制度事实上作为一种外生于行为的变量约束着人们的偏好选择。其次，分析的核心是行为与绩效之间的关系，将制度设定为内生于行为并且可以被行为改变的变量。再次，单层次的制度分析，对多个层次之间的制度及其相互作用对行为和绩效的探讨不足。最后，由于在多数研究中都将制度假定为既定不便的变量，因此在分析上以比较静态分析为主，较少考虑制度及其变化对行为和绩效的影响。

（二）制度分析与发展框架的绩效分析路径

温加斯特和薛布斯里认为一个纯以偏好为导引的均衡难以寻得，但是在某些制度限制下，我们可以发现由结构因素所导引的均衡[153]，他们的研究发现激发了更多的理性制度选择主义者包括加里·考克斯、马修·D. 麦卡宾斯、埃莉诺·奥斯特罗姆与道格拉斯·诺斯等对制度与行为关系的重新思考。奥斯特罗姆的制度分析与发展框架（IAD）正是将这些思考进行整合基础上结合治理的现实情境提出的全新制度分析框架。该框架对传统的理性选择制度主义框架进行修正和扩展，更为贴近研究现实。

制度分析与发展框架对传统理性选择制度主义的修正与扩展如下。第一，放宽理性选择制度主义"偏好稳定"的前提假设，承认在一定的制度约束下人的有限理性。第二，对制度变量的多元化扩展。制度分析与发展框架在质疑理性选择制度主义的单一制度影响分析的基础上，将影响绩效的各种制度要素分解为若干相互关联、相互牵制的组成部分，将自然条件、社会情境和行为纳入同一框架下进行系统分析。例如，通过对资源退化等问题的治理研究得出结论，认为这类研究不应该仅限于相关的自然属性，资源所在社区的特点、管理体系、产权、用以规范个体之间关系的应用规则等社会因素和自然属性一样重要[172]。第三，强调制度作用的层次性和嵌套性。认为制度是具有层次性的，而且存在高层次制度对低层次制度的嵌套性影响，在制度分析与发展框架中，这种层次性和嵌套性体现在两个方面：一方面，在整体框架上，以行动者为核心的行动舞台是嵌套于外部变量的，受到外部变量的约束和影响；另一方面，在行动舞台内，行动者的行为又嵌套于具体的行动情境中，受到情境的规范和约束。第四，强调制度变迁的动态分析。不同于传统理性选择制度主义往往将制度设定为假定不变，制度分析与发展框架注重考察制度的变迁对行为的影响。

因此，在进行绩效分析时遵循如下的分析路径。第一，绩效仍然主要是由行为所引发的。作为理性选择制度主义的扩展性框架，制度分析与发展框架并未摒弃传统模型中以行动者为基本分析单位的范式，以行动舞台为核心变量，并将个体行动视为实现利益最大化的主要方式。第二，制度作为影响行为的重要变量间接影响绩效。行为受到多层面、多元性的制度要素的影响，在微观的行动舞台内受到行动情境的影响，在宏观的外部变量中受到自然物质条件、共同体属性和应用规则的影响。第三，制度的发展和变迁动态影响行为，继而影响绩效。第四，绩效的多维度。由于在制度分析与发展框架下，绩效不再仅仅是个体行动的产物，而是受到不同层次、不同类型的制度的间接影响，因此，绩效对应的维度也呈现多元化。制度分析与发展框架的绩效分析路径，简言之，即为行动舞台是实现绩效的核心变量，同时层次性、多元性、动态性的制度变量对行为产生规范性影响从而间接影响绩效。

三 制度分析与发展框架的绩效研究应用

（一）国外制度分析与发展框架的研究应用

制度分析与发展框架是由埃莉诺·奥斯特罗姆的公共池塘自主治理理论发展而来的，因此，国外对制度分析与发展框架的应用主要集中于生态治理和公共资源治理领域。在奥斯特罗姆的制度分析与发展框架中，影响绩效的制度性要素主要分为外部变量和行动舞台两部分，外部变量又可细分为自然物质条件、共同体属性和应用规则三个层面。而行动舞台则由具

体的行动情境和行动者构成，是更微观层面的制度性要素。在具体的研究
应用中，基于研究取向的不同，对制度分析与发展框架中的变量的选取也
有所侧重。Tracy Yandle 和 Mark T. Imperial 两位学者利用整体的制度分析与
发展框架分别研究了新西兰渔业开发和生态系统治理问题，Tracy Yandle 利
用制度分析与发展框架对新西兰渔业开发制度六年间的发展和变化进行了
评估，发现制度发展在不同地区间的不平衡性，从而认为外部变量和行动
舞台共同对结果产生影响[177]，而 Mark T. Imperial 则认为制度分析与发展框
架更适用于对生态系统治理问题的研究，并且认为良好的制度设计对绩效
的实现是不可缺少的因素[178]。多数研究仅选取行动舞台或外部变量或二者
的关联进行深入分析。在行动舞台研究方面，Minna Allarakhia, Steven
Walsh 和 Lisa Carrol Dirks 的研究分别集中于对纳米技术合作管理和生物燃料
研发中的参与者的行为策略进行研究[179-180]，还有部分学者以行动者舞台
中的个体策略行为为分析核心，Alex Chuan – Hien Chang 和 Yu – Tzung
Chang 探讨了中国台湾民进党选举支持率下降的原因，并揭示出理性选择的
非理性结果[181]，而 Eduardo Araral 则通过对菲律宾农业灌溉机构的理性行
为研究揭示出该机构在政策制定方面存在的道德风险[182]。在外部变量的研
究中，对应用规则的研究相对较多，Christine B. Williams 等通过对美国国家
公共安全网络形成和使用的研究发现，制度化规则决定着该网络的成熟和
完备[183]，而 Abhay Pethe 等的研究则发现不良的规则制定和执行，比如不
明确的公共所有制和寻租现象会极大地影响印度孟买公共设施和土地管理
质量[184]。此外，还有学者从外部变量内部要素的关联角度分析其对绩效的
影响，Jung – Won Park 等利用事件史分析方法分析了政党意识形态和共同特
质对国家发展制度落实的影响[185]，而 Marion Mehringa 等通过对印尼森林开
发的地方规则的研究发现规则的执行不力正是由对当地共同体特质的关注
不足导致的，由共同体属性所开发出的非正式规则由于与传统的村级管理
体制相适应而更受到尊重[186]，Shikui Dong 等通过对北尼泊尔牧地可持续发
展的研究发现当地牧民在牧地可持续发展方面有着丰富的乡土知识，而相
应的应用规则极其缺乏，正式规则与非正式规则的失衡是牧地治理成效不
佳的根本原因[187]。

（二）国内制度分析与发展框架的研究应用

国内关于制度分析与发展框架的应用体现在公共资源治理、教育管理

制度、社区治理、公共安全治理、公共服务等多个领域，而在具体的研究应用上同国外研究应用相似，少数研究利用整体的制度分析与发展框架进行具体案例分析，多数研究集中于对框架中的某一或某些变量进行实证研究。第一，在整体性的框架应用方面，李礼利用 IAD 框架分析了我国城市公共安全服务供给的合作网络[188]；而刘建国等根据制度分析与发展框架，结合对中国干旱地区流域的考察，构建了研究水制度绩效的 WIAD 框架，并结合数据进行了实证检验[189-190]；周美多则利用制度分析与发展框架分析了省内转移支付的均等化效应[191]；朱玉贵结合中国休渔制度构建了休渔制度分析框架并通过案例分析对理论预期结果进行了实证检验[192]。第二，宏观的外部变量研究，研究的具体问题涉及教师聘任制度、社区治理、公共服务等方面，并得出结论认为外部变量中的规则及其互动、工作特性、产品或社区属性等[193-196]对治理绩效有重要影响。第三，行动舞台的应用研究。这方面的研究主要关注特定社会问题所面对的行动舞台的特征、结构和作用模式对结果的影响。例如张凌云通过对扩招以来我国大学生就业政策的回顾发现就业政策所在的行动舞台内的信息不对称、机会主义是就业政策执行不力的根本[197]。何立娜、李根、徐涛等将行动舞台扩展为中央政策舞台、地方政策舞台和非正式舞台，并据此分别探讨了农民工子女义务教育和农民工随迁子女异地高考政策和中国住房政策的制定过程，并得出结论认为三个具有制约关系的行动舞台共同影响了政策的制定[198,175,199]。第四，行动舞台中的情境分析。胡海青将行动情境操作化为目标制度和关联制度用以分析大学教师聘任制度的改革[196]；而李琴则侧重于对我国女村官治村的治理情境分析，发现治理政策、治理者特质、治理内容等作为治理情境影响着女村官的治村绩效[200]。第五，应用规则的研究应用。这一方面的应用主要以 IAD 应用规则模型为理论框架，分析研究具体问题中的制度与规则对绩效的影响。例如，聂飞应用 IAD 的应用规则模型对农村留守家庭离散问题进行制度分析，发现不平等的制度设计使农民成为弱势群体，在制度隔离下导致农村的留守和离散现象[201]。李琴利用应用规则模型划分的 7 类规则，结合农村妇女参与村级治理的实际，深入分析了农村妇女参与村级治理的应用规则[202]。第六，关注个体行动者的研究应用。这部分研究主要集中于关注个体心理行动、策略和选择对治理绩效的影响，具体以 IAD 延伸决策模型进行分析。例如，刘珉通过对集体林权制度改革中农户种植意愿的实证研究发现，参与者的决策一方面受到参与者状况、条件控制以及参与者对状况的感知程度等信息的影响，另一方面受到参与者对行动前对最终结果了解程度的影响[203]。而何继新等的研究则发现个体对公共服务的认可度也受到个体状况感知、结果信息预期和外部状态感知的影响[204]。曹裕等通过对农户征地意愿的研究发现在影响农户征地意愿的因素中，农户对征地程序公平的感知比货币补偿更显著地影响征地意愿[205]。

第五节　研究评述

本章通过对已有研究的文献回顾与梳理，得出出生性别比治理绩效领域的研究进展。

首先，出生性别比的研究无论在研究的深度、广度、层次，还是在研究的视角上都有发展、开拓的空间。其一，研究深度和广度可以进一步扩展，出生性别比问题"如何治理"以及"治理的效果"如何仍是一个亟待更多关注的问题；其二，研究层次可以进一步丰富；其三，研究视角可以进一步整合，人口学、社会学和文化学以及三者之间的交叉是目前较为多见的研究视角，对于经济学、管理学等更多视角的应用相对较少，不同学科视角之间的理论整合可以继续深化。

其次，现有的出生性别比治理绩效研究视角能够提供一定的解释力，同时，由于学科属性的限制，现有视角仍存在一定的局限性。从解释力上，人口文化学将影响出生性别比治理绩效的根本因素指向社会文化、村落文化以及个体的生育文化，对于从根本上剖析出生性别比治理绩效的影响机制具有十分重要的理论价值。人口社会学将社会制度、社会心理以及社会制度的变迁都视为影响出生性别比治理绩效的因素，具有研究视野的开阔性。人口经济学视角从宏观和微观的经济因素切入，对于出生性别比治理问题中的宏观经济变量识别和微观经济决策的机制分析均具有价值。政策科学视角关于出生性别比问题的分析为全面审视政策设计的优势与不足提供了借鉴与启示，为出生性别比问题的解决提供了政策分析的依据。而公共治理视角的分析则为政府的治理行为和治理决策的优化提供了有益的启示。尤其是尚子娟的整体性治理视角对于出生性别比治理绩效的实证研究，为整体性、系统性地分析出生性别比治理绩效问题提供了重要启示。从局限性上，由于学科属性的限制，现有的绩效分析视角在具体问题分析中还存在一些缺陷，因此存在可以扩展的空间。尽管上述各种视角各有所长，但是单从一个视角入手分析出生性别比治理绩效的问题难以揭示其复杂的影响机制，这并非说各个视角存在理论缺陷，而是由各视角的学科属性决定的。因此，在整合各学科理论特色的基础上，针对出生性别比治理绩效研究问题建立一个完整、系统的理论框架和分析体系，具有重要的理论价值和学术意义。

再次，制度分析视角有别于一般的绩效研究范式，是一种更为综合、系统的绩效分析视角。第一，制度分析具有系统性、层次性和关联性特征，是一种比较全面、系统性的绩效分析范式。第二，制度分析视角对于绩效的界定更为全面，该视角下的绩效不仅包括我们通常所说的绩效，还包括制度适应等更为宏观的绩效，是一个联结微观个体、中观结构和宏观环境的综合的绩效评估概念，对于保证绩效分析的科学性和有效性具有积极意义。第三，制度分析不同流派的绩效分析路径具有重要价值。绩效分析是制度分析的重要内容，而制度分析三种代表性的理论流派提供了从三个层次、从不同方面识别影响绩效的分析路径，对于绩效分析的纵深研究具有理论价值。与此同时，制度分析视角下的绩效研究也存在巨大的可拓展空间。其一，制度分析视角下的绩效测量和指标发展存在扩展空间。现有的测度多用于经济领域和政治领域，面向社会领域的测度研究相对较少。指标构建方面，基于具体学科或领域的指标体系设计性研究并没有展开，尚未形成一个具有较大适用性的分析框架和整合性的概念模型。其二，分析方法方面，现有研究以宏观的理论分析较多，实证研究较少，尤其是以数据为基础的测度和模型检验较少。其三，模型的修正和应用方面存在拓展空间。当前的研究基于有限的研究领域建模，而且在建模路径上主要基于理论归纳和推理，基于实证结果的测量方法和建模思路较少，尤其是基于中国情境的模型修正与发展不足，缺乏基于中国情境的质的分析的模型修正和应用。因此，如何引进制度分析中的理论模型，基于中国情境进行指标开发与修正，并最终应用于中国问题的研究将是对制度分析应用空间的进一步扩展。

最后，制度分析与发展框架为绩效分析提供了全新的视角和分析方法。作为制度分析的成熟理论框架，制度分析与发展框架继承了制度分析视角的系统性、多维性绩效分析特点。在治理绩效分析路径上，从影响绩效的制度性要素上进行了多元、分层要素识别，将自然环境变量、文化属性和制度规则与具体的行动舞台有机关联，充分体现了个体行动中的结构性影响机制。此外，在个体的行动分析中纳入情境分析，使分析更为贴近现实。在绩效方面，考虑了公平、责任、适应等多个方面的维度。整体上将影响治理绩效的外部变量、情境和个体变化统一在一个因果链条下，并且形成了清晰的绩效分析路径。因此，制度分析与发展框架对于绩效分析具有理论价值和实践意义。同时，制度分析与发展框架在治理绩效的研究中具有拓展和修正的空间。第一，研究领域上具有拓展空间。当前的研究领域尽管已经相当丰富，但是制度分析与发展框架仍然可以继续在更广阔的社会科学领域探索和尝试，为更多的社会问题研究提供理论参考和框架结构。第二，研究内容的系统性具有拓展空间。制度分析与发展框架将自然的、规则的、文化的和人的因素纳入同一分析范畴中，但是在具体的应用中，以部分变量为核心的研究居多，基于完整框架的系统研究相对较少，因此，在未来的研究中可以基于整体的制度分析与发展框架进行深入、系统研究。第三，针对核心变量的修正和操作化方面具有拓展空间。尽管现有研究中针对行动舞台、应用规则等核心变量的研究成果已经相当丰富，但是这些变量仍然可以修正和扩展。第四，绩效发生路径的修正。制度分析与发展框架中的绩效具有多维性，然而当前的研究基本上遵循了从行为到绩效的分析路径，究竟外部变量中的核心要素与绩效之间是否具有关联及有怎样的关联也有探讨的价值和意义。

第六节　本章小结

本章系统归纳、总结并评述了与本研究相关的视角、理论以及实证研究，目的在于通过对现有研究的总结和评述，发现进一步研究的空间，进而明确本书的研究目标。本章第一部分，针对本研究主要问题即出生性别比进行了已有研究的归纳和总结。通过文献梳理，发现学术界对于出生性别比问题的研究具有阶段性特征，并总结出国内关于出生性别比问题研究的主要内容与观点。本章第二部分归纳出了当前出生性别比治理绩效问题的主要研究视角及其应用，并对各个视角的优势与局限做出简要评述。本章第三部分对绩效研究的制度分析视角及其应用进行了总结与整理，发现了制度分析视角对于绩效分析的理论价值和应用空间。本章第四部分重点总结和评述制度分析与发展框架的绩效分析路径，发现该框架为治理绩效研究提供了全新的视角和路径参考。本章最后一部分对现有研究进展进行评述，进一步总结出现有的研究空间和本书的创新空间。

通过本章的文献梳理和总结工作得出以下结论。

首先，出生性别比问题的相关研究成果丰富，尤其关于出生性别比水平、态势、原因和后果的研究成果较多，对于出生性别比问题的治理以及治理绩效的研究相对不足，所以在出生性别比治理及其绩效方面的深入探索将具有现实意义和需求。

其次，出生性别比治理绩效研究的各个视角既具有理论优势，又同时存在学科属性的局限性。当前关于出生性别比治理绩效的研究视角包括人口文化学、人口社会学等，各个视角均对出生性别比治理绩效的影响因素给出了一定的解释，但是基于特定的学科属性的限制，存在解释力的有限性，不能够全面、系统地分析出生性别比治理绩效的影响机制。

再次，与现有各个研究视角相比，制度分析视角由于对绩效分析的系统性、层次性、动态性以及对绩效理解的多维性而更具理论优势，但制度分析视角在理论和应用方面都存在较大的扩展空间：一方面，在测度和指标方面存在进一步扩展的空间；另一方面，基于中国情境的建模以及应用仍有待探索。

最后，制度分析与发展框架作为制度分析视角的成熟模型，不仅继承了制度分析视角的理论优势，还在此基础上形成了具有层次性的绩效影响机制和绩效分析路径，对于出生性别比治理绩效分析的研究具有理论意义，而制度分析与发展框架在模型及应用基础上实现应用领域的扩展、研究内容的系统化以及基于中国情境的操作化将具有理论价值和实践意义。

第三章　制度分析与发展框架下的
出生性别比治理绩效分析框架

本章节的目的在于构建制度分析与发展框架下出生性别比治理绩效的影响机制分析框架,从而为出生性别比治理绩效影响机制的分析提供尽可能全面、系统、具有层次性的分析框架。具体工作如下。

第一步,论证制度分析框架对于出生性别比治理绩效分析的可行性。主要基于对已有研究视角的比较和制度分析与发展框架的特点总结出制度分析与发展框架的适用性。已有视角总结中主要归纳各个视角对于出生性别比治理绩效分析的侧重点,并明确各视角在分析中的局限性。对于制度分析与发展框架可行性的论证主要基于其分析的系统性、对绩效的多维界定以及其提供的微观、中观、宏观绩效分析的理论参考。通过已有视角和拟引用框架的比较分析提出制度分析与发展框架的可行性。

第二步,构建出生性别比治理绩效影响机制分析的制度分析与发展框架。主要在原有框架的基础上,通过已有出生性别比治理相关的质性调查与访谈资料,对出生性别比治理绩效的影响机制进行总结,在此基础上对制度分析与发展框架进行修正,并最终构建出生性别比治理绩效影响机制分析的制度分析与发展框架。

第三步,对分析框架进行概念操作化,构建操作化分析框架并提出验证思路。根据出生性别比治理绩效影响机制分析的制度分析与发展框架,基于相关数据对所使用变量进行概念操作化,并提出分析框架验证的策略与思路。

第一节　制度分析与发展框架对于出生性别比
治理绩效分析的可行性

本节在对出生性别比治理绩效影响机制研究已有视角的比较分析基础上，结合制度分析与发展框架的理论特色和分析优势论证其应用的可行性。

一　已有研究视角的局限性

出生性别比治理绩效影响机制的复杂性决定对其研究必然涉及多个理论视角，出生性别比问题不仅是人口问题，而且更主要地体现为复杂的社会、文化和心理问题。如何理解和解释出生性别比治理绩效，是包括人口学、经济学、社会学、心理学等在内的人文社会科学所共同面临的重要议题。当前关于出生性别比治理绩效影响机制研究的学术视角很多，归纳起来包括人口文化学、人口社会学、人口经济学、政策科学以及公共治理五个交叉学科，不同的视角采用了不同的切入点进行分析。由于研究目标和假设不同，各学科对于出生性别比治理绩效影响机制的分析各有侧重，在具备一定的解释力的同时也必然存在由学科属性造成的研究局限。人口文化学更多关注历史或现有的社会文化以及文化变迁对人口变量的影响，该视角将影响出生性别比治理绩效的根本因素指向社会文化、村落文化以及个体的生育文化，对于深入剖析性别失衡背后的根源性因素具有重要的理论价值，但该视角难以关注更多的非文化要素。人口社会学视角将社会制度、社会心理和社会变迁均纳入研究范畴，在一定程度上弥补了人口文化学忽视影响治理绩效的非文化要素的缺陷，但是它不仅关注社会文化心理，也关注制度结构、社会变迁对出生性别比治理绩效的影响。人口经济学视角能够实现对影响出生性别比治理绩效的宏观经济变量与微观机制的双重分析，从宏观上能够分析宏观经济变量如何影响绩效，也能够从微观上窥探个体行为选择的心理机制，但经济因素同样只是影响出生性别比治理绩效的一个方面。政策科学和公共治理的视角从政策、治理等结构性要素对影响绩效进行了分析，但是由于政策科学和公共治理理论在中国的研究和应用还没有深入，在出生性别比治理绩效研究中的应用还比较少，存在进一步的探索空间。整体而言，已有研究视角的局限性主要如下：第一，各个视角并未形成专门针对出生性别比治理绩效影响机制研究的理论体系和框架；第二，学科属性决定了研究视角的单一性，难以全面剖析影响出生性别比治理绩效的复杂机制。基于此，有必要发掘和引入新的分析视角。

制度分析与发展视角是一个关于规则、自然和物质条件以及共同体属性如何影响行动舞台的结构、个体所面对的激励以及其结果而产出的通用术语[206]。该框架旨在成为一个普遍性的框架，以有助于把政治学家、人类学家、律师、社会心理学家和其他对制度如何影响个人面临的诸多激励及其相应的行为感兴趣的学者等所做的工作结合为一体[206]。而事实上，该框架也确实最大化地吸收和发展了政治、法律、社会和心理学领域的理论和观点，形成了比较系统、全面的分析框架。

二　制度分析与发展框架下绩效影响分析的系统性

制度分析范式最突出的理论特色就在于其理解和分析社会问题的全面性和系统性。制度内涵的延展性决定了其研究内容的全面性。制度分析与发展框架进一步实现了制度分析的系统性、层次性和动态性。制度分析与发展框架在对传统的理性选择制度主义侧重于单一制度分析理论范式提出质疑的基础上追求制度的多层分析，因此，将制度划分为外部变量、行动舞台以及行动舞台内的行动情境和个体行为，将更多在传统理性选择制度主义中被假定为恒生不变的制度性要素纳入分析范畴，有利于更为系统地识别制度性影响要素。首先，制度分析与发展框架中的外部变量中对物质条件、共同体属性和应用规则的关注将宏观的物质变量、文化属性和规则纳入分析，实现了对于宏观变量分析的系统化。而对出生性别比问题而言，上述制度性要素是出生性别比治理绩效分析中的重要变量。一方面，已有关于出生性别比治理绩效的研究揭示，性别失衡或男孩偏好有着明显的地域差异和文化差异，而这种差异实质上是由一定地域内共同体的特质决定的；另一方面，外部变量中的应用规则是一个组织的激励和约束性制度的具体化，而激励和约束制度是出生性别比治理的关键结构性要素和工具性要素。其次，制度分析与发展框架强调微观行动舞台的影响。从行动情境上看，制度分析与发展框架中的行动情境被界定为影响人的行为过程的结构，而就性别失衡问题而言，性别失衡背后的男孩偏好是在一系列行动情境的约束下产生的。一方面，村落文化中的姓氏文化、宗族文化和养儿防老文化所形成的社区规范对人们的生育偏好产生强烈的影响[85]；另一方面，村落文化约束下的家庭文化中形成了以血缘亲子关系为标准的血亲价值观，成为家庭层面规范个体男孩偏好的行动情境[207]。就个体行动而言，制度分析与发展框架下的个体行动主要指个体为实现预期目标而进行的策略性行为。而对出生性别比治理而言，作为生育主体的个体生育男孩的动机、需求和行为均是基于理性的思考和策略性选择而形成的，因此，影响男孩偏好的动机、需求和行为产生的一系列机制是分析出生性别比治理绩效所不容忽视的。所以，从出生性别比治理绩效研究反观制度分析与发展框架，可以该框架所展现的系统性制度要素从文化属性、治理制度、行动情境和个体行为等多方面识别出生性别比治理绩效，从这一点看，利用制度分析与发展框架进行出生性别比治理绩效分析具有一定的可行性。

三　制度分析与发展框架对绩效的多维界定

制度分析与发展框架下的绩效是多维的，奥斯特罗姆基于对发展中国家基础设施建设制度的研究，将绩效划分为经济效率、再分配公平（社会正义）、问责制（责任）、与普遍的道德一致和制度的适应性五个维度[208]。经济效率以帕累托最优为标准，涉及投入与取得有效产品或服务两个方面，这一绩效维度在奥斯特罗姆的制度绩效分析框架中被界定为经济效率，但是在非经济领域，非经济效率也是绩效衡量的重要维度。再分配公平将公平作为绩效衡量的重要标准，避免由于过度追求效率最大化而产生社会公平问题。责任绩效则要求有一定的制度安排对责任做出规定，并针对责任的落实情况给予恰当的激励或约束。与普遍的道德一致强调某一领域的制度执行或政策落实要遵循基本的道德规范和价值观。而适应性则认为制度与制度环境之间的相互协调性是影响绩效的一个重要因素，因此，与宏观的制度环境的适应与否也是衡量治理绩效的重要指标。

由此可见，制度分析与发展框架下的绩效是多维度的，充分考虑了效率、公平、责任和适应性效率等多个绩效评价指标，因此，该框架下的绩效能够反映特定治理问题的社会综合效应。就出生性别比治理而言，实现出生性别比下降是衡量治理绩效最为关键的指标之一，同时，由于治理的过程中，从治理主体方面来讲，一方面责任落实与否也是重要的考核指标，另一方面从以人为本的价值原则出发，治理主体对于工作的主观评价也是绩效好坏的重要维度，因此，治理主体的工作满意度是影响出生性别比治理绩效的重要变量。此外，由于出生性别比治理与社会保障制度、养老制度、就业制度、教育制度等多个制度领域的制度设计与运行高度相关，因此，制度之间的适应性效率也是影响出生性别比治理绩效的重要指标。制度分析与发展框架下的绩效维度划分为出生性别比治理绩效的多方位、多层面衡量提供了依据和基础。

四　分析路径的层次性提供微观－中观－宏观绩效分析的理论框架参考

制度分析与发展框架下的绩效在分析路径上具有层次性，该框架下外部变量、行动舞台、个体行动之间的作用是具有层次性的。一方面，外部变量，包括自然物质条件、共同体属性和应用规则构成了行动舞台的外部环境，属于宏观层次的影响结构。而在外部变量的三个维度中，应用规则面对具体的治理问题形成激励和约束机制，相比于自然物质条件和共同体属性属于更为中观的制度范畴。由此可见，外部变量既有宏观变量又有中观变量，是一个嵌套结构。另一方面，行动舞台作为个体行动的空间结构和场域，对个体行动产生更为直接的作用。由此形成了由宏观到微观的一个嵌套结构，宏观层次对微观层次的变量产生约束作用，继而间接影响绩效。而就出生性别比治理而言，这种宏观、微观的绩效分析路径可以参考：在微观层次上，考察出生性别比治理行动舞台中的个体，受到行动情境的约束和引导，其偏好和行为选择对于绩效影响的作用机制；在中观层次上，考察出生性别比治理中相关的制度规范对治理绩效的影响机制；在宏观层次上，考察环境及其变化对于出生性别比治理绩效的影响机制。因此，受制度分析与发展框架绩效分析路径层次性的启发，可以构建一个联结微观行动舞台、中观制度结构和宏观制度环境的理论框架。整合的制度分析框架将为全面性、系统性地分析出生性别比治理绩效提供理论基础和框架支撑，从而能够增强绩效分析的科学性和有效性。

上述分析可见，制度分析与发展框架下的治理绩效影响分析具有系统性、绩效界定的多维性和绩效分析路径的层次性的特征，该框架对出生性别比治理绩效的分析具有可行性和相比于现有视角的优越性。因此，可以通过对该框架的扩展和修正构建制度分析与发展框架下的出生性别比治理绩效影响机制分析框架。

第二节　制度分析与发展框架下的出生性别比
治理绩效影响机制分析框架

本节将构建一个基于制度分析与发展框架的出生性别比治理绩效影响机制分析框架，通过对制度分析与发展框架的修正与扩展，将影响出生性别比治理绩效的要素划分为微观、中观和宏观三个层面，并分别验证三个层次的制度要素影响绩效的作用机理。分析框架的构建遵循如下逻辑路线：第一，基于已有的质性数据对影响出生性别比治理绩效的因素进行归纳和总结，初步搭建一个基于上述理论需求的较粗的理论模型，目的在于为本书制度分析与发展框架的应用提供理论依据；第二，将制度分析与发展框架引入出生性别比治理绩效的影响机制研究，并结合质性分析的结论进行框架的修正与扩展，从而构建出生性别比治理绩效影响机制分析的分析框架。

一　基于现实情境的出生性别比治理绩效影响机制探索

2009 年至今，笔者所在研究团队组织实施了多项以出生性别比治理为主体的调查，包括 2009～2010 年的"陕西省综合治理出生性别比工作的态势、模式和战略调查"，2009 年"浙江省'关爱女孩行动'综合治理出生性别比模式的总结与推广"，2011 年"中国出生性别比治理绩效体系现状调查"，以及 2014 年分别在安徽省长丰县、江西省靖安县以及陕西省武功县实施的"社会性别平等项目调研"，笔者有幸亲自参与除广州市之外的所有调查，对调查地的现实情境有较为深刻的了解。

本部分通过对"陕西省综合治理出生性别比工作的态势、模式和战略调查"中与出生性别比治理绩效相关的资料和信息进行整理，归纳现实情境中的绩效影响机制。本项调查的访谈对象包括群众、村干部以及省级、县级、乡级政府部门工作人员，访谈对象采用方便抽样的方式获得，并尽量覆盖不同的性别、年龄段和区域类型。访谈内容主要包括：个体基本信息，如婚姻状况、受教育程度、收入、家庭结构以及子女状况；访谈对象及家庭成员的生育意愿以及子女效用评价；政策知晓度以及治理工作评价。治理工作人员既包括省、县、乡三级的人口计生部门及相关部门工作人员，还包括乡村的计生专干和村干部。对于省、县、乡三级的相关人员的访谈主要包括个体信息、治理理论、治理目标、治理结构、治理工具以及治理绩效等几个部分，村计生专干和村干部的访谈以村居环境、群众生育和思想观念转变等内容为主。

利用扎根理论，经过对概念的分类组合、范畴化，并通过关联分析搭建了各类范畴之间的逻辑关系，总结出各类影响因素间的关系结构。表3-1中第一列为与本研究相关的原始访谈信息，第二列为总结出的与本研究相关的出生性别比治理绩效影响因素，第三列为第二列影响因素的影响层次界定。

表3-1 基于情境分析的出生性别比治理绩效影响机制总结

原始访谈信息	影响因素	影响层次
SMQZ11 没有煤的时候这里就靠天吃饭，小子是主要劳力	理性判断	微观个体
SMQZ12 现在有煤了，村里分红只给男娃分，女孩不分	理性判断	微观个体
SMQZ13 现在管得严，想要知道怀的是男娃女娃太难了，没办法办	行为选择	微观个体
SMQZ14 难也要做，不管花多少钱有个男娃心里就踏实了	行为选择	微观个体
SMQZ15 多花点钱也有人给做了	理性判断	微观个体
SMQZ16 不生个儿子，说不定什么时候就被婆婆家打发了	家庭压力	微观个体
SMQZ18 生下两个女儿，婆婆和公公都不跟我说话	家庭压力	微观个体
SMQZ19 家里有了男娃村里人谁敢欺负了？	社区压力	微观个体
SMQZ20 没有儿子人家会戳脊梁骨，人家认为你是做了亏心事才断根了	社区压力	微观个体
SMQZ21 没有男娃谁来"事宗庙，继后世"？	继嗣文化	微观个体
SMQZ22 无子而终家族就败灭了	宗族文化	微观个体
SMQZ23 没有男孩就是"乏嗣"，就要"立嗣"，抱个人家的男娃来"顶门"也比没有强	继嗣文化	微观个体
SMQZ24 婚姻非个人的事，是家庭和宗族的事	宗族文化	微观个体
SMQZ25 "倒插门"的女婿终究顶不上儿子	理性判断	微观个体
SMQZ26 没有儿子谁来继承家产？	继承文化	微观个体
SMQZ27 "一孩半"政策本身就是重男轻女，生了女孩还给机会生男孩	生育政策	宏观环境层面
SMQZ28 没有煤的时候，孩子多了也养不起，现在有钱了，生个男娃罚款咱们也交得起	经济环境变迁	宏观环境层面

续表

原始访谈信息	影响因素	影响层次
SMQZ29 没有煤时大家一样穷，有了煤以后谁家有儿子，谁家儿子多，分红就多	经济环境变迁	宏观环境层面
SMQZ30 有钱的煤老板们没有儿子谁来继承那么多的遗产？	经济环境变迁	宏观环境层面
ZZQZ11 年老不能动了，还是要依靠儿子，有儿子就有指望	养老观念	个体层面
ZZQZ12 本来想着两个女儿就算嫁出去了我们年老了也会管我们，看来想错了，女儿和儿子就是不一样，后悔没有招个女婿	养老观念	个体层面
ZZQZ13 做上门女婿在女方家里很受气的，我们这里就有几个上门女婿喝药的	婚姻文化	个体层面
ZZQZ14 砸瓦罐只能儿子砸，女儿不行，没有儿子就招上门女婿	丧葬文化	个体层面
ZZQZ15 表嫂生了两个女娃，表哥和大姨心里不舒服，见别人生男娃就生气	家庭压力	个体层面
ZZQZ16 现在生育观念开放了，不像过去那么封建，屋里不给媳妇什么压力，邻居们也不歧视	家庭/社区压力	个体层面
ZZQZ17 现在女儿可以照顾，到老了还是要靠儿子	养老观念	个体层面
ZZQZ18 上门女婿可以砸瓦罐，女儿砸瓦罐的没见过	丧葬文化	个体层面
ZZQZ19 城里人兴说女人是半边天，但村里的风俗习惯没有这种说法，女人不能进族谱	宗族文化	个体层面
ZZQZ20 这里招女婿主要为了养老，另一个就是他们门不能绝了，不能让香火断了	继嗣文化	个体层面
LYQZ11 十几年前女儿不能进家谱，现在可以了，上门女婿也可以	宗族文化变迁	宏观环境层面
LYQZ12 生男孩和生女孩一样，生女孩招上门女婿对老人孝顺	婚姻文化	个体层面
LYQZ13 我在养老方面觉得女儿靠谱	养老观念变迁	个体层面
LYQZ14 没有为生男孩做 B 超的，那样就不是付钱生孩子吗？	理性判断	个体层面
SMGZRY11 人口计生部门还是主力军	部门结构	治理层面
SMGZRY12 说是搞部门联动，其实就是一起开个会的事	职能结构	治理层面
SMGZRY13 治理需要综合治理，光靠人口计生部门肯定解决不了	职能结构	治理层面
SMGZRY14 计生户的财政县里给得很充足，还有社会基金会的募集	资金结构	治理层面

续表

原始访谈信息	影响因素	影响层次
SMGZRY15 现在计生户免费享受养老保险	政策结构	治理层面
SMGZRY16 对双女户奖励6000元	政策结构	治理层面
SMGZRY17 我们投入这么多资金做利益引导，结果都被普惠政策抵消了	政策协调性	宏观环境层面
SMGZRY18 政策外生育处罚金额最高几十万元，就这样人家还是愿意生	激励结构	治理层面
SMGZRY19 因为太有钱，所以我们给的好处打动不了群众，我们给的处罚也吓不倒群众	激励结构	治理层面
SMGZRY20 公安部门只要查出"两非"案例就能拿到考核的50分，至于是否查处，是否破案都不涉及考核	考核保障机制	治理层面
SMGZRY21 计生户免费享受养老保险，对双女户奖励6000元的政策看起来比较诱人，但是在全民保障的情况下几乎起不到作用	政策协调性	宏观环境层面
SMGZRY22 村里的分红男孩和娶回的媳妇都能分，但是女儿嫁出去就不行了	社区压力	治理层面
SMGZRY23 超生孩子只要缴纳社会抚养费就能够上户口	政策协调性	宏观环境层面
ZZGZRY11 综合治理办公室在我们这里是常设机构	部门结构	治理层面
ZZGZRY12 政策照顾第一胎生女孩的人，无形中就是照顾人生男孩	生育政策	宏观环境层面
ZZGZRY13 大的环境给我们的B超检查带来负面影响，比如我们发现非法性别鉴定，但医生拒不承认，公安部门的规定未经取证24小时内必须放人，我们的工作就没法再继续了	法律环境	宏观环境层面
ZZGZRY14 以现在的经济水平，很多人就是罚款也会生	经济环境变迁	宏观环境层面
LYGZRY11 这里的人85%以上都在外打工，所以观念也比较新	生育观念变迁	宏观环境层面
LYGZRY12 经济条件好了，交通方便了，上门女婿比较好招，所以双女户和独女户比较多	经济环境变迁	宏观环境层面
LYGZRY13 国家普惠政策对计生的优惠政策冲击很大，更让大家对于计生这一块的优惠政策没有多大反应	政策协调性	宏观环境层面
LYGZRY14 省市的考核为了什么？考核完了没有反馈	考核保障机制	治理层面
LYGZRY16 这里有男到女方家落户的传统，主要受羌族文化的影响	婚姻文化	宏观环境层面

由表3-1可以发现，出生性别比治理绩效的影响因素是多样且复杂的，从影响因素看，既包括个体心理因素，又包括组织治理因素，同时还受到

宏观层次环境的影响。个体心理因素方面，个体的理性选择和倾向对出生
性别比治理绩效的影响比较显著，同时，个体生活所处的文化规范也对绩
效产生影响，包括家庭规范和社区规范。在中观的治理层面，治理组织的
组织结构及其运行机制对出生性别比治理绩效产生影响。而在宏观的环境
层面，各类环境的存在及其变化都会在一定程度上影响出生性别比治理的
绩效。由此，可以初步判断出生性别比治理绩效影响机制存在于个体、组
织和环境三个层面。上述发现为制度分析与发展框架的出生性别比治理绩
效分析框架的构建提供了现实依据。

二　基于制度分析与发展框架的出生性别比治理绩效影响机制分析框架

本节将基于中国情境、结合出生性别比的治理绩效问题对制度分析与
发展框架进行扩展与修正，从影响出生性别比治理绩效的三个关键对象，
即个体、组织和环境入手，构建中国出生性别比治理绩效影响机制的分析
框架。

（一）对外部变量自然物质条件的扩展

制度分析与发展框架将自然物质条件作为一个重要外部变量进行考察，
而对与自然物质条件相对应的社会物质条件进行了虚化和回避处理。该框
架中的自然物质条件主要指土壤、气候、地理位置等物理条件。之所以选
择有限的物理条件作为变量原因主要有两个。一方面，制度分析与发展框
架是在对公共资源治理的研究基础上发展起来的，而在公共资源领域，最
为重要的自然物质条件便是土壤、气候等物理因素。另一方面，之所以未
将更多的社会物质条件纳入，除了研究问题原因，还与该框架形成的社会
背景有关。制度分析与发展框架形成于美国，而美国作为西方发达国家较
早完成了社会分工和产权界定，社会物质条件相对稳定。所以在奥斯特罗
姆的制度分析与发展框架中，对于公共资源问题的治理无论发生何种问题，
都假定那里的社会物质、政治制度等都基本不变[209]，从而将公共资源问题
设定在"桃花源"似的环境中[210]。而事实上，无论是在公共资源治理还是
在社会问题治理中，社会物质条件的存在及其变动都是影响绩效的重要变
量，尤其是对于那些正经历着急剧的社会变革与改革浪潮的国家而言更是
如此。

从表 3 – 1 的分析结果可以看出，在出生性别比治理绩效的影响因素中，并未发现自然物质条件对出生性别比治理绩效的影响，而社会制度环境，包括经济环境、生育政策、法律环境及其变化是影响出生性别比治理绩效的重要外部变量，这些制度环境及其变迁因素对治理绩效的影响正是制度分析的历史观所强调的。制度分析视角将制度划分为制度环境、制度结构和非正式制度结构三个类别。制度分析注重对制度行为是如何受到它所得以在其中展开的制度背景的调节和塑造[198]而作用于最终的绩效的分析。制度分析的历史观认为治理绩效的实现是受到其所处的制度环境制约的，而所谓制度环境则是制度所处的现实制度背景和历史制度背景，两种背景分别代表了历史的结构观和历史观，结构观力图刻画现实制度背景与具体制度之间的结构性因素关系，是一种共时性关联，而历史观则将对制度、行为、绩效的分析置于具体历史背景中，强调过去的制度对现有制度运行绩效的影响，即制度变迁理论中所强调的路径依赖，表现为历时性关联。制度环境既包括制度分析与发展框架中的自然物质条件，同时更强调对社会物质环境及其动态变化的关注。而在中国特殊的社会背景下，制度环境是影响治理绩效的重要变量，西方问题研究虽然也强调制度背景的重要性，但基本上将制度背景视为静态的、一般的给定条件，原因在于西方发达国家的制度背景相对稳定。对于中国等发展中国家而言，给定的制度背景显然不能充分解释政治变迁中的复杂制度因素。一方面，中国的现代化道路是通过政治整合社会势力的方式实现的，国家力量在现代化过程中扮演主导角色，围绕丰富的政府行为所产生的现代化环境是复杂的；另一方面，中国正处于社会全面转型时期，对任何社会问题的分析都无法绕开转型这一特殊社会背景。而制度分析视角虽强调制度背景的重要性，但在该视角中制度背景只是给定的一般条件，这种对制度背景的静态化处理难以对中国改革、变迁、转型的特殊社会情境进行分析。基于此，国内以杨光斌为代表的政治分析学派从制度分析的视角构建了制度环境、制度安排、制度绩效（SSP）的分析范式[211]。该范式面向中国的政治和经济变迁情境，对西方的制度分析模型进行了扩展和修正，制度环境替换了制度背景，扩大了制度背景的范畴，将动态的和静态的政治环境、经济环境等共同纳入模型。

出生性别比问题作为关系中国人口结构平衡和社会稳定的社会问题，对其治理绩效的考察必须与宏观的制度环境和背景及其变迁相关联。学者宋健的研究发现中国现行的制度、文化、经济和政策体系对出生性别比治理有着方向相反的影响[123]。张世青也认为社会政策对出生性别比问题的解决具有调节作用，中国出生性别比问题的解决有赖于对现有教育政策、就业政策、社会保障制度、生育政策、退休政策的柔性调节，一方面要在上述政策的执行中针对女性或独女户提高政策的灵活度，另一方面要保证各项社会政策之间的协调与联动[64]。可见，出生性别比问题的解决与宏观的社会制度环境有密切的联系。因此，基于中国学者对制度背景的中国化扩展，在进行出生性别比治理绩效分析时，将制度分析与发展框架下的自然物质条件扩展为制度环境，将为全面、动态地分析对出生性别比治理绩效产生影响的宏观环境因素提供理论基础。

（二）对外部变量中的应用规则的扩展

制度分析与发展框架中，应用规则是与自然物质条件、共同体属性并列生效的变量维度。奥斯特罗姆划分了7类影响治理绩效的应用规则，包括身份规则、退出规则、偿付规则等，这些规则比较完整地界定了约束个体行为的规则系统。但在具体应用中，通常有狭义的应用规则和广义的应用规则之分，狭义的应用规则将复杂的应用规则体系化约为激励规则和约束规则两类[191]，而广义的应用规则则对7类应用规则都加以考察[202,189]。然而，即使在最广义的概念下，应用规则仍存在扩展空间，主要在于在广义应用规则下对于规则为什么被遵守，遵守动力来自传统伦理还是强制力的问题并未做出回应[210]，这就导致两方面的问题。一方面，这些应用规则是相对静态的，基本上是关于禁止或鼓励某种行为的规范性规定，并未将保障规则运行的动态的激励机制纳入分析；另一方面，制度分析与发展框架下的应用规则仅仅指正式规则，对习惯、风俗、惯例等非正式规则未加考察。而基于社会情境的分析结果揭示，在治理层面，影响出生性别比治理绩效的既有组织结构运行的因素，又包括实施机制的因素，同时还有非正式的治理因素，比如从访谈信息 SMGZRY22 可知，村里的分红男孩和娶回的媳妇都能分，但是女儿嫁出去便不能够分红，这种以非正式的村规民约方式实施的利益分配机制实际上影响了人们对男女经济效益的评价，继而会对男孩偏好意识产生强化影响。

诺斯将制度中的规则系统划分为正式制度结构、非正式制度结构和制度实施机制三个维度，并将之归结为制度结构，而豪尔与泰勒以及奥尔森认为制度结构是社会组织活动的主要约束力量[148]。出生性别比问题是典型的社会问题，就其治理而言，基于公共部门权力的约束是必不可少的。杨婷等通过对治理政策、乡土文化圈和男孩偏好三方博弈的实证分析发现，治理政策对男孩偏好存在影响，说明正式的约束性政策是重要的约束力量，但其研究同时也强调治理政策并不能弱化乡土文化圈的影响力，治理政策和乡土文化圈对男孩偏好从正反两个方向各自保持对男孩偏好的显著影响[212]。由此可知，非正式制度规则也是影响男孩偏好的重要因素。而对于正式制度而言，正如斯特考尔所指出的那样"制度或制度化应该内含着实施机制，没有实施机制的正式制度只能是制度的纸质复本"[213]。因此，在出生性别比治理绩效分析中，将制度分析与发展框架下的应用规则扩展为制度结构，将会使正式制度结构、制度实施机制和非正式制度结构等结构性要素均得以考察，相对于原有的应用规则既有静态的正式和非正式规则，又有动态的规则实施机制。

（三）绩效维度的扩展

制度分析与发展框架下的绩效衡量标准主要面向经济领域，划分出经济效率、社会正义、责任、与普遍的道德一致、制度的适应性五个维度的绩效，而在更广泛的社会治理领域现有的绩效维度并不具有普适性，需要结合制度分析视角中关于绩效的划分并面向具体的研究问题进行修正和扩展。表3-1访谈信息整理中虽未明确识别出出生性别比治理绩效的维度，但是可以发现，微观、中观和宏观层面的影响因素各自的落脚点是存在差异的。从微观个体看，个体心理偏好以及基层文化规范最直接地影响了人们的男孩偏好，因此对出生性别比治理绩效的微观结果绩效影响更为明显。而对治理因素而言，以政府部门为载体的各种治理措施更多地追求出生性别比水平的下降，因此出生性别比水平是治理层面衡量绩效的主要维度。而就宏观的制度环境而言，制度的设置及其变迁是否与出生性别比治理的相关制度相协调是影响绩效的一个重要方面。因此，即使在表3-1的结论中，我们也可以发现出生性别比治理绩效是多维度的。而制度分析视角以其对于绩效的多维度界定和考察见长，该视角建立了过程与结果并重、主观与客观兼顾，同时强调适应性效率的多元绩效体系。因此，借鉴制度分析视角，可以将出生性别比治理绩效维度划分为三个方面。

一是，过程绩效与结果绩效。制度分析中强调治理的过程绩效与结果绩效的双重考察，从而保证绩效评估的客观、公正性。就出生性别比问题而言，过程绩效更多的是对承担出生性别比治理的相关组织的结构设置及运行效率的评价，而结果绩效更多地强调某一种制度或制度行为对于管理和治理的结果影响，将过程绩效与结果绩效同时纳入考核能够更为真实地反映治理的成效。

二是，主观绩效与客观绩效。张旭昆[147]提出了制度分析视角衡量绩效的"双适态"均衡观。"双适态"的均衡观区分出客观绩效和主观绩效两种绩效类型，前者是指制度之间的相互调试，即"适调态"；后者指制度及其运行适合各群体意愿的状态，即"适意态"。根据"双适态"均衡观，客观绩效与主观绩效同等重要，客观绩效通过一系列的客观指标进行衡量，而主观绩效则从"合意性"出发，考察满意度。就出生性别比治理而言，对出生性别比治理绩效的评价，一方面要基于治理部门对工作的落实、出生性别比水平的下降等客观指标进行绩效评估，另一方面治理主体的工作满意度也是重要维度。

三是，"适应性"效率。制度分析不仅认为制度存在不同的分类和分层，而且认为各种层次之间的制度是具有关联性的，且其关联的属性决定了制度配置的效率，即制度是以相互关联的方式影响绩效的。国内学者张旭昆[149]根据制度的关联性划分出制度的互斥、耦合和独立三种关联性。而制度博弈论专家青木昌彦将制度概括为"嵌入"、"捆绑"和"互补"关系[143]，同时从时间维度上对制度关联属性进一步划分，区分出同一时间不同制度的关联即共时关联，新制度与历史已有制度的关联即历时关联。由制度的关联性所形成的绩效即"适应性"效率，也就是特定社会治理绩效分析中，宏观的社会制度环境与特定社会治理中具体制度之间的关联属性。就出生性别比治理绩效而言，出生性别比问题的治理必须通过一系列相关社会制度的协调和配合予以实现，也就是说宏观的社会制度环境与出生性别比治理的具体制度之间关联的状态对治理绩效的实现至关重要。因此，出生性别比治理制度与宏观社会制度之间的"适应性"效率也是衡量出生性别比治理绩效的重要维度之一。由此，将制度分析与发展框架下的绩效分析维度扩展为过程与结果兼顾、主观与客观并重，同时强调适应性效率的多维度、全方位的绩效体系。

（四）绩效发生路径的扩展

制度分析与发展框架以理性选择制度主义为基础发展而成，在该框架中，个体行为主要包括个体心理偏好与具体的行为选择，同时将制度扩展为情境要素和规则要素置于模型中。但是在 IAD 框架中，对于微观行动者之间的博弈性互动以及"行动者互动－产出"的关注是框架的核心和重点。所以绩效影响的根本在于作为个体的人，可见尽管奥斯特罗姆强调制度结构因素的重要性，但是在绩效发生路径上依然遵循了理性选择制度主义学派的行为－绩效范式，并未建立制度性要素对绩效的直接影响机制，这就导致了该框架在绩效分析路径上的单一性。而这种局限是由制度分析与发展框架本身的理论基础决定的，受理性选择制度主义基本假设的限制，制度分析与发展框架尽管承认了行动舞台外存在影响行为的结构性要素，也放宽了理性人假设的边界，但是这些结构性要素仅仅能够有限地影响行为外生变量，并不能对绩效产生直接影响。而在更广泛的制度分析视角下，对制度本身的界定是多元的，制度既包括个体心理行为，同时也包括行动的规则和那些对规则、行为产生影响的制度背景，并且会对绩效产生直接影响。以诺斯、青木昌彦等为代表的制度分析学者认为治理绩效的实现取决于制度系统的均衡，而这种均衡要从三个层面满足：第一，制度系统的均衡始终离不开人的作用，个体的偏好、行为与绩效密切关联；第二，制度结构合理设计与科学运行并以组织结构为载体直接作用于绩效；第三，研究的特定问题所依据的具体制度必须与相关的制度环境相适应，才能满足治理绩效的适应性效率。可见，在制度系统均衡论视角下，治理绩效的实现是由个体行为、制度结构和制度环境共同决定的。就出生性别比治理绩效而言，治理绩效的衡量是个体行为、治理的制度结构和宏观的制度环境共同决定的。首先，出生性别比治理绩效的实现，一方面有赖于作为治理主体的个体对于出生性别比治理工作的认识、努力意愿和积极评价，另一方面有赖于作为治理对象的个体的性别偏好的改变，因此，行为是导向绩效的一条关键路径，但正如制度分析与发展框架所揭示的，作为有限理性的个体，其行为对结果的影响是难以脱离外部环境而发生的，因此，行为对绩效的影响机制中存在着外部变量通过影响行为而影响绩效的间接机制。其次，出生性别比治理绩效的实现主要依赖于以人口和计生部门为主体的治理行为，因此，治理的制度结构如何设计以及如何运行都与绩效息息相关。最后，就出生性别比问题而言，宏观的社会制度环境及其变迁方向是不可忽视的因素，社会制度中的社会养老制度如何能够改变"养儿防老"的传统观念而实现社会养老的制度化，就业制度如何渗透和体现性别平等意识直接关系到对男女两性社会价值的评价，基于此，制度环境也是实现出生性别比治理绩效的重要路径。因此，结合上述论证，出生性别比治理的绩效发生路径可以扩展为制度环境绩效、制度结构绩效和个体行动绩效三个方面。

结合上述分析对影响出生性别比治理的变量和绩效分析路径的扩展，构建出生性别比治理绩效影响机制分析的微观行动舞台－中观制度结构－宏观制度环境框架，如图 3 - 1 所示。

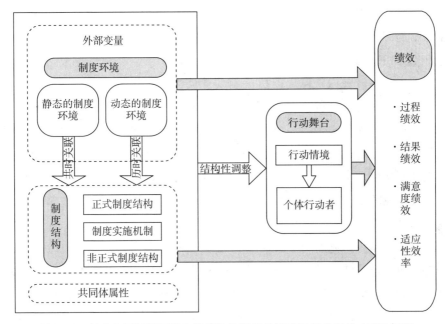

图 3 - 1　制度分析框架下出生性别比治理绩效影响机制分析的 ASSP 框架

本书所构建的如图 3 - 1 所示的分析框架由微观行动舞台、中观制度结构和宏观制度环境三个部分组成，构成了一个综合考量时空因素和人的因素的整合性分析框架，并分别形成了从个体行为、制度结构、制度环境到治理绩效的传导机制和分析路径。

在分析路径上，微观层面主要关注人的偏好和策略性选择形成和发生的内在逻辑、行动情境对绩效的影响，以及外部变量对行为发生的结构性影响；中观层面上主要考察制度结构对绩效的作用机理；而宏观层面主要从静态的制度环境和动态的制度变迁考察制度绩效的发生机制。围绕三个层次构成了分析的三条主要路径。第一条路径是外部变量—行动舞台—绩效，主要考察在特定行动情境下个人的偏好及行为策略对绩效的影响以及外部变量调整行为对绩效的间接效应。这里既考察个体对绩效影响的直接效应，又考察外部变量对绩效影响的间接效应。第二条分析路径为出生性别比治理制度结构—绩效，主要关注特定制度结构下，包括正式制度结构、制度实施机制以及非正式制度结构对出生性别比治理绩效的影响，其中，正式制度结构及其实施机制是在嵌入非正式制度的前提下发挥效用的。第三条路径是出生性别比治理的制度环境—绩效，主要分析制度环境对绩效的影响，这里的制度环境包括静态的制度环境和动态的社会变迁环境，前者包括静态的现时制度环境与历史制度环境，现时制度环境主要是指与出生性别比治理制度同时存在的各种社会制度的设计所构成的制度环境，二者呈现一种共时关联状态，而历史制度环境由于其先发性而与现时的出生性别比治理制度呈一种历时关联。动态的制度变迁主要指社会变迁所塑造的动态环境，涉及文化、经济、社会以及家庭的变迁等。由于只有制度变迁的结果才会影响现时的出生性别比治理绩效，因此，动态的制度变迁与出生性别比治理呈现的也是一种历时关联。需要说明的是，现时制度环境对历史制度环境存在路径依赖，反之，历史制度环境则由于制度惰性而对现时制度环境产生一定的约束。

此外，作为研究因变量的绩效在这里也是多维度的，主要包括考虑制度之间协调与关联性的适应性效率，治理的过程绩效、结果绩效以及主观绩效即满意度绩效。适应性效率主要考察制度环境与出生性别比治理相关之间的协调性、适应性，过程绩效主要指在一定的治理结构下的治理行为过程所体现出的工作绩效，而结果绩效则主要指治理的最终成果，对于出生性别比治理而言，结果绩效既包括宏观层面的出生性别比水平的下降，又包括微观层面群众生育意愿的改变。而主观绩效则主要指治理主体对工作满意度的主观评价。关于绩效的具体操作将在后文进行更为详尽的说明和论证。

上述便是本书构建出的 ASSP 框架的主要分析路径和内容，该框架是在对制度分析与发展框架进行扩展和修正的基础上结合出生性别比问题及其治理、治理绩效的具体理论构成的，该框架的提出试图满足本书提出的整体性分析的理论需求，但是其适用性和有效性尚不得而知，亟待实证研究的检验。下一节将基于上述框架，结合相关数据进行分析框架的操作化，但整体性的出生性别比治理绩效分析框架与具体的操作化框架是存在差异的，前者作为理论构建能够将各种要素整合在一个框架下，而操作化框架是对各要素的具体化分析，居于不同层次的要素具有不同的特点和属性，有时进行一定层次内的分析也是必要的，因此在分析框架的操作化上，既要考虑整体性影响，又要考虑各个层级要素的具体作用机制。

第三节　出生性别比治理绩效分析框架的操作化与分析策略

一　分析框架操作化

基本的分析框架设计与一定的数据基础为本书进行实证研究奠定了基础，本部分将结合分析框架中的变量与绪论中所介绍的主要数据进行分析框架的操作化。

（一）行动舞台操作化

制度分析与发展框架下的行动舞台主要由行动情境和个体行为两部分构成，就出生性别比治理而言，绩效分析中的个体主要包括治理对象即群众以及治理主体。二者作为出生性别比治理绩效影响的主体，其各自的心理、偏好以及成本 - 收益评价会对出生性别比治理绩效产生重要影响；同时，二者都处于一定的行动情境之中，因而又都在一定的制度场域约束下形成自我的心理偏好和行为倾向。对于治理主体而言，工作所处的组织情境是最重要的情境因素，包括组织领导、人际关系等是重要的组织情境，而对治理对象而言，所在的生活场域是关键的行动情境，包括由家庭和社区规范所形成的行动场域。

（二）制度结构操作化

正如本书分析框架所示，制度结构包括正式制度结构、正式制度实施机制以及非正式制度结构三个部分。

第一，出生性别比治理的正式制度结构操作化。正式制度结构与制度分析与发展框架下的应用规则含义相近，主要从正式的规则方面禁止或激励某种行为，奥斯特罗姆将应用规则具体划分为职位规则、边界规则、选择规则等七类。就出生性别比治理而言，职位规则、选择规则、聚合规则、信息规则、偿付规则五类规则是比较重要的应用规则。其一，职位规则。职位规则规定了出生性别比治理机构中关于职位的类型、数量和职责等。从职位类型上出生性别比治理的相关组织在整个政府部门内处于何种地位，是一般的管理职位还是领导性职位，这从职权结构上界定了治理组织的职位类型；从职位数量上到底有多少数量的组织从事或参与出生性别比治理，反映了治理的部门结构；同时，特定的职位和部门结构决定特定的职责，在出生性别比治理过程中相关的职能部门需要承担多少职责也是职能结构设置的主要内容。因此，职位规则方面主要用职权结构、部门结构和职责结构来进行测量。其二，选择规则。选择规则是关于完成特定的治理目标可以选择的治理工具的集合，在出生性别比治理中，关于治理工具的选择，已有研究倾向于从工具属性上将工具划分为行为约束类工具、社会保障类工具、利益导向类工具和宣传倡导类工具四种类型[32]。而从约束－激励二维属性出发，上述四种类型可以合并为约束型工具和激励型工具两种类别，因此，对选择规则的测量采用激励型治理工具和约束型治理工具。其三，聚合规则。聚合规则指的是个体对结果的控制力，实质上是关于治理主体自主化决策权力的考察。官僚组织的科层制一方面将行政决策权集中到行政首长手中，另一方面也限定了特定层次行政决策者选择决策方案的自由裁量范围[214]。治理主体能够按照自己的规划自主完成工作是决策自主化的体现，从决策结构上影响治理绩效。其四，信息规则。信息对政府公共治理而言至关重要，信息化政府对外要求信息透明化以保证行政合法化，对内要求信息透明化以确保部门之间的信息共享与协调，提高组织管理效率。出生性别比治理主要通过多部门的综合治理来实现，而在综合治理格局下部门间的信息共享至关重要。因此，作为治理主体的个体是否能够及时、准确地获取相关的治理信息是影响治理绩效的一个重要变量。其五，偿付规则。偿付规则决定基于行为选择而产生的结果所带来的回报与制裁，包括回报与制裁两个部分[172]。就出生性别比治理而言，所在组织是否有针对出生性别比治理的奖励和惩罚制度是基本的偿付规则。上述五个方面应用规则的操作化构成了衡量正式制度结构的主要变量。

第二，出生性别比治理的正式制度实施机制操作化。制度结构的效率得以实现的前提和关键是与制度结构相配套的实施机制的完善，对于一个社会或组织系统来说，尽管有制度比没有制度好，但有制度而不实施往往会更糟，因为如果制度形同虚设不仅会影响制度的稳定性和权威性，还会使个体产生蔑视制度的文化心理[215]。制度实施机制是一种社会组织或机构对违反制度的人做出相应惩罚或奖励，从而使这些约束或激励得以实施的条件和手段的总称[215]。基于此，出生性别比治理中可以将制度实施机制操作化为对有效完成出生性别比治理工作任务的激励机制和未有效完成该工作任务的惩罚机制。

第三，出生性别比治理的非正式制度结构操作化。非正式制度的形成是无意识的，主要由指导人们行为的道德观念、伦理规范等组成，对正式制度结构的实施起到支持、补充等作用。对于出生性别比治理的组织而言，一方面，组织内部形成怎样的人际关系文化是非正式制度结构的内容之一。大量研究表明，领导风格在组织文化培育过程中发挥着重要作用，而领导如何通过自身的价值观、特质或行为激励下属主要体现在领导与下属的人际关系上[216]，相对于领导下属关系，平行的下属间关系也是重要的组织文化之一[217]。另一方面，组织内成员就工作本身所形成的组织规范，是基于个体人格特质而形成的另一维度的组织文化。首先，受家庭、社区、地域等外在于组织的情境的影响所形成的个体价值观构成组织规范的维度之一，就出生性别比治理而言，组织中的个体受家庭、社区等生育文化的影响而形成的性别观念是个体生育价值的体现；其次，中国长期的官僚文化思想熏陶下个体是否依然具有一定的自主意识，还是倾向于完全的单向服从也是组织规范之一；再次，对于组织的忠诚以及忠诚意识基础上增强的集体主义意识在一定程度上能够决定个体尽其所能为组织贡献的态度和行为[218]。所以，就出生性别比而言，以上下级关系和同事关系为主的人际关系文化和以个体生育价值观、单向服从、忠诚意识和集体主义意识为主的文化认知结构共同构成了出生性别比治理的非正式制度结构。

（三）制度环境操作化

制度环境是新制度经济学派的重要变量之一，在众多制度分析代表学者看来，制度环境是制度行为的基本背景和情境，对绩效的考量必须考虑制度的约束性。本书界定的制度环境包括与出生性别比治理相关的宏观社会制度、历史制度以及社会变迁。本书关于制度环境的测量包括了现时的静态制度环境和历史制度环境两大部分，在此基础上将历史制度环境细化为静态的历史制度环境和动态的制度变迁。现时的静态制度环境包括能够体现或影响治理绩效的政治制度、经济制度、社会制度等。它们是任何一项治理行为都必须面对的主要的制度性环境，公共治理的行为会受到来自制度环境的影响，这种影响可能是正向的也可能是负向的，正向的影响会促进公共治理目标的实现，而负向的影响可能会阻碍治理目标的实现，静态的制度环境与现时的治理问题是同时间存在的，因此，二者是一种共时关联。社会变迁会通过观念引导、生活条件改善等方式影响人们的生育意愿和行为，所以也是影响出生性别比治理绩效的重要变量之一。本研究中，妇女地位变迁是制度变迁的衡量指标之一，理由在于出生性别比失调是微观个体层面妇女地位低下的反映，另外，妇女是生育行为的载体，妇女地位决定着妇女在生育决策中的权力大小[219]。同时，经济变迁对个体观念、物质现状的改变是必然的，但是经济变迁与出生性别比治理绩效之间到底是何种关系一直颇有争议[220-221]，本书选取陕西省经济变迁变量进行再次验证。制度变迁中的非正式制度变迁，即文化变迁是影响个体生育观念与行为选择的内在要素，因此，也作为影响出生性别比治理绩效的制度变迁要素之一进行操作化。人口变迁包括数量和结构在内的变迁都会成为造成出生性别比水平变动的重要因素[222-223]。

（四）共同体属性操作化

制度分析与发展框架中的共同体属性，奥斯特罗姆在一些研究中也将其称为社群属性，制度分析者认为社群普遍认可的行为价值、社群成员对行动结构的共同理解、生活在同一个社群中的人们偏好的异质性、相关社区大小及构成成分、社群中基本财产占有的平等程度等都是反映社群属性的重要变量[194]。就出生性别比治理而言，关于男孩偏好的大量田野调查发现，男孩偏好存在显著的区域差异，东北、江汉平原、川西平原等地区男孩偏好普遍较弱，而江西、福建、广东等华南地区以及河南、山东等华北地区则有着强烈的男孩偏好，造成这种显著的男孩偏好差异的背后是文化尤其是宗族文化的区域差异[224]。因此，地区文化差异是造成共同体在生育偏好上存在差异的重要原因。就陕西省而言，自北向南形成的陕北、关中、陕南三个区域在物质环境和文化传统上均存在显著差异。基于此，本书可以将共同体属性操作化为陕西三个区域所形成的地区文化差异。

（五）出生性别比治理绩效操作化

本书研究的因变量为出生性别比治理绩效，按照制度分析对绩效类型的界定，本书的出生性别比治理绩效包括过程绩效和结果绩效两类，结果绩效既包括宏观层面的出生性别比水平，又包括微观层面群众男孩偏好的弱化，客观过程绩效包括职务绩效。此外，制度分析强调制度系统之间的"适应性效率"，即将制度系统之间的协调性也视为一种结果绩效。而同时，出生性别比治理中的利益相关者包括治理主体对工作的心理评价，作为一种主观过程绩效对绩效的最终实现起到十分重要的作用[225]。下面将对几个维度的绩效进行详细的操作化设置。

结果绩效。无论在企业还是在公共部门，早期的绩效都主要指结果绩效，绩效就是指任务的完成情况、产出及结果。就出生性别比治理绩效而言，首先，出生性别比水平是衡量治理绩效的直接指标。其次，在中国传统文化驱动下，生育男孩成为主要的生育需求，而这种需求又会转变为生育行为和性别选择行为，从而造成性别失衡，因此，"男孩偏好"也是重要的结果绩效。再次，性别失衡与社会制度的失调密切相关，出生性别比治理如果不考虑养老制度以及两性在就业、劳动制度中的平等就会导致人们产生生育男孩的强烈偏好。因此，出生性别比治理与相关社会制度之间的协调和适应也是关键的结果绩效指标之一。因此，在本书的研究中，出生性别比治理的结果绩效主要由出生性别比水平、"男孩偏好"以及社会制度的适应性效率来衡量。具体来说，出生性别比水平以一定时期的出生性别比水平作为衡量指标。群众生育的男孩偏好弱化主要通过专项调查中的相关题项来衡量；而适应性效率主要通过制度关联性来识别相关制度之间的关联属性，根据不同的关联属性判断制度之间的适应性效率。

过程绩效。在大量的理论研究和实践探索中，学者们发现结果作为绩效会导致对重要的过程因素和人际因素的遗漏[226]。著名的霍桑试验揭示了个体的心理行为对组织运行效率的影响，通过该实验学者将影响企业生产效率的注意力从设施环境转向了个人的内心世界，而在管理行为上，也从管理外部硬件的手段转向了影响个人心理的方法。1993 年 Campbell 等人提出绩效是员工自己可以控制的与组织目标相关的行为，指出绩效是行为，是过程。过程绩效方面，根据 Campbell 等人的研究，基本上可以将行为或过程绩效划分为职务绩效和满意度绩效两个维度，前者是指组织所规定的行为或与特定作业有关的行为，而满意度绩效是指组织中的治理主体对组织环境、人际环境、心理环境的心理评价。在本书中，过程绩效主要操作化为治理主体为了实现一定的出生性别比治理绩效而对相关政策的执行与落实情况。而满意度绩效则包括对组织的人际关系、奖惩规则、领导风格等的满意度，它们会作为一种心理资源影响组织绩效。由此，公共管理组织中的绩效是一个涉及治理主体和治理对象并面向过程和结果的多层次、多维度的绩效概念，具体见表 3 - 2。

表 3 - 2　本书所界定的绩效类型

基本类型	具体类型
结果绩效	出生性别比水平
	男孩偏好的改变或弱化
	宏观的制度环境与出生性别比治理的适应性效率
过程绩效	出生性别比治理相关的工作和政策落实
	治理主体工作满意度

在具体分析时，不同的自变量对上述绩效类型的影响是有差异的，比如制度结构要素对工作和政策落实这一过程绩效的影响更为直接，而行动舞台内治理对象的相关变量则对男孩偏好的影响更为直接。基于此，在具体的实证分析时，针对不同的自变量选取不同的因变量。具体将在本书第四、第五、第六章进行详细说明。

（六）操作化分析框架的构建

将上述主要变量操作化后放回前文构建的出生性别比治理绩效影响机制的 ASSP 分析框架中，最终构建出如图 3 - 2 所示的出生性别比治理绩效分析的操作化框架。

二　分析策略与研究方法

分析框架构建并操作化后，本书的核心工作便是结合相关实证数据进行分析框架的检验。本书的第三章构建了一个系统的识别出生性别比治理绩效影响机制的整体性分析框架，根据这一框架，最理想的验证策略是将影响出生性别比治理绩效的微观、中观、宏观三个层面的变量纳入同一统计模型，但是现有的数据无法支持这样的验证策略：一方面，专项调查数据经过问卷合并后样本量也仅有 710 份，无法满足阶层线性分析的三层分析；另一方面，宏观制度环境部分的数据主要来自宏观统计数据和政策文

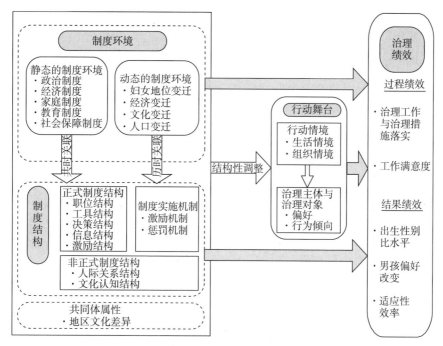

图 3 - 2　操作化后的出生性别比治理绩效影响机制分析的 ASSP 框架

本数据，与调查问卷中的数据无法统一。因此，这里对出生性别比治理绩效三个层次的影响要素进行了独立的验证。具体验证中，由于每一层次的研究对象和研究策略都有所不同，所使用的数据也存在差异，因此，在实证章节的实证研究中使用不同的分析策略与研究方法。

（一）微观个体行动舞台层面

　　分别以出生性别比治理的微观绩效即男孩偏好和治理主体的工作满意度为因变量，主要考察治理的主体和对象的心理行为机制以及行动情境对因变量的影响以及外部变量通过对相关自变量的结构性调整作用从而产生的对因变量的间接影响效应。通过本部分的实证分析主要验证个体行动舞台变量对治理绩效的影响以及外部变量对治理绩效的间接影响，从而初步验证制度分析与发展框架对于出生性别比治理绩效分析的适用性。本部分的实证分析中，同时考察个体行动对绩效的影响以及外部变量对个体行动的结构性影响，这种要素的分层影响决定了采用分层线性模型分析是比较科学、合理的选择。相比较于一般的回归分析，多层线性模型可以考察县区层面的组间差异，从而使分析结果更加精确。但是，采用分层线性模型进行数据分析是有一定的条件要求的：一是第一层样本量不少于 30 份，而且变量数和样本量之间的比例不能小于 1:10[227]；二是当组内相关系数值大于 0.059 时，表明各组间数据异型性较强、数据具有层次结构，应该使用分层线性模型进行分析，反之，就没有使用分层线性模型的必要性[228]。根据分层模型的样本要求，在外部变量的测量上，对于应用规则的测量在狭义概念下使用，只选取激励规则和约束规则两类变量进行分析。经过验证，本研究所获得的样本数和样本量之间的比例以及组内相关系数值均符合分层线性模型分析的要求，因此可以采用。由此，形成如下的研究策略：首先，建立零模型，这一模型可以统计出不同层级对因变量的影响占总差异的份额，从而检验使用分层模型的必要性；其次，基于零模型建立包含第一层所有自变量的回归模型，观察微观层面的影响在各县区之间的变异；最后，在前两种策略基础上，建立固定效应和随机效应的完整模型。

（二）中观制度结构层面

分别以县区的出生性别比水平、男孩偏好水平、职务绩效和工作满意度作为因变量，以制度结构中的正式制度结构、制度实施机制和非正式制度结构的相关变量作为自变量进行模型验证，主要采用 OLS 回归方法。

（三）宏观制度环境层面

分别考察了静态的制度环境和动态的制度变迁因素对出生性别比的影响，前者主要采用政策文本分析方法，辅之以简单的描述统计。后者主要采用宏观经济计量分析模型，分析了动态的变量要素对因变量的影响。按照计量分析方法建模与分析的基本路径，基本上通过以下几个步骤进行分析：首先通过最小二乘法建立多元回归模型；其次，针对时间序列数据，为避免伪回归，对使用的主要变量做单位根检验；再次，通过建立协整检验模型对变量之间的长期均衡的线性关系进行检验，由此确定变量之间是否具有协整关系；最后，在协整检验的基础上，如果确定变量间有协整关系则进一步通过误差修正模型描述变量之间的短期均衡关系。主要使用的软件是 Eviews7.2，同时辅助使用了 Stata 软件。

同时，鉴于定量研究在规律总结和结果验证方面具有优越性而对一些难以量化的因素不能做出解释，为了增强对研究问题的解释性，本研究也采用了大量的质性分析方法对研究问题进行了深入的理解、诠释和挖掘。两种方法相互印证和补充，有利于研究质量的改进，提高研究的信度与效度。

第四节　本章小结

本章的主要工作是进行出生性别比治理绩效分析框架的构建，为了实现分析框架的构建：首先，通过制度分析、发展框架与已有视角的比较分析，论证制度分析框架满足理论需求的可行性；其次，通过对制度分析与发展框架的修正与扩展构建了分析框架；最后，结合数据进行分析框架的操作化。具体内容如下。

第一，比较分析现有出生性别比治理绩效分析视角的优越性和局限性，在此基础上论证制度分析与发展框架的优越性和特色，并确定制度分析与发展框架具有满足理论需求的可能性。

第二，结合出生性别比治理绩效分析的现状和相关研究，通过对制度分析与发展框架的修正与拓展，构建个体行动舞台－中观制度结构－宏观制度环境的 ASSP 分析框架。

第三，结合数据进行分析框架的操作化形成操作化的分析框架，并对研究策略和研究方法进行初步交代。

第四章　微观行动舞台对出生性别比治理绩效的影响机制

第一节　研究设计

一　研究目标

本章的研究目的在于验证制度分析与发展框架下行动舞台中的行动情境因素和个体心理因素对出生性别比治理绩效的影响，以及外部变量对行动舞台变量的结构性调整。具体的研究目标如下。一是识别行动舞台中治理对象和治理主体各自的心理机制对相关治理绩效的影响。二是识别行动舞台内以家庭和社区文化规范为主体的行动情境对个体男孩偏好的形成有怎样的影响，治理主体行动舞台内的组织情境对治理主体的偏好与行为有怎样的影响。三是原始制度分析与发展框架中的外部变量对个体行为产生何种结构性调整。通过综合考量个人、情境以及外部变量的因素，对治理对象的男孩偏好以及治理主体的工作满意度的形成机制进行微观视角的全面分析，以期深入挖掘影响出生性别比治理绩效的微观机制。

二　分析框架

制度分析与发展框架下的治理结果或绩效主要受到个体行动的影响，同时个体行动又受到外部变量的结构性调整。其中，物质环境、共同体属性和应用规则作为影响个体行为选择的外生变量发挥作用，内生变量包括行动舞台内的行动情境和个人心理活动，而行动情境是行动者决定策略的内部机制。本部分内容将治理主体和治理对象纳入同一分析框架下，深入分析治理主体和治理对象的偏好和行为选择倾向对出生性别比治理绩效的影响。就治理对象和治理主体而言，个体行动分别指生育主体的男孩偏好以及在此偏好影响下的行为倾向与选择，以及治理主体的工作评价及心理，既包括偏好心理，也包括行为倾向，同时考量制度情境以及宏观制度环境对两类行为主体的影响和结构性调整。接下来将对治理主体和治理对象的心理和行为偏好进行详细的阐释。需要说明的是，对治理主体而言，其微观心理、行为机制对工作满意度的作用更为直接，而治理对象方面，其心理和行为机制则会较为直接地作用于男孩偏好。

（一）治理对象男孩偏好形成的微观影响机制

生育效用理论揭示，人们之所以形成男孩偏好，是出于对子女提供效用最大化的比较[229]，中国学者多数认为生育男孩的诱因在于男孩所具有的满足家庭经济需求、继嗣需求和社会需求的功能远远大于女孩或者是女孩无法替代的[230-231]。虽然贝克尔的生育效应理论从经济学角度解释生育问题的范式得到了学界的广泛认可，但是这种纯粹的理性假设下的理论解释视角也是存在缺陷的，首先，该理论产生并最初应用于西方国家，是以西方文化传统为研究对象的，在引入中国后，难以对中国复杂而深刻的传统文化给予强有力的解释；其次，纯粹的"经济人"假设仅仅考虑个人行为意愿选择的经济约束，忽视了其他因素，包括文化制度、社会制度对个人选择意愿的影响和调节，而这些制度要素是中国情境下的生育偏好选择的重要外部诱因所在。多数学者认为中国出生性别比水平长期偏高的根本原因在于中国传统文化中强烈的性别偏好意识[232]，而性别偏好意识可以通过具体的行为得以表现，因此，在考察个体行为的影响时态度和行为都应该考虑。男孩偏好在中国情境下其形成机制来自微观和宏观两个层面，微观层面，当前的中国社会，人们在用成本－效用衡量孩子的价值方面，存在比较明显的性别意识，在男孩价值明显高于女孩时，男孩偏好就成为理性个人的效用最大化选择。同时，理性的生育性别选择还建立在对实现效用最大化的途径和手段的难易判断基础上。此外，生育性别偏好的压力从众论认为农村人口比城市人口经受更多的从众压力[233]，来自家庭和村居社区的生育男孩的舆论压力作为一种潜在的变量影响着生育主体的生育偏好与选择，也就是说生育主体在具有男孩偏好的场域环境中不断学习和实践会使自己的性别选择行为潜移默化为合理化的行为选择。社会结构理论也认为以亲属关系网组成的家族制度和以生活场域所限定的社区文化制度都对人们的生育偏好形成了以家庭和社区为压力源的约束和规范。因此，治理对象的个体行为选择包括个体的男孩偏好、男孩偏好选择倾向及由家庭规范和社区规范塑造的场域情境。宏观层面，一方面，男孩偏好的制度文化存在明显的地域差异，有研究发现，以汉文化为主的地区往往男孩偏好较为强烈[234]。因此，地区的文化差异也是影响男孩偏好的重要变量之一。同时，地区的物质环境和社会制度结构也对人们的生育性别偏好产生一定的影响。杨雪燕的研究发现经济增长、社会发展保证了生育性别偏好的持续减弱[235]。在社会制度方面，也有研究[236-237]发现致力于影响生育性别偏好的规则设置，包括激励和约束规则对性别偏好起到调节和诱导作用。整体而言，生育性别偏好影响因素来自两个层次：一是微观个体的心理机制及个人特征对生育性别偏好的影响；二是微观层面因素对于生育性别偏好的影响还受到宏观要素的结构性影响。

（二）治理主体工作满意度的微观影响机制

就治理主体而言，一方面，作为理性的"经济人"，对于职业工作成本－收益的评价是最主要的心理机制；另一方面，国内外的研究[238-239]均表明工作特性是影响工作满意度的重要因素，对于个体而言，任务实现的难易程度会影响其对工作满意度的评价，因此，出生性别比治理工作的难易感知便构成了治理主体又一维度的心理机制。同时，由于个体是通过与外界的互动来决定自己的行为的，成员行为受组织情境的影响，组织情境的不确定、复杂性以及资源的可利用程度都会影响组织内部行为[240]，国内外学者的研究表明组织情境因素，包括领导支持、人际关系等[241-245]对满意度评价有重要影响。对于出生性别比治理主体而言，组织领导对工作的支持以及单位成员间的人际关系是治理主体心理与行为发生最主要的组织情境。此外，治理主体的个体行为同样会受到地区文化、物质环境、行为规则等结构性变量的调节。由于治理主体和治理对象的地域同质性，因此，地区文化、物质环境将采用相同的变量进行衡量，而行为规则有所区别，对于治理主体而言，组织面对工作职责所指定的奖惩制度是主要的行为规则，而对于治理对象而言，治理主体针对出生性别比治理问题的投入规则、奖惩规则是主要的行为规则变量。

　　本书的第三章将出生性别比治理绩效划分为过程绩效和结果绩效两大类别，并进一步将结果绩效划分为出生性别比水平、男孩偏好和"适应性"效率三个维度，将过程绩效划分为治理的任务绩效即具体的工作落实绩效、工作满意度绩效和治理对象满意度绩效三个维度。从理论意义上讲，治理对象和治理主体的个体心理和行为倾向对前述所有绩效维度都会产生直接或间接的影响，但是个体心理和行为倾向作为心理层面的变量，对主观层面绩效的影响更为直接。对治理对象而言，治理对象对子女性别的心理评价和偏好倾向是男孩偏好形成的直接动力；而对治理主体而言，对出生性别比治理工作的心理评价和行为偏好则会更为直接地影响其对工作满意度的评价。因此，在这里，将男孩偏好和工作满意度分别作为治理对象、治理主体心理及行为偏好作用的因变量，提出致力于研究治理对象男孩偏好和治理主体工作满意度的研究框架（见图 4 - 1）。在该框架中，生育性别偏好和工作满意度两个因变量受到两个层次的影响：一是个体的理性心理行为以及调节个人理性行为的行动情境，即治理对象所面对的家庭规范和社区规范以及治理主体所置于其中的组织情境；二是以自然物质条件、地区文化和应用规则为外生变量的宏观层次的影响。将治理对象和治理主体纳入同一分析框架下，使得我们能够在治理主体与治理对象的心理博弈格局下深入剖析个体心理、行为机制对出生性别比治理绩效的影响。

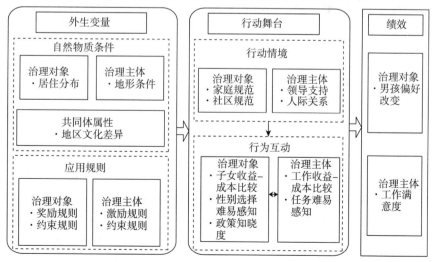

图 4 - 1　行动舞台对出生性别比治理绩效影响的分析框架

三 变量测量

（一）因变量

对出生性别比治理中的个体行为、治理结构和治理的制度环境对绩效影响的测量是本书重点研究的内容。本章内容主要测量微观层面的自变量对出生性别比治理绩效的影响。本文第三章分析框架提出微观层面的自变量对绩效的影响分别表现为治理对象的个体行为对其生育性别偏好的影响以及治理主体的个体行为对其工作满意度的影响。因此，在本章，生育性别偏好是要测量的因变量之一，由于在我国性别偏好主要表现为男孩偏好，所以本研究中的生育性别偏好主要指男孩偏好。对于男孩偏好的测量采用治理对象调查问卷中的题项，具体测量内容为"如果没有儿子，将是我一辈子最大的遗憾"，包括"非常不同意""不同意""不同意也不反对""同意""非常同意"五个级别的测量，为了便于分析，本书将五级测量合并为两类有序变量，即"不同意"和"同意"，分别赋值为0、1。

治理主体工作满意度是测量微观层次自变量对治理主体过程绩效的重要变量，本书的工作满意度主要是指治理出生性别比问题的工作人员在工作的过程中，对治理工作本身及工作环境、工作状态、工作方式、工作压力、挑战性、工作中的人际关系等的感受和心理状态。对治理主体工作满意度的测量采用治理工作人员调查问卷中的满意度评价来衡量，题项包括工资满意度、奖励满意度、晋升满意度、人际关系满意度和自我实现满意度五个方面，分别对应满意度得分为1~5分。最后采用加权平均得到治理主体的综合满意度评价，得分越高，代表治理主体的工作满意度评价越高。

（二）自变量

对应上述两个维度的因变量，本章的自变量主要包括衡量治理对象个体行为的自变量和衡量治理主体行为的自变量两部分，主要指治理对象和治理主体各自的心理、行为偏好及倾向。同时，按照制度分析与发展框架的理论假设，个体心理和行为偏好是受到外生变量影响的，因此，影响治理对象和治理主体个体心理行为倾向的宏观层面变量也作为自变量纳入分析。微观层次的自变量包括以下内容。第一，治理对象心理及行为偏好：包括男孩偏好收益－成本评价、性别选择难易程度感知和政策知晓度、家庭规范以及社区规范。关于男孩偏好收益－成本的测量许多文献将男孩的经济效用、情感效用以及社会效用等作为测量内容，但是认为经济效用始终是导致男孩偏好的最根本效用，因此，这里选择男孩经济效用的题项进行测量，题项为"如果没有儿子，可能会在将来对家庭经济情况造成不好的影响"。性别选择难易程度感知方面，考虑到性别选择必须借助 B 超和性别选择技术两种手段才能实现，故而这里使用两个题项测量性别选择难易程度，分别为 B 超的可及性难易程度感知和人工流产技术服务获得难易程度感知。题项内容分别为"您认为您可以很容易知道胎儿的性别吗"和"您认为您或者您妻子可以很容易获得流产手术服务吗"。政策知晓度方面，采用的题项为"禁止非法的胎儿性别鉴定，是否知道"。社区规范的测量，主要考虑到生育男孩的社会价值，采用的题项为"儿子可以让自己在社会上有面子"，而家庭规范主要采用的是关于父母对子女生育决策权的影响，"父母对您的生育决策的影响程度"。以上题项均为五级测量，为了便于分析，将五级变量都处理为三分类变量，并分别赋值 1、2、3。此外，还包括三个控制变量，分别为个人收入、受教育水平和当前职业。第二，治理主体心理及行为偏好：包括工作收益 – 成本比较、任务难易感知、领导支持和人际关系。关于工作收益 – 成本比较，采用的题项为"现在离职，并不会给我带来很大损失"；工作难易感知采用的题项为"面对偏高的出生性别比，我依然感到无能为力"；组织情境中，对于领导支持的测量采用的题项为"工作中，单位领导能给我提供帮助"；人际关系采用的题项为"我单位中的成员待人都很真诚"。以上题项均为五级测量，得分越高，满意度评价越高。控制变量为个人收入和教育水平。

宏观层次的自变量整体上分为三大类，分别为自然物质条件、共同体属性和应用规则。其中治理对象层的自然物质条件用居住分布来测量，主要测量了户籍城乡分布。治理主体方面，问卷中涉及自然物质条件的测度只有县区的地形条件，因此这里用县区地形条件测量自然物质条件。共同体属性，将代表陕西省三类不同文化的地区类型作为衡量指标。1 为关中，主要代表周秦文化；2 为陕北，代表黄河文化；3 为陕南，代表巴蜀文化。对于治理对象和治理主体来说，共同体属性是相同的。应用规则，治理对象层面的测量包括奖励规则和约束规则，题项分别为"在国家规定的奖扶政策基础上，是否有提高奖励扶助标准的制度"和"县区是否有打击'两非'的制度"。治理主体的测量题项分别为"你所在的单位是否有奖励制

度"和"你所在的单位是否有惩罚制度"。具体的变量含义与样本特征见表
4 - 1。

表 4 - 1　变量含义与样本特征

变量类型及名称	变量描述及赋值	均值/百分比	标准差
因变量			
男孩偏好	二分类变量，不同意 = 0，同意 = 1	0.55	—
工作满意度	连续变量，1 - 5 分	17.12	2.33
自变量			
治理对象层 1 自变量			
男女收益 - 成本评价	虚拟变量		
无子不会影响家庭经济	0，1	0.63	—
不一定会影响	0，1	0.18	—
一定会影响家庭经济	0，1	0.20	—
B 超的可及性难易程度感知	虚拟变量		
容易	0，1	0.10	—
一般	0，1	0.17	—
困难	0，1	0.73	—
人工流产技术服务获得难易程度感知	虚拟变量		
容易	0，1	0.28	—
一般	0，1	0.26	—
困难	0，1	0.45	—
政策知晓度	虚拟变量		
不知道	0，1	0.35	—
知道一点	0，1	0.28	—
非常了解	0，1	0.37	—
家庭规范	虚拟变量		
影响比较大	0，1	0.39	—
影响不太大	0，1	0.23	—
没有影响	0，1	0.38	—
社区规范	虚拟变量		
不同意	0，1	0.52	—
不同意也不反对	0，1	0.28	—

续表

变量类型及名称	变量描述及赋值	均值/百分比	标准差
同意	0，1	0.20	——
控制变量			
收入	连续变量	9.08	0.98
受教育水平	虚拟变量		
初中及以下	0，1	0.37	——
高中及以上	0，1	0.32	——
大专及以上	0，1	0.32	——
职业	虚拟变量		
公职人员	0，1	0.24	——
普通工人	0，1	0.27	——
农民	0，1	0.41	——
失业及其他	0，1	0.09	——
治理主体层1自变量			
工作收益－成本评价	虚拟变量		
收益高于成本	0，1	0.51	——
收益大致等于成本	0，1	0.34	——
收益低于成本	0，1	0.15	——
任务难易感知	虚拟变量		
不同意	0，1	0.48	——
不同意也不反对	0，1	0.28	——
不同意	0，1	0.24	——
领导支持	虚拟变量		
不同意	0，1	0.11	——
不同意也不反对	0，1	0.27	——
同意	0，1	0.62	——
人际关系	虚拟变量		
不同意	0，1	0.09	——
不同意也不反对	0，1	0.35	——
同意	0，1	0.55	——
控制变量			
工作收入	连续变量	7.45	0.54
受教育水平	虚拟变量		

变量类型及名称	变量描述及赋值	均值/百分比	标准差
高中及以下	0，1	0.22	—
大专	0，1	0.54	—
本科及以上	0，1	0.24	—
治理对象层 2 自变量			
居住分布	二分类变量，0，1	0.55	—
地区文化差异	虚拟变量		
关中	0，1	0.53	—
陕北	0，1	0.22	—
陕南	0，1	0.24	—
提高奖扶标准制度	二分类变量，0，1	0.32	—
打击"两非"制度	二分类变量，0，1	0.32	—
治理主体层 2 自变量			
地形条件	虚拟变量		
平原	0，1	0.12	—
山区	0，1	0.56	—
半平原半山区	0，1	0.32	—
地区文化差异	虚拟变量		
关中	0，1	0.55	—
陕北	0，1	0.23	—
陕南	0，1	0.22	—
奖励制度	二分类变量，0，1	0.84	—
惩罚制度	二分类变量，0，1	0.84	—
地区文化差异	虚拟变量		
关中	0，1	0.53	—
陕北	0，1	0.22	—
陕南	0，1	0.24	—
提高奖扶标准制度	二分类变量，0，1	0.32	—
打击"两非"制度	二分类变量，0，1	0.32	—
治理主体层 2 自变量			
地形条件	虚拟变量		
平原	0，1	0.12	—
山区	0，1	0.56	—

续表

变量类型及名称	变量描述及赋值	均值/百分比	标准差
半平原半山区	0，1	0.32	—
地区文化差异	虚拟变量		
关中	0，1	0.55	—
陕北	0，1	0.23	—
陕南	0，1	0.22	—
奖励制度	二分类变量，0，1	0.84	—
惩罚制度	二分类变量，0，1	0.84	—

四　研究方法

在前面的讨论中，我们强调微观绩效既受到微观层面个体心理和行为倾向因素的影响，又受到宏观县区层面要素的结构性影响，为了达到对两个层次影响机制分析的目的，本研究采用多层线性回归模型，主要的数据分析软件是 HLM，同时也在数据的初步处理中辅助使用了 Stata 软件。具体的分析方法如下：首先，建立零模型来判断不同层级自变量的影响份额，从而检验使用分层模型的必要性；其次，构建分析模型，在本章所研究的男孩偏好与工作满意度两个因变量中，前者为分类变量，后者为连续变量，因此，在分层模型的表达形式上存在差异。

男孩偏好为因变量的具体模型如下。

第一步：建立零模型，来检验使用分层模型的可行性。

第一层：$\text{Prob}\ (Y=1 \mid B)\ =\ P$

　　　　$\log\ [\ P/\ (1-P)\ ]\ =\ B_0$

第二层：$B_0 = G_{00} + U_0$

以上模型中，B_0 为第一层截距，表示某一个县区治理对象生育性别偏好的平均对数发生比，G_{00} 为样本中所有治理对象生育性别偏好的平均对数发生比，U_0 表示一个县区治理对象的生育性别偏好平均对数发生比与总体样本治理对象生育性别偏好的平均对数发生比之间的变异。

第二步：建立包含第一层所有自变量的回归模型，观察群众层面的变量影响在各县区之间的变异，建立的模型如下。

第一层模型：

$$\text{Prob}(Y = 1 | B) = P$$

$\log[P/(1-P)] = B_0 + B_1 *（男孩经济效益2）+ B_2 *（男孩经济效益3）+ B_3 *（性别预测难易感知2）+ B_4 *（性别预测难易感知3）+ B_5 *（流产难易感知2）+ B_6 *（流产难易感知3）+ B_7 *（政策知晓2）+ B_8 *（政策知晓3）+ B_9 *（家庭规范2）+ B_{10} *（家庭规范3）+ B_{11} *（社区规范2）+ B_{12} *（社区规范3）+ B_{13} *（收入）+ B_{14} *（教育2）+ B_{15} *（教育3）+ B_{16} *（职业2）+ B_{17} *（职业3）+ B_{18} *（职业4）$ (4-1)

第二层模型：

$$B_0 = G_{00} + U_0$$
$$B_1 = G_{10} + U_1$$
$$\cdots\cdots\cdots\cdots$$
$$B_{18} = G_{180} + U_{18}$$

(4-2)

第三步：将层级间变异不显著变量在第二层模型中设为固定效应，分别构建包括剩余所有自变量的模型1，以及分别加上第二层模型中的三个变量的模型2、3、4。以性别预测难易感知和职业为例，如两个变量在两层间的变异不显著，则完整的分析模型如下。

第一层模型：

$\text{Prob}(Y = 1 | B) = P\log[P/(1-P)] = B_0 + B_1 *（男孩经济效益2）+ B_2 *（男孩经济效益3）+ B_3 *（性别预测难易感知2）+ B_4 *（性别预测难易感知3）+ B_5 *（流产难易感知2）+ B_6 *（流产难易感知3）+ B_7 *（政策知晓2）+ B_8 *（政策知晓3）+ B_9 *（家庭规范2）+ B_{10} *（家庭规范3）+ B_{11} *（社区规范2）+ B_{12} *（社区规范3）+ B_{13} *（收入）+ B_{14} *（教育2）+ B_{15} *（教育3）+ B_{16} *（职业2）+ B_{17} *（职业3）+ B_{18} *（职业4）$

(4-3)

第二层模型：

$B_0 = G_{00} + G_{01} *（居住分布1）+ G_{02} *（文化差异2）+ G_{03} *（文化差异3）+ G_{04} *（提高奖扶标准制度1）+ G_{05} *（打击"两非"制度1）+ U_0$

$B_1 = G_{10} + G_{11} *（居住分布1）+ G_{12} *（文化差异2）+ G_{13} *（文化差异3）+ G_{14} *（提高奖扶标准制度1）+ G_{15} *（打击"两非"制度1）+ U_1$

$B_2 = G_{20} + G_{21} *（居住分布1）+ G_{22} *（文化差异2）+ G_{23} *（文化差异3）+ G_{24} *（提高奖扶标准制度1）+ G_{27} *（打击"两非"制度1）+ U_2$

$B_3 = G_{30} + G_{31} *（居住分布1）+ G_{32} *（文化差异2）+ G_{33} *（文化差异3）+ G_{34} *（提$

高奖扶标准制度 1) + G_{35} * (打击"两非"制度 1) + U_3

$B_4 = G_{40}$

$B_5 = G_{50}$

$B_6 = G_{60} + G_{61}$ * (居住分布 1) + G_{62} * (文化差异 2) + G_{63} * (文化差异 3) + G_{64} * (提高奖扶标准制度 1) + G_{65} * (打击"两非"制度 1) + U_6

$B_7 = G_{70} + G_{71}$ * (居住分布 1) + G_{72} * (文化差异 2) + G_{73} * (文化差异 3) + G_{74} * (提高奖扶标准制度 1) + G_{75} * (打击"两非"制度 1) + U_7

$B_8 = G_{80} + G_{81}$ * (居住分布 1) + G_{82} * (文化差异 2) + G_{83} * (文化差异 3) + G_{84} * (提高奖扶标准制度 1) + G_{85} * (打击"两非"制度 1) + U_8

$B_9 = G_{90} + G_{91}$ * (居住分布 1) + G_{92} * (文化差异 2) + G_{93} * (文化差异 3) + G_{94} * (提高奖扶标准制度 1) + G_{95} * (打击"两非"制度 1) + U_9

$B_{10} = G_{100} + G_{101}$ * (居住分布 1) + G_{102} * (文化差异 2) + G_{103} * (文化差异 3) + G_{104} * (提高奖扶标准制度 1) + G_{105} * (打击"两非"制度 1) + U_{10}

$B_{11} = G_{110} + G_{111}$ * (居住分布 1) + G_{112} * (文化差异 2) + G_{113} * (文化差异 3) + G_{114} * (提高奖扶标准制度 1) + G_{115} * (打击"两非"制度 1) + U_{11}

$B_{12} = G_{120} + G_{121}$ * (居住分布 1) + G_{122} * (文化差异 2) + G_{123} * (文化差异 3) + G_{124} * (提高奖扶标准制度 1) + G_{125} * (打击"两非"制度 1) + U_{12}

$B_{13} = G_{130} + G_{131}$ * (居住分布 1) + G_{132} * (文化差异 2) + G_{133} * (文化差异 3) + G_{134} * (提高奖扶标准制度 1) + G_{135} * (打击"两非"制度 1) + U_{13}

$B_{14} = G_{140} + G_{141}$ * (居住分布 1) + G_{142} * (文化差异 2) + G_{143} * (文化差异 3) + G_{144} * (提高奖扶标准制度 1) + G_{145} * (打击"两非"制度一票否决 1) + U_{14}

$B_{15} = G_{150} + G151$ * (居住分布 1) + G_{152} * (文化差异 2) + G_{153} * (文化差异 3) + G_{154} * (提高奖扶标准制度 1) + G_{155} * (打击"两非"制度 1) + U_{15}

$B_{16} = G_{160}$

$B_{17} = G_{170}$

$B_{18} = G_{180}$

$$(4-4)$$

　　上述模型中，因变量 Y 是男孩偏好，是一个二分类的变量。其中 B_0 表示一个县区群众平均的男孩偏好发生对数比。B_{1-18} 表示群众个人自变量每变化一个单位导致的男孩偏好水平的变化对数比。

　　工作满意度为因变量的具体模型如下：

　　第一步：建立零模型，来检验使用分层模型的可行性。

　　第一层：$Y = B_0 + R$

　　第二层：$B_0 = G_{00} + U_0$

　　第二步：建立包含第一层所有自变量的回归模型，观察治理主体个体层面的变量影响在各县区之间的变异，建立的模型如下：

$$Y = B_0 + B_1 * (成本 - 收益) + B_2 * (任务难度) + B_3 * (领导支持) + B_4 * (人际关系) + B_5 * (工作收入) + B_6 * (教育) \qquad (4-5)$$

第二层模型：

$$B_0 = G_{00} + U_0$$
$$B_1 = G_{10} + U_1$$
$$\cdots\cdots\cdots\cdots \qquad (4-6)$$
$$B_6 = G_{60} + U_6$$

第三步：将在层级间变异不显著的变量设为固定效应，分别构建包括第一层剩余所有自变量的模型1，以及分别加上第二层模型中的三个变量的模型2、3、4。以收入为例，如果该变量在层级间变量不显著，完整的分析模型如下。

第一层模型：

$$Y = B_0 + R$$
$$B_0 = B_1 * (工作成本 - 收益) + B_2 * (任务难度) + B_3 * (领导支持) + B_4 * (人际关系) + B_5 * (工作收入) + B_6 * (教育) + R \qquad (4-7)$$

第二层模型：

$$B_0 = G_{00} + G_{01} * (地形条件) + G_{02} * (关中) + G_{03} * (陕北) + G_{04} * (陕南) + G_{05} * (奖励制度) + G_{06} * (惩罚制度) + U_0$$

$$B_1 = G_{10} + G_{11} * (地形条件) + G_{12} * (关中) + G_{13} * (陕北) + G_{14} * (陕南) + G_{15} * (奖励制度) + G_{16} * (惩罚制度) + U_1$$

$$B_2 = G_{20} + G_{21} * (地形条件) + G_{22} * (关中) + G_{23} * (陕北) + G_{24} * (陕南) + G_{25} * (奖励制度) + G_{26} * (惩罚制度) + U_2$$

$$B_3 = G_{30} + G_{31} * (地形条件) + G_{32} * (关中) + G_{33} * (陕北) + G_{34} * (陕南) + G_{35} * (奖励制度) + G_{36} * (惩罚制度) + U_3$$

$$B_4 = G_{40} + G_{41} * (地形条件) + G_{42} * (关中) + G_{43} * (陕北) + G_{44} * (陕南) + G_{45} * (奖励制度) + G_{46} * (惩罚制度) + U_4$$

$$B_5 = G_{50}$$

$$B_6 = G_{60} + G_{61} * (地形条件) + G_{62} * (关中) + G_{63} * (陕北) + G_{64} * (陕南) + G_{65} * (奖励制度) + G_{66} * (惩罚制度) + U_6 \qquad (4-8)$$

上述模型中，因变量 Y 是治理主体的满意度，是一个连续变量。在第一层模型中，B_0 表示治理主体的平均满意度水平。B_{1-6} 表示个人层的单位变化带来的满意度水平的变化率。R 表示第一层的随机方差。第二层模型中的 G_{00} 表示县区层的变量的单位变化带来的满意度水平的变化率。U_{0-6} 表示第二层的随机方差。

第二节　结果分析

一　一般统计描述

表 4－1 展示了本章关注的两类因变量与两层自变量的样本特征。从男孩偏好因变量看，持有男孩偏好和没有男孩偏好者比例各为 50%。从自变量上看，层 1 自变量中，男女收益评价变量的统计结果显示，认为没有儿子不会影响家庭经济的比重为 63%，认为会影响的占 20%。B 超可及性方面，73% 的被访者认为非法的 B 超获得比较困难，同时认为获得非法人工流产服务比较困难的被访者也占到 45% 左右。政策知晓度方面，政策知晓度高者与低者分别占到总样本量的 35% 左右，拥有中等政策知晓度者为 20% 左右。家庭规范方面，认为个体生育受家庭规范影响和不影响的各占 38% 左右，表明家庭规范的影响在不同人群间存在差异。而社区规范方面，高达 52% 的被调查者认为来自社区的生育男孩的规范影响较大。层 2 自变量中，治理对象居住分布城乡各占 50%，制度规则方面，没有奖扶标准和打击"两非"制度的地区居多。以治理主体的工作满意度作为因变量分析，发现治理主体整体的工作满意度较高，达到 17.12 分，满意度百分比为 68.48%。自变量中，从层 1 自变量看，认为工作收益高于所付出成本者比例超过 50%。感知工作难度较大和不大者比例分别为 24% 和 48%；领导支持方面，认为领导能够提供帮助者达到 62%；而人际关系感知良好者比例 55%。层 2 自变量中，地形以山区为主，制度规则方面，认为有奖励和约束制度者比例都为 84%，表明各县区基本上都建立了一定的奖励和惩罚制度。

除表 4－1 的统计外，2009～2010 年在陕西省所做的"陕西省综合治理出生性别比工作的态势、模式和战略"专项调查对男孩偏好和工作满意度两类绩效进行了分析，分析结果见表 4－2 和表 4－3。

表4-2为男孩偏好判断，虽然被问及"不管几个孩子只要有儿子即可"的问题时，持不同意者比例居多，但是关中地区认为只有有儿子即可的比例也达到16.25%，陕北地区更是达到23.19%，说明关中和陕北地区仍存在一定程度的男孩偏好。从对应该有儿子和应该有女儿的看法对比可以看出，陕北地区认为应该有男孩的比例远远大于认为有女儿的比例，说明陕北地区拥有强烈的男孩偏好。

表4-2　陕西省三地区男孩偏好状况

问题	关中（N=225）	陕北（N=102）	陕南（N=85）
	百分比（%）	百分比（%）	百分比（%）
不管几个孩子，只要有儿子即可			
同意	16.25	23.19	8.19
不同意	46.78	50.72	41.52
不管几个孩子，只要有女儿即可			
同意	10.39	11.59	7.65
不同意	48.31	58.70	41.18

资料来源："陕西省综合治理出生性别比工作的态势、模式和战略"专项调查。

表4-3给出了出生性别比治理工作过程中治理主体对工作满意度的评价，形成了对治理本身进行主观评价的满意度绩效。数据显示，所有调查样本中对工作感到满意的样本占到50%以上，但是基本处于50%~70%，由此可以看出，满意度处于一般水平。

表4-3　工作满意度绩效

单位：%

项目	总数（N=701）	关中（N=389）	陕北（N=155）	陕南（N=157）	LR/t检验
我很喜欢我的工作					
不同意	11.22	12.17	7.29	12.74	*
同意	62.40	59.26	68.88	63.69	
我觉得我的工作一点意义都没有					
不同意	67.49	64.46	71.05	71.34	**
同意	14.28	15.92	10.52	14.01	

续表

项目	总数（N＝701）	关中（N＝389）	陕北（N＝155）	陕南（N＝157）	LR／t 检验
我的工作能帮助我实现人生价值					
不同意	14.71	15.06	10.59	17.83	＊
同意	56.44	50.26	66.22	57.33	

注：＊＊ p＜0.01，＊ p＜0.05。

资料来源："陕西省综合治理人口性别比工作的态势、模式和战略"专项调查。

陕西省男孩偏好的现状和工作满意度水平形成的影响机制如何？将在下文中通过实证数据进行深入的分析。

二 治理对象行动舞台对男孩偏好的影响机制

（一）男孩偏好中不同层次自变量对因变量的影响份额

多层线性模型的主要优势在于其可以对不同层次的影响因素进行分解，使得对影响因子的把握更加清晰。零模型可以实现的功能是统计出不同层级对因变量的影响占总差异的份额。在这个模型中不加入任何变量，可以检验总方差的分布（见表4－4）。

表4－4 男孩偏好因素分层分析的零模型

	参数估计	零模型
固定效应	B_0	
群众平均生育偏好	G_{00}	0.285 +
截距项		(0.176)
方差成分		
县区间		
群众平均生育偏好	U_0	1.580 ***
县区内	R	(0.180)
离异数（－2LL）		746.406
自由度		70
χ^2		210.189

注：*** p＜0.001，+ p＜0.1。

从表4－4可以看出群众平均男孩偏好的截距为 G_{00}，其中组内方差为21.7%，而组间方差为16%，χ^2 表示模型拟合优度，主要验证模型对样本观测值的拟合程度，为210.189，表示在70个自由度下 p 值为0.000，说明模型对男孩偏好观测样本的拟合程度较好，县区间的男孩偏好差异比较大。这些统计结果告诉我们有必要引入多层线性模型进行回归分析。

（二）受宏观要素结构性调整的个体行动对男孩偏好的影响

首先，纳入层 1 所有的自变量，观察群众层面的变量影响在各县区之间的变异，得出的回归结果见表 4-5。

表 4-5　男孩偏好影响因素中包含第 1 层所有自变量的回归结果

变量名称	系数	标准误	p 值
截距	2.91	0.06	0.000
男孩经济效益 2	1.19	0.13	0.000
男孩经济效益 3	1.26	0.14	0.000
性别预测难易 2	0.03	0.19	0.856
性别预测难易 3	-0.51	0.17	0.003
流产难易 2	-0.01	0.12	0.949
流产难易 3	0.15	0.11	0.188
政策知晓度 2	-0.50	0.12	0.802
政策知晓度 3	-0.70	0.11	0.709
家庭规范 2	0.29	0.12	0.015
家庭规范 3	-0.31	0.10	0.004
社区规范 2	0.39	0.11	0.000
社区规范 3	0.88	0.14	0.000
个人收入	-0.26	0.05	0.000
受教育水平 2	0.27	0.12	0.024
受教育水平 3	0.21	0.15	0.164
职业 2	0.07	0.13	0.610
职业 3	-0.63	0.15	0.000
职业 4	-0.05	0.18	0.797
随机效应			
层 2 截距	1.05	1.11	0.000
-2LL	649.51		

上述模型的统计结果发现，流产难易感知、政策知晓度、受教育水平和当前职业的影响在不同县区之间的变异并不显著（p 值大都 >0.1），因此

在以后的模型中将以上三个变量设为固定效应，分别构建包括第一层所有剩余自变量的模型1，模型1基础上加入第二层物质环境变量的模型2、加入地区文化差异变量的模型3，以及纳入应用规则变量的模型4。表4-6展示了模型1至模型4的分析结果。表4-6分为固定效应和随机效应两个部分。固定效应表示包括群众层和县区层所有自变量对男孩偏好的影响效应，随机效应表示尚未被这些自变量解释的男孩偏好的影响因素。表中左侧包含了两层自变量，层级1自变量的截距项的回归系数和标准误刻画群众个人层面的因素对于男孩偏好的影响，而层2自变量则表示县区因素对于群众层面自变量的结构性影响。反映在模型2、3、4中个人层面的自变量的截距则表示经过县区因素调整后的男孩偏好影响效应。

表4-6 男孩偏好影响因素的多层线性回归结果

变量名	模型1	模型2	模型3	模型4
固定效应（自变量）				
群众层面（层1）				
截距	0.46（0.18）***	-15.35（2.47）***	-17.28（2.65）***	-15.79（3.29）***
男孩经济效益2				
截距	1.12（0.12）***	1.87（1.40）	2.29（1.72）***	2.76（1.89）+
城乡分布		0.19（0.28）		
地区文化2			1.92（0.53）***	
地区文化3			0.29（0.32）	
提高奖扶标准制度（1=是）				0.18（0.37）
打击"两非"制度（1=是）				0.52（0.33）+
男孩经济效益3				
截距	1.20（0.13）***	22.08（2.38）***	22.64（2.47）***	22.88（2.64）***
城乡分布		-0.68（0.33）		
地区文化2			-0.27（0.39）	
地区文化3			0.71（0.43）	
提高奖扶标准制度（1=是）				-0.47（0.47）
打击"两非"制度（1=是）				1.94（0.40）***

变量名	模型 1	模型 2	模型 3	模型 4
性别预测难易 2				
截距	−0.04（0.18）	20.78（2.66）***	24.06（2.30）***	25.19（3.57）***
城乡分布		−0.47（0.46）		
地区文化 2			1.71（0.55）**	
地区文化 3			−0.85（0.49）+	
提高奖扶标准 制度（1 = 是）				−1.07（0.62）+
打击"两非" 制度（1 = 是）				0.14（0.54）+
性别预测难易 3				
截距	−0.64（0.15）	12.93（2.31）***	16.12（2.45）***	13.92（3.11）***
城乡分布		1.24（0.41）		
地区文化 2			−0.59（0.43）	
地区文化 3			−0.13（0.40）	
提高奖扶标准 制度（1 = 是）				−0.78（0.52）
打击"两非" 制度（1 = 是）				0.43（0.46）*
家庭规范 2				
截距	0.21（0.11）+	0.71（1.39）	2.14（1.58）	2.74（1.74）+
城乡分布		0.06（0.27）		
地区文化 2			−1.98（0.34）***	
地区文化 3			−0.48（0.34）	
提高奖扶标准 制度（1 = 是）				0.24（0.33）
打击"两非" 制度（1 = 是）				0.09（0.31）
家庭规范 3				
截距	−0.24（0.10）**	−2.08（1.39）	1.85（1.63）	4.05（1.77）*
城乡分布		−0.41（0.23）		
地区文化 2			−0.49（0.30）+	
地区文化 3			−0.38（0.30）	
提高奖扶标准 制度（1 = 是）				0.74（0.29）**

续表

变量名	模型 1	模型 2	模型 3	模型 4
打击"两非"制度（1＝是）				0.59（0.27）*
社区规范 2				
截距	0.44（0.10）***	5.15（1.30）***	6.00（1.53）***	6.19（1.69）***
城乡分布		0.17（0.24）		
地区文化 2			−0.55（0.33）+	
地区文化 3			−0.67（0.28）**	
提高奖扶标准制度（1＝是）				−1.31（0.31）***
打击"两非"制度（1＝是）				−0.29（0.27）
社区规范 3				
截距	0.86（0.13）***	3.78（1.68）*	3.40（2.06）*	3.13（2.06）
城乡分布		0.02（0.31）		
地区文化 2			−2.20（0.43）***	
地区文化 3			−2.19（0.39）***	
提高奖扶标准制度（1＝是）				−2.07（0.47）***
打击"两非"制度（1＝是）				−1.16（0.50）*
收入				
截距	−0.11（0.05）***	−1.17（0.58）*	−0.93（0.71）	−1.04（0.89）
城乡分布		0.00（0.11）		
地区文化 2			−0.51（0.16）***	
地区文化 3			0.47（0.13）***	
提高奖扶标准制度（1＝是）				−0.91（0.17）***
打击"两非"制度（1＝是）				0.32（0.16）*
随机效应				
截距	1.41（1.18）***	1.40（1.36）***	1.10（1.21）***	1.09（1.46）***
−2LL	671.53	605.66	580.25	555.50

注：*** $p < 0.001$，** $p < 0.01$，* $p < 0.05$，+ $p < 0.1$。

1. 治理对象个体心理及行为偏好对于男孩偏好的影响机制

模型 1：治理对象个体心理的影响。

模型 1 的结果显示，群众层面的自变量除了性别预测难易程度感知不具有统计显著性外，其余的自变量都具有统计显著性，可见群众的个人因素对男孩偏好的影响是非常大的。具体来说，经济效益评价仍是影响男孩偏好的重要变量。模型 1 中儿子经济效益与男孩偏好呈显著正相关，即人们越认为儿子具有较高的经济效益就越偏好男孩。社区规范和家庭规范是作为影响男孩偏好的场域性因素而纳入模型的，结果显示，社区规范对男孩偏好有明显的正向影响，越认为拥有儿子可以使自己在社会上有面子则越具有强烈的男孩偏好，表明男孩偏好受个人所生活的场域规范的影响非常大。而相比于社区规范，家庭规范对男孩偏好的影响比较弱。此外，个人收入与男孩偏好呈负相关，且 p 值 <0.001，表明个人收入的增加会比较明显地弱化男孩偏好。而从表 4 - 6 左下角的随机效应的截距可以看出，影响男孩偏好的因素仍有很大比例尚未被模型 1 解释（回归系数为 1.41，p 值 <0.001）。由此，有必要引入县区层面的变量对男孩偏好的影响因素进行进一步的分解和剖析。

2. 县区层面要素对群众层面要素结构性调整下的男孩偏好

多层线性模型相比于一般的回归模型的最大分析优势在于不仅能描述个体层次对于因变量的影响，而且能够分析出个人因素如何随宏观因素的变化而变化。这里分别从代表县区层面影响因素的物质环境、共同体属性以及应用规则三个维度入手分析其对男孩偏好的结构性影响。

模型 2：县区自然物质条件的影响。

模型 2 所展示的统计结果即县区物质环境对男孩偏好的影响。其中对应于层 1 每个自变量的居住分布的回归结果表示其对层 1 自变量的影响效应。而截距项数据则表示经过层 2 自变量对层 1 自变量的结构性调整后的男孩偏好程度。首先，在男孩经济效益项下，城乡分布会对男孩经济效益起到明显的弱化作用，但是即使通过二者的调整，男孩经济效应影响仍有所增强，说明群众对男孩经济效应的认可更多取决于个人层面的感知，而且是根深蒂固，不易受外界环境影响。其次，性别预测难易感知项下，越是城市人口越觉得性别预测比较困难。在城乡分布作用下，性别预测难易的系数由模型 1 的负数变为正数，且影响显著，从数据上可以判断越是觉得性别预测比较困难的人越偏好男孩。再次，在社区规范项下，可以发现，城乡分布对社区规范影响仍不显著。最后，在模型2层1的个人收入项下，我们可以看到，城乡分布对个人收入影响并不显著。整体而言，从随机效应系数可以看出，模型1到模型2的截距系数几乎未发生变化，表明县区自然物质条件对群众层面的自变量并不存在结构性影响。

模型3：共同体属性的影响。

共同体属性在本书用地区文化差异进行衡量。在考量了县区经济和城乡分布的基础上纳入共同体属性，形成了模型3的统计结果。第一，在男孩经济效益项下，整体上由于地区文化变量的加入，男孩经济效益对于男孩偏好的影响程度显著提升。第二，在性别预测难易项下，随着群众性别预测难易感知程度的增加，文化对性别预测的影响作用不再显著，在一定程度上说明理性的感知会脱离文化的影响而产生作用。第三，在家庭规范项下，相比较于关中和陕南，陕北地区文化差异对家庭规范的影响最为显著，陕北地区家庭规范的影响更大。其次是关中，陕南家庭规范的影响并不明显。同时，在文化差异的调整下，家庭规范对男孩偏好的影响再次变得显著。第四，在社区规范项下，统计数据显示，地区文化对社区规范的影响非常显著。第五，在层1的个人收入项下，文化差异实质上描述了三个地区个人收入差异，其中陕南地区个人收入最高，关中地区次之，陕北地区个人收入最低。由于地区差异对个人收入的影响并不一致，因此，通过文化差异的综合作用，个人收入对男孩偏好的影响虽然仍是负向的，但统计上并不显著。从模型3的随机效应截距系数看，在同一显著性水平下，随机效应系数由模型2的1.40降至1.10，表明男孩偏好的影响效应在共同体属性变量下得到了部分的解释。

模型4：应用规则的影响。

模型4在模型1的基础上纳入应用规则变量。模型4数据显示，在男孩经济效益项下，可以看出，提高奖扶标准制度与男孩经济效益呈负相关关系，表明建立提高奖扶制度的县区对男孩经济效益评价趋于弱化，但影响并不显著。同时，数据也显示，打击"两非"制度与男孩经济效益呈正相关关系，即"两非"制度的建立会增强人们对儿子经济效益的感知，而且这种影响非常显著。在性别预测难易项下，提高奖扶标准制度对预测性别难易程度并无显著影响，只有打击"两非"制度对性别预测难易感知有正向影响，即有此制度的地区人们感知的性别预测难度更大，这就说明"两非"制度是具有一定的效力的。在家庭规范中，两种规则对其有正向的作用，表明激励和约束制度的存在均会在一定程度上弱化家庭规范的作用，从而从整体上增强家庭规范对男孩偏好的弱化作用。在社区规范中，提高奖扶标准和打击"两非"制度都对社区规范有反向作用，且作用均比较显著，表明建立健全相关的约束和激励制度对男孩偏好的弱化有积极意义。在个人收入层面，只有提高奖扶标准制度与个人收入有较为显著的相关性。模型4的随机效应系数在模型3的基础上降了0.19，说明男孩偏好的影响效应在应用规则变量下又得到了进一步的解释。

通过对模型1~4的比较可以看出，除模型2外，随机效应截距系数随着县区层面变量的加入而递减，说明每一模块的变量的加入均进一步解释了男孩偏好的影响效应，而且随着变量的逐步加入，−2LL的值也呈递减趋势，说明模型整体的拟合越来越好。

三　治理主体行动舞台对工作满意度的影响机制

（一）治理主体满意度中不同层次自变量对因变量的影响份额

同样利用零模型统计出不同层级自变量对因变量治理主体满意度的影响占总差异的份额，结果见表4−7。

表 4−7　治理主体工作满意度分层分析的零模型

	参数估计	零模型
固定效应		
治理主体工作满意度	B_0	
截距项	G_{00}	0.630 *** (2.143)
方差成分		
县区间		
治理主体工作满意度	U_0	0.283 ***
县区内	R	(4.593)
离异数（−2LL)		3580.165
自由度		70
χ^2		137.405

注：*** p < 0.001。

从表 4 - 7 可以看出治理主体平均工作满意度的截距为 G_{00} ，其中组内方差为 10.43% ，而组间方差为 18.17% ， χ^2 为 137.405 ，在 70 个自由度下 p 值 0.000 ，证明县区间治理主体的工作满意度差异比较大，因此有必要引入多层线性模型进行回归分析。

（二）受宏观要素结构性调整的个体行动对治理主体工作满意度的影响

首先，纳入所有自变量，观察各自变量的影响效应，得出的统计结果如表 4 - 8 所示。

表 4 - 8　治理主体工作满意度影响因素中包含第 1 层所有自变量的回归结果

变量名称	系数	标准误	p 值
截距	9.17	84.12	0.000
工作成本 - 收益	0.65	0.42	0.000
工作难易感知	0.41	0.17	0.000
领导支持	0.80	0.64	0.015
人际关系	0.35	0.13	0.010
受教育程度	0.45	0.20	0.311
收入水平	1.04	1.08	0.000
随机效应			
层 2 截距	1.75	1.11	0.000
- 2LL	3294.95		

表 4 - 8 显示，所有层 1 自变量中教育的影响不显著，因此在以后的模型中将其设为固定效应，分别构建包括第一层所有剩余自变量的模型 1，模型 1 基础上加入第二层模型中的自然物质条件变量的模型 2，模型 1 基础上加入第二层模型中的地区文化差异变量的模型 3，以及模型 1 基础上加入应用规则的模型 4。模型 1 至模型 4 同样报告了固定效应和随机效应两部分统计结果（见表 4 - 9）。

表 4 - 9　治理主体工作满意度影响因素的多层线性回归结果

变量名	模型 1	模型 2	模型 3	模型 4
固定效应 层 1 截距	16.07（0.27）***	16.99（0.77）***	16.62（0.82）***	16.31（0.83）***

续表

变量名	模型 1	模型 2	模型 3	模型 4
工作成本－收益感知				
收益高于成本	0.34 (0.20) *	0.36 (0.20) *	0.36 (0.20) *	0.57 (0.21) **
不同意也不反对	0.11 (0.56)	0.20 (0.02)	0.11 (0.01)	0.54 (0.19)
收益低于成本	－0.33 (0.25) +	－0.38 (0.25) +	－0.31 (0.26) +	－0.50 (0.27) *
工作难易感知				
有难度	－0.20 (0.24) **	－0.19 (0.24) **	－0.20 (0.24)	－0.07 (0.26)
不同意也不反对	－0.23 (0.17)	－0.12 (0.23)	0.12 (0.13)	0.08 (0.31)
无难度	0.12 (0.20) ***	0.12 (0.20) **	0.66 (0.21) ***	
领导支持				
支持	0.80 (0.23) ***	0.81 (0.23) ***	0.77 (0.23) ***	1.29 (0.22) ***
不同意也不反对	0.02 (0.37)	0.04 (0.12)	0.78 (0.09)	1.01 (0.51)
不支持	－0.37 (0.30) +	－0.38 (0.30) +	－0.39 (0.30) +	－0.26 (0.31) **
人际关系				
好	0.78 (0.19) ***	0.80 (0.19) ***	0.81 (0.19) ***	1.20 (0.19) ***
不同意也不反对	0.22 (0.46)	0.23 (0.17)	0.23 (0.56)	0.13 (0.01)
差	－0.37 (0.30) *	－0.38 (0.30) *	－1.24 (0.30) ***	－1.17 (0.30) ***
控制变量				
收入	1.04 (1.08) ***	－0.51 (0.23) **	－0.56 (0.21) **	－0.01 (0.14)
层 2				
地形条件		－0.35 (0.41)		
平原				
山区		0.36 (0.18)		
半平原半山区		0.45 (0.21)		
文化差异			－0.36 (0.20)	
关中				
陕北			－0.18 (0.20)	
陕南			0.29 (0.20) +	
奖励制度				
无				
有				－0.25 (0.24)
惩罚制度				
有				－0.35 (0.25) +
随机效应				
截距	9.17 (87.88) ***	9.18 (16.07) ***	6.23 (85.11) ***	6.17 (65.11) ***
－2LL	3333.43	3333.35	3299.58	3294.76

注：*** p < 0.001，** p < 0.01，* p < 0.05，+ p < 0.1。

1. 治理主体个体心理及行为偏好对其工作满意度的影响机制

模型1：治理主体个体心理的影响

表4-9模型1结果显示，代表个体心理和行为倾向的变量以及组织情境变量都对工作满意度有较为显著的影响。个体心理变量中，工作收益-成本比较和工作难易感知都正向影响工作满意度，且工作难易感知的正向影响更为显著，即治理主体越感觉工作难度大其工作满意度就越低，反之，较低的工作难度感知会显著增加其工作满意度。控制变量中，收入与治理主体工作满意度呈现显著正相关，表明收入满意度是影响治理主体工作满意度的重要维度。组织情境方面，良好的领导支持和人际关系状态会显著提升治理主体的工作满意度。尽管个体层面和组织情境的变量都对治理主体的工作满意度有显著影响，但从随机效应系数看（回归系数为9.17，p值<0.001），影响治理主体工作满意度的因素仍有较大比例尚未被模型解释，有必要纳入更多的变量进行分析。

2. 县区层面要素结构性调整下的治理主体工作满意度影响机制

该部分同样将县区层面的宏观影响要素分为自然物质条件、共同体属性以及应用规则三个维度，分析其对治理主体工作满意度的影响以及通过宏观变量结构性调整的个体层面变量的影响机制变化。

模型2：县区自然物质条件的影响。

模型2的统计结果包括两个部分：一部分显示了自然物质条件变量对个体层面变量的结构性调整；另一部分则显示了在自然物质条件结构性调整下的治理主体工作满意度。这里的宏观物质环境自然物质条件主要用地形条件来衡量，模型2中地形条件的回归系数表示其对治理主体工作满意度的直接影响，而层1各变量所对应的回归系数则表示由地形条件结构性调整后的治理主体满意度的影响系数。首先，模型2中，地形条件与治理主体工作满意度并未呈现显著相关性。其次，从自然物质条件的结构性调整作用来看，地形条件对个体心理、行为偏好变量和组织情境变量均未产生结构性调整作用。整体而言，从随机效应系数可以看出，系数由模型1的9.17变为模型2的9.18，表明县区地形条件对治理主体个体层面的自变量并不存在显著的结构性调整作用。

模型3：纳入共同体属性的影响。

同治理对象男孩偏好的影响的多层分析一样，共同体属性在本部分仍然用地区文化差异来衡量，形成了模型 3 的统计结果。从层 2 自变量的地区文化差异系数看，关中、陕北治理主体工作满意度偏低，而陕南地区治理主体工作满意度较高。从层 2 自变量对层 1 自变量的影响来看，首先，受地区文化的影响，工作 – 收益感知对治理主体的工作满意度的影响显著性有所下降，表明确实存在文化对个体心理的嵌入性影响。其次，工作难易感知受地区文化的影响并不大，与模型 1 相比系数并未发生较大变化。再次，从收入项来看，地区文化差异对收入的结构性调整是存在的，但是与模型 1 相比，并未发现系数和显著性的明显变化。最后，在组织情境方面，领导支持受地区文化差异的影响并不显著，但是人际关系受文化的影响较为显著，地区文化变量的纳入显著增加了人际关系变量对治理主体工作满意度的影响显著性。模型 3 的随机效应系数较模型 2 的 9.18 降低了 2.95，表明地区文化差异对个体层面的结构性调整和影响也是存在的。

模型 4：应用规则的影响。

模型 4，从应用规则变量来看，只有惩罚制度对治理主体工作满意度有低度显著的影响。从应用规则对个体层面变量的结构性调整来看，在工作成本 – 收益感知项下，有一定的奖励和惩罚制度会较为显著地提升工作成本 – 收益感知对治理主体工作满意度的正向影响。就工作难易感知而言，应用规则的存在也会显著提升治理主体工作满意度。应用规则的调整下，收入对治理主体工作满意度的显著影响消失。而组织情境项下，领导支持和人际关系都显著受到应用规则的结构性调整的影响，在其调整下，与模型 1 相比，领导支持和人际关系对于治理主体工作满意度的正向影响更为显著。相较于模型 3，治理主体工作满意度的影响因素得到了少量解释（同一显著性水平下，回归系数由模型 3 的 6.23 降至模型 4 的 6.17）。但是我们发现即使加入应用规则变量后，随机截距 p 值仍 <0.001，这就说明仍然存在其他影响工作满意度的因素未被解释。

通过对表 4 – 9 中模型 1 ~ 4 的比较可以看出，除模型 2 外，随机效应截距系数随着县区层面变量的加入而递减，说明除模型 2 外其他模型每一模块变量的加入均进一步解释了治理主体工作满意度的影响效应，而且随着变量的逐步加入，– 2LL 的值呈递减趋势，模型整体的拟合越来越好。

第三节 本章小结

本章研究发现应用奥斯特罗姆的制度分析与发展框架（IAD）可以比较好地解释对治理对象的男孩偏好以及治理主体的工作满意度产生影响的微观和宏观机制，很好地揭示男孩偏好形成和治理主体工作满意度的心理机制以及外部的环境，包括自然物质环境、文化环境以及制度规则对于治理对象及治理主体个体层次影响因素的调节性作用。而在方法上，多层线性模型的应用则为实现微观和宏观层次的影响因素分解提供了可能，其优势在于不仅可以揭示微观和宏观因素各自对男孩偏好的影响，而且还可以对宏观对微观的要素结构性调整作用进行测量。通过实证分析，我们发现，在微观上，个体层面的心理机制对微观绩效有明显的影响；宏观上，部分外部变量确实对个体行为变量产生结构性调整。具体发现如下。

第一，微观层面的发现如下。

其一，个体的心理和行为倾向因素对微观出生性别比治理绩效的影响是非常显著的。就治理对象的男孩偏好而言，对男孩经济效益的认定始终是导致男孩偏好的最主要的心理机制，而对治理主体而言，工作成本－收益感知和工作难易感知是影响其工作满意度的最关键心理机制。

其二，出生性别比治理的微观绩效受到行动情境的显著影响。生活情境和组织情境分别是治理对象和治理主体所处的行动情境。对于治理/服务对象来说，社区规范和家庭规范作为行动情境对男孩偏好有显著的影响。这一发现说明生育儿子已经成为情境和社会取向[246-247]，即男孩偏好的强弱在很大程度上受到了生活场域中规范的影响，而特定的社会结构和社会关系对个人的生育偏好的影响甚至大于家庭制度的影响，拥有儿子所导致的社会需求的满足感甚至大于儿子的继嗣功能。而对于治理主体而言，工作所处的组织情境，在本书中利用领导支持和人际关系来衡量是其主要的行动情境。分析发现，无论是领导支持还是人际关系变量都对治理主体的工作满意度有显著的正向影响。这一发现印证了情境认知理论的核心思想，即个体并非仅仅根据内心世界来进行心理和行为活动，而是通过与环境直接接触与互动来决定自身行为，组织支持，包括领导支持和良好的人际关系支持会提升其工作满意度评价。

第二，宏观层面的发现如下。首先，地区文化差异以及制度性规则是影响个体心理和行为倾向的重要外在变量。其次，存在部分宏观变量对个体变量的影响，且微观绩效的产生是通过宏观变量对微观变量的结构性调整实现的。

其一，自然物质条件对个体心理和行动情境不具有明显的结构性调整作用。从治理主体工作满意度的影响机制来看，县区的自然物质条件并未对治理主体的收入和成本－收益感知对工作满意度的影响产生结构性调整作用。

其二，地区文化差异对治理对象的男孩偏好和治理主体的工作满意度均有显著影响。地区文化会强化社区规范和家庭规范对男孩偏好的正向影响。本研究发现，社区规范和家庭规范在地区文化的影响下对男孩偏好的影响更为显著，说明以血缘和地缘为纽带的村落文化是深受地域文化影响的，而同时，社区规范和家庭规范又是地域文化的基本依托和稳定载体，二者相互作用使得传统的生育文化更加稳固。值得强调的是，本研究表明地区文化对男孩偏好的作用具有一定的稳定性，但是其作用的强度会因理性感知的增强而减弱，这一发现是对研究男孩偏好的结构主义研究视角的挑战。结构分析将男孩偏好的影响因素化约为宏观的文化制度，认为行动者仅是被动地对宏观文化制度压力做出反应，无视行动者的能动性和行动的策略性。就治理主体工作满意度而言，地区间存在差异性的工作满意度，陕北和关中地区治理主体工作满意度低于陕南地区。同时，就个体心理和行为倾向两个变量来看，地区文化差异对个体成本－收益感知的结构性调整最为显著，说明确实存在文化对心理的嵌入性影响。而就组织情境而言，人际关系受到地区文化差异的显著影响。

其三，应用规则对出生性别比治理两个维度的微观绩效均有一定的结构性影响。男孩偏好方面，激励和约束性规则调整后的社区规范和家庭规范对男孩偏好的正向影响明显减弱，这印证了尚子娟[32]的发现，即现有的激励和约束制度对于男孩偏好的弱化是有积极作用的。治理主体工作满意度方面，惩罚规则对个体和情境变量的结构性调整比较明显，说明现有出生性别比治理中的约束性规则对治理主体的工作满意度是存在一定影响的。

基于以上分析，本研究得出的结论如下：第一，无论是治理主体还是治理对象其心理和行为都会对结果产生较为直接的影响效应；第二，无论是治理主体还是治理对象，其理性选择都内嵌于社会结构之中，受到宏观的外部影响要素的结构性调整；第三，上述两种结论初步证明制度分析与发展框架对出生性别比治理微观绩效影响因素的分析是基本适用的，本部分的研究既发现了微观个体的心理、行为偏好对绩效的直接影响，又发现了部分外部变量对个体变量的结构性调整；第四，通过本部分的分析，发现制度分析与发展框架中的部分变量对治理绩效的影响并不明显，这就启示我们可以对这些变量进行进一步的修正和扩展，或者探索除行为－绩效之外的更多的绩效分析路径。

第五章 中观制度结构对出生性别比治理绩效的影响机制

本书第三章构建了基于制度分析与发展框架的出生性别比治理绩效分析框架，并在第四章对行动舞台到绩效的影响机制进行验证，初步验证了制度分析与发展框架对于出生性别比治理绩效分析的适用性，同时也发现部分因素的影响并不显著，所以本章在第四章的基础上对应用规则进行扩展，引入制度结构概念，从治理的中观层面进一步识别影响出生性别比治理绩效的规则机制。

第一节 研究设计

一 研究目标

本章研究的目的在于以第三章对制度分析与发展框架中广义的应用规则扩展为理论基础，分析扩展后的应用规则，包括正式制度结构、制度实施机制以及非正式制度结构各自对出生性别比治理绩效产生怎样的影响，从而从多维、动态性的角度出发揭示规则结构对出生性别比的影响机制。主要在第三章分析框架的基础上，结合出生性别比治理的要素和机制，对分析框架中的制度结构进行操作化处理，并构建出生性别比治理制度结构对治理绩效的操作性分析框架，进而结合相关的数据进行实证检验。具体验证思路为：第一，通过构建出生性别比治理制度结构对治理绩效的分析框架，识别在出生性别比治理领域制度结构和治理绩效的主要维度；第二，结合陕西省专项调查数据，实证分析出生性别比治理中的制度结构对出生性别比治理绩效的影响效应。

二　制度结构对出生性别比治理绩效影响的操作化分析框架

公共事务的治理是现代社会发展过程中公共管理部门最重要的管理职责，在现代的西方国家，自主治理逐渐成为公共事务治理的常态，而中国"强政府－弱社会"的公共权力结构在短期内并不会改变，因此，当前的公共治理实质上仍是以政府为主导的政府治理或以执政党为主导的国家治理模式，该模式下公共事务中的利益冲突和碰撞主要依靠法律化、约束性方式解决，政府组织作为治理的主体其组织结构的设置、治理工具的选择、决策方式、激励结构等都与治理绩效息息相关。除此之外，政府治理过程各环节的运行机制作为治理实现的保障机制是重要的影响因素。同时，与正式的治理结构并存的非正式制度结构作为非正式的规则要素对治理绩效产生影响。本章的研究主要基于对制度分析与发展框架中应用规则变量的扩展，不仅要识别影响出生性别比治理的正式治理结构因素，还将影响治理结构实施的保障机制和与正式治理结构相对应的非正式治理结构也纳入同一分析范畴，这一扩展实现了对治理结构更为系统、全面的探析，有益于更为完整地识别影响出生性别比治理绩效的结构性因素。

而从出生性别比治理的绩效来看，作为一种典型的公共事务，出生性别比治理既追求工具理性也追求价值理性。工具理性追求的是治理的最终效果，反映在出生性别比治理问题上就是宏观层面上出生性别比水平的最终下降和微观层面上群众的生育性别偏好的改变，两种绩效属于治理的结果绩效。而价值理性不仅要求治理本身达到目标，还要保证实现目标的过程的合法性和合理性，也就是治理的过程绩效。在公共管理部门日益强调民主、透明、公开的政治背景下，目标的实现和实现目标的方式成为衡量治理绩效天平的两侧，忽视其中任何一项都不是理想的治理绩效。下文将结合出生性别比治理中的制度结构要素构建制度结构对治理绩效影响的操作性分析框架。

（一）出生性别比治理中的制度结构

1. 出生性别比治理中的正式制度结构

制度分析与发展框架划分出职位规则、选择规则等七类治理规则，这七类规则分别从治理的职位结构、工具结构、决策结构、信息结构和激励结构五个维度诠释了治理的正式制度结构。按照这种划分，本部分内容将出生性别比治理中的正式制度结构划分为上述五类结构，并进行详尽的说明。

第一，出生性别比治理中的职位结构。正如第三章所述，公共管理或公共治理中的职位结构包括职权结构、部门结构和职责结构。职权结构反映的是公共权力的支配范围。在出生性别比综合治理中，作为治理主体的人口计生部门的职权大小对治理效果的影响最大，所以这里采用人口计生部门在出生性别比治理领导小组中的职权地位来衡量其职权结构，主要考察其是领导单位还是成员单位，抑或一般的协调单位。部门结构关注的是横向的部门间的关系结构。现代社会，公共管理问题的复杂性和多元性决定了单一的治理部门治理能力的有限性，部门之间的资源整合和职能交叉日益成为实现有效治理的重要途径，出生性别比的综合治理就强调横向部门之间的合作治理。例如，治理中对包括溺弃女婴、"两非"等非法行为的打击和处理必须倚重公检法部门的刚性约束力量，在立足于提升女性社会地位以及女孩家庭的发展能力的引导型政策的实施过程中，民政、社会保障等部门的作用发挥是保障，而妇联、宣传等部门在性别平等观念的宣传倡导方面的作用不能低估。因此，参与出生性别比治理的部门的多寡是衡量出生性别比治理的部门结构的一个重要维度。职能决定职责，在出生性别比治理中，组织的职能主要是指治理主体在出生性别比治理工作中的工作职责，主要分为面向组织内部的工作职责和面向组织外部的工作职责，前者主要指保证治理工作有效运行的管理评估与组织、领导等职责，后者主要指为实现出生性别比的治理目标而面向治理对象所实施的治理措施。

第二，出生性别比治理的工具结构。按照第三章对工具结构的划分，根据对治理对象的激励属性，主要将出生性别比治理的工具划分为激励型治理工具和约束型治理工具两类。前者主要通过激励的方式去引导治理对象改变性别偏好，其动力源泉是能够改变治理对象性别偏好的各种利益供给。后者主要通过行为约束的方式来限制治理对象的性别选择和偏好行为，其动力源是治理对象对违法后果的预见和回避。

第三，出生性别比治理的决策结构。决策结构规定了具有决策权的人及其可以决策的范围和自由度。就出生性别比治理而言，决策结构主要衡量治理主体是在出生性别比治理过程中具有一定的自主决策权，还是只能执行上级的决策，能够反映决策权力配置的效率。

第四，出生性别比治理的信息结构。在信息化背景下，及时、完备的信息获得是提高治理效率的关键要素，同时也是行政合法性的要求，就出生性别比治理而言，每一个治理主体及时、有效地获得效率，是有效地促进组织沟通和协调的重要因素。

第五，出生性别比治理的激励结构。出生性别比治理中的激励结构主要针对治理对象，主要指针对治理对象的激励措施和惩罚措施。

2. 出生性别比治理中的制度实施机制

上述正式制度结构是静态层面的制度设置状态，考察的是制度设计的完备性。拥有比较全面的制度安排是前提，但是制度结构发挥作用必须依靠一定的制度实施机制，即必须有一种社会组织或结构对遵守或违反制度的人或组织进行相应的奖励或惩罚，因为制度安排的主要功能是提供一种激励机制（如物质奖励、职位升迁、社会声誉等），没有制度实施机制的制度安排仅仅是一纸空文。出生性别比治理中，考核机制主要指对于完成或不能完成相应的治理任务分别会面临怎样的奖励或惩罚。

3. 出生性别比治理中的非正式制度结构

新制度经济学将非正式制度结构与正式制度结构置于同等重要的位置，甚至认为非正式制度结构对正式制度结构起着根本性的决定作用，认为制度能否有效运行，取决于正式制度与其作为外部环境的"非正式方面"的适宜性和适应度[248]。本书第三章将人际关系结构和文化认知结构视为影响出生性别比治理的重要非正式制度结构。具体到出生性别比治理中，对于人际关系结构，主要指出生性别比治理过程中形成的同事关系和领导－下属关系。文化认知结构主要指从事出生性别比治理的个体自身的生育价值观以及组织规范，包括单向服从意识、忠诚主义和集体主义规范。

（二）出生性别比治理中的绩效

人们对绩效的理解和认识，经历了结果绩效、过程绩效和结果绩效与过程绩效并重的发展过程。当前，无论是企业还是公共管理部门都认为绩效既是过程又是结果。出生性别比治理过程中对于绩效的认识同样经历了上述认识的渐变过程，在出生性别比治理的较长时间内，追求治理的结果绩效，即出生性别比水平的下降一直是从中央政府到基层政府的共同目标，与此相对应，绩效考核标准也主要以出生性别比数字水平为准。随着公共管理部门实践的深入，政府部门工作人员和学者日益认识到结果绩效考核的弊端。在出生性别比治理中这种弊端更为明显，一方面，单纯的数字考核导致地方政府的数据造假和瞒报、漏报等行为，使出生性别比数字失真；另一方面，结果导向的考核造成了参与出生性别比的治理主体的工作付出与报酬的严重失衡，大大打击了工作人员的工作积极性。现实告诉我们，单纯的结果考核是不科学、不公正的，必须重视对工作过程的绩效考核。因此，对于出生性别比治理绩效的考察必须从结果绩效和过程绩效两个方面出发。

1. 出生性别比治理的结果绩效

对于出生性别比治理结果绩效的研究，学者一般将结果绩效区分为宏观的结果绩效和微观的结果绩效[249]两种类别，宏观的结果绩效就是最直接反映性别失衡程度的出生性别比水平，微观的结果绩效则主要指生育对象性别意愿的改变。需要说明的是，广义的性别意愿主要包括男孩偏好、女孩偏好和无性别偏好三种，而在我国男多女少的性别失衡状况下，性别意愿主要指导致性别失衡的男孩偏好。男孩偏好一直被认为是导致性别失衡的根源性因素，因此，群众对于男孩偏好的态度以及态度变化是衡量出生性别比治理绩效的一个重要标准。

2. 出生性别比治理的过程绩效

与第三章提出的过程绩效相对应，出生性别比治理中治理主体的过程绩效主要指从事出生性别比治理的工作人员完成出生性别比治理相关工作产生的职务绩效，同时对工作相关的规则、制度和环境的主观评价和感知会作为一种心理资源影响工作人员的积极性，从而最终影响工作结果输出，因此，这里将治理主体工作过程中的满意度也作为过程绩效的影响指标，具体包括工资满意度、奖励满意度、晋升满意度、人际关系满意度和自我实现满意度。

基于上述分析，构建出生性别比治理中制度结构对于治理绩效影响的操作化分析框架，如图5-1所示。

上述分析框架展示了出生性别比治理中的制度结构对治理绩效影响的机理，主要包括对出生性别比治理中的制度结构的要素操作化以及对治理绩效的类型界定。关于各个变量的测量将在下一节进行进一步说明。

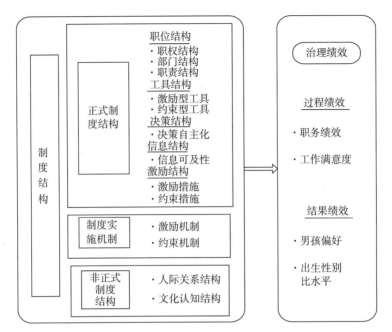

图 5－1　出生性别比治理的制度结构对绩效影响的操作化分析框架

三　变量测量

（一）因变量

本章的因变量是出生性别比治理绩效，同时包括过程绩效和结果绩效，具体的绩效类型见表 5－1。在过程绩效中，主要用"两非"案例数和奖励扶助落实率来测量职务绩效，为了克服年份之间的误差，上述变量数值均取了 2005～2009 年的均值。主要利用工资满意度、奖励满意度、晋升满意度、人际关系满意度和自我实现满意度五个维度的加总，形成综合的工作满意度测量指标。上述五个维度的满意度变量是一个五分类变量，其中 1 =非常不同意，2 = 不同意，3 = 既不同意也不反对，4 = 同意，5 = 非常同意。为了体现满意程度，具体测量过程中将分类变量处理为 1～5 的连续变量，分值越大代表满意度越高。其中，由于工资满意度是一个反向认定问题，所以在对题项进行了反向调整后再赋值为 1～5，在此基础上进行五类满意度的得分加总。出生性别比水平为陕西省各县区 2000～2009 年出生性别比均值，男孩偏好为 0、1 二分类变量，0 表示不同意，1 表示同意。

表5-1 出生性别比治理绩效分类

变量分类	变量说明
过程绩效 　职务绩效 　工作满意度	"两非"案例数（个）、奖励扶助落实率（%） 治理主体的工作满意度
结果绩效 　出生性别比水平 　男孩偏好	陕西省各县区2000~2009年出生性别比均值男孩偏好

具体的测量题目及赋值情况见表5-2。

表5-2 出生性别比治理绩效测量及赋值

绩效类型	测量题目	赋值说明
过程绩效		
职务绩效	"两非"案例数（个） 奖励扶助落实率（%）	2005~2009年均值
工作满意度	工资满意度（gzmy）：我的工资增加的太少 奖励满意度（jlmy）：当我在工作中表现出色时，我会得到本应得到的奖励 晋升满意度（jsmy）：凡是那些在工作中表现出色的人都获得了公平的晋升机会 人际关系满意度（rjgxmy）：我所在单位的人际关系很融洽 自我实现满意度（zwsxmy）：我的工作能帮助我实现人生价值	工作满意度用Q1~Q5满意度加总的平均值测量
结果绩效		
出生性别比水平	根据2000~2009年出生人口及年出生男婴计算出生性别比水平，具体算法为：年出生男婴/（年出生人口-年出生男婴）＊100%	2005~2009年均值
男孩偏好	如果没有儿子将是我一辈子最大的遗憾	0，1

（二）自变量

本章主要测量出生性别比治理中的制度结构对治理绩效的影响。按照制度结构的分类，这里将出生性别比治理相关的制度结构分为正式制度结构、制度实施机制和非正式制度结构三个部分。正式制度结构的维度主要有职位结构、工具结构、决策结构、信息结构和激励结构五个部分。其中职位结构包括职权结构、部门结构和职责结构；工具结构用出生性别比治理所采取的激励型工具和约束型工具测量；决策结构用治理主体决策自主化进行测量；信息结构采用信息可及性测量；激励结构则采用针对治理对象的奖励扶助制度、打击"两非"制度测量。制度实施机制用完成工作任务的奖励机制和未完成工作任务的惩罚机制衡量。非正式制度结构主要包括人际关系结构和文化认知结构两部分。人际关系结构通过受访人与同事、上级的人际关系来测量。文化认知结构主要用男孩偏好文化以及中国的组织规范中的单向服从、忠诚主义和集体主义传统进行测量。具体测量变量、使用题项以及赋值见表5－3。

表5－3　主要自变量测量及赋值

自变量	测量题目	变量类型及赋值
正式制度结构		
职位结构	J3：出生性别比治理领导小组中，人口计生部门属于哪一类型单位？	三分类变量，1＝成员单位，2＝协调单位，3＝领导单位
	J4：本县区参与出生性别比综合治理工作的部门有多少个？	连续变量
	GJ1：在出生性别比治理工作中，您承担多少项职责？	将多分类变量转换为连续变量，0＝不承担任何职责，1＝承担1项职责，2＝承担2项职责，依此类推，赋值分别为1，2，3，4，5，6
工具结构	R1001：在国家规定的奖扶政策基础上，提高奖励扶助标准，市里是否有此项制度？	二分类变量，0＝无，1＝有
	R7001：将打击"两非"的指标列入一票否决制，市里是否有此项制度？	二分类变量，0＝无，1＝有
决策结构	GXM29：我可以根据自己的方案来完成工作	连续变量，赋值分别为1，2，3，4，5
信息结构	GXM18：重要的信息我总是很晚才能知道	连续变量，赋值分别为1，2，3，4，5
激励结构	GZK4：所在单位是否有相应的奖励制度？	二分类变量，0＝无，1＝有
	GZK5：所在单位是否有相应的惩罚制度？	二分类变量，0＝无，1＝有

续表

自变量	测量题目	变量类型及赋值
制度实施机制		
激励机制	K15：如果本机构能很好地完成考核指标，上级会怎样奖励？	四分类变量
约束机制	K14：如果本机构不能很好地完成考核指标，上级会怎样惩处？	五分类变量
非正式制度结构		
人际关系结构	GZX4：我单位中的成员待人都很真诚	连续变量，赋值分别为1，2，3，4，5
	GZX13：我的上级更像是我的朋友	连续变量，赋值分别为1，2，3，4，5
文化认知结构	GLS2：与女儿相比，儿子才是自己的根，是香火的延续	连续变量，赋值分别为1，2，3，4，5
	GZC10：我会提醒领导注意到那些会产生负面影响的行为	连续变量，赋值分别为1，2，3，4，5
	GZC18：我留在这个单位，是因为我认为忠诚很重要，留下是一种道德责任	连续变量，赋值分别为1，2，3，4，5
	GZC6：为了单位更好地发展，我愿意付出额外的努力	连续变量，赋值分别为1，2，3，4，5

变量的描述性统计如表5－4所示。

表5－4　变量的描述性统计

变量	取值	均值/百分比	标准差
因变量			
过程绩效			
职务绩效			
打击"两非"案例数	连续变量	2.08	3.52
奖励扶助落实率	连续变量	97.97%	11.61
工作满意度	连续变量	17.12	0.96
结果绩效			
2000～2009年年均出生性别比水平	连续变量	111.43	6.94
男孩偏好	二分类变量，0＝无，1＝有	55%	—
自变量			

续表

变量	取值	均值/百分比	标准差
正式制度结构			
职位结构			
职权结构			
成员单位	虚拟变量，0，1	0.34	—
协调单位	虚拟变量，0，1	0.56	—
领导单位	虚拟变量，0，1	0.10	—
部门结构	连续变量	11.42	1.56
职责结构	连续变量	1.87	2.00
工具结构			
激励型工具	二分类变量，0 = 无，1 = 有	0.30	—
约束型工具	二分类变量，0 = 无，1 = 有	0.24	—
决策结构			
是否能够自主决策	连续变量，1，2，3，4，5	3.26	2.23
信息结构			
信息可及性	连续变量，1，2，3，4，5	2.75	0.21
激励结构			
有无奖励制度	二分类变量，0 = 无，1 = 有	0.16	—
有无惩罚制度	二分类变量，0 = 无，1 = 有	0.16	—
制度实施机制			
针对组织的奖励	虚拟变量，0，1	0.37	—
针对领导的奖励	虚拟变量，0，1	0.06	—
针对组织的惩罚	虚拟变量，0，1	0.61	—
针对领导的惩罚	虚拟变量，0，1	0.15	—
"一票否决"制度	虚拟变量，0，1	0.12	—
非正式制度结构			
人际关系结构			
与单位成员人际关系	连续变量，1，2，3，4，5	3.61	0.76
与上级人际关系	连续变量，1，2，3，4，5	3.31	0.82
文化认知结构			
男孩偏好	连续变量，1，2，3，4，5	2.08	0.89
单向服从	连续变量，1，2，3，4，5	3.59	0.77
组织忠诚	连续变量，1，2，3，4，5	3.40	0.83
集体荣誉感	连续变量，1，2，3，4，5	3.86	0.70

四 研究方法

本章使用数据来自西安交通大学人口与发展研究所于 2009～2010 年在陕西省实施的专项调查。关于数据的收集方法在第三章中已经进行了比较详尽的介绍，这里将对本章所使用的样本情况进行介绍。本章主要分析出生性别比治理中的制度结构对治理绩效的影响。为了实现研究目的，本章对调查获得的县区治理数据、工作人员数据和群众数据都有使用。使用前对三份调查数据进行了匹配和合并，剔除缺失值后共得到有效样本 790 份。实证研究主要分两部分进行，第一部分对样本中制度结构影响的有关变量进行描述统计；第二部分使用多元线性回归模型估计制度结构对出生性别比治理绩效的影响。由于回归统计中的所有自变量都是连续变量，所以在具体的回归上采用了 OLS 线性回归。主要使用的分析软件是 Stata。

第二节 结果分析

一 一般统计描述

表 5 - 4 为所有变量的描述性统计。因变量包括职务绩效、工作满意度绩效、出生性别比水平和男孩偏好四个维度的绩效。从职务绩效来看，"两非"案例数年平均值为 2。各年奖励扶助落实率为 97.97%。工作满意度方面，满意度得分为 17.12，满意度比重为 68.48%。结果绩效方面，从出生性别比水平看，出生性别比在 2000～2009 年的平均水平为 111.43，稍高于正常水平取值的 107；从男孩偏好看，男孩偏好比例约为 55%，说明男孩偏好比较严重。自变量中的职位结构中，人口计生部门在出生性别比治理领导小组中基本属于协调单位，参与出生性别比综合治理的部门数量的平均值为 11.42，治理主体在出生性别比治理中承担的平均职责接近两项。从工具结构看，无论是激励型工具还是约束型工具都比较少。部门成员拥有一定的独立决策权，但是对于信息可及性的评价处于较低水平，而且基本上没有针对部门工作人员的激励结构。制度实施机制方面，考核机制中采用最多的是针对领导的奖励机制和针对组织的惩罚机制，其次是针对组织的奖励机制。非正式制度结构中，从人际关系结构看，测评对象对与单位成

员和领导人际关系评价较高。文化认知结构方面,工作人员的男孩偏好普遍较弱,单向服从意识较弱,具有较高的忠诚度和集体主义倾向。

此外,本书在第一章的数据来源部分以及第四章的一般统计描述中分别对出生性别比水平、男孩偏好、工作满意度绩效进行了统计描述。除上述三类绩效外,本章还将关注制度结构对过程绩效的影响机制,具体以查处"两非"案例数量和奖励扶助落实率为衡量指标,关于这两类指标,2009～2010年的专项调查数据也有所考察,并得出相关的统计结果,见表5-5。

表5-5 出生性别比治理过程工作绩效

年份	打击"两非"案例数(个)	奖励扶助落实率(%)
2009	2.78	99.92
2008	2.72	98.36
2007	2.52	98.06
2006	1.41	98.21
2005	0.74	97.41

资料来源:"陕西省综合治理出生性别比工作的态势、模式和战略"专项调查。

从表5-5所反映的治理过程的工作绩效来看,查处"两非"案例数量虽自2005年以来逐年增加,但数量还是偏少。奖励扶助落实率方面的成效比较显著,2009年奖励扶助落实率接近100%。

二 出生性别比治理制度结构对职务绩效的影响

本部分主要考察出生性别比治理的制度结构对职务绩效所产生的影响。这里,对职务绩效分别用查处"两非"案例数量和奖励扶助落实率进行测量。两部分回归结果分别如表5-6和表5-7所示。

(一)制度结构对查处"两非"案例数量影响的回归结果

由于因变量"两非"案例数为连续变量,因此采用基于最小二乘法的OLS多元线性回归模型进行分析,表5-6为模型多元回归结果。其中模型1为控制正式制度结构因素对"两非"案例数进行分析的模型;模型2在模型1基础上纳入制度实施机制因素;模型3是控制了全部变量,即正式制度结构、制度实施机制以及非正式制度结构因素的模型。

首先对模型1的回归结果进行分析。模型1仅仅考虑了制度结构中的正式制度结构因素对"两非"案例的影响。正式制度结构变量中除职位结构中的部门结构和工具结构中的约束型工具之外，剩余所有自变量都与"两非"案例数量有一定程度的显著相关关系。其中激励结构中的激励制度与"两非"案例数量显著正相关，说明出生性别比治理机构内良好的激励制度的设置能够促进工作任务的完成。而职位中的职责结构、工具结构中的激励结构以及激励结构中的约束制度与"两非"案例数量显著负相关。职责结构与因变量的负相关表明部门承担的职责越多，"两非"案例查处数量越少，而存在激励型工具会降低"两非"案例数量说明面向治理对象实施的激励型政策能够通过行为引导而在一定程度上减少"两非"行为的发生。与激励制度形成明显对比的是，约束制度的存在大大减少了"两非"案例数量，说明在激励结构中激励制度比约束制度在促进任务绩效的实现方面更为有效。此外，决策结构也与因变量呈较为显著的正相关关系，说明组织中个体决策自主性能够有效促进工作落实。信息结构与因变量呈现低度负相关关系，由于信息结构是反向题项，数值越大表明信息可得性越差，所以其与因变量的负相关表明信息可及性越差，越不利于"两非"案例的查处。通过模型1可以验证本书所提出的正式制度结构对治理绩效存在影响的理论预设是合理的。

表 5 - 6　制度结构对"两非"案例数量的影响

	模型 1	模型 2	模型 3
正式制度结构			
职位结构			
职权结构	- 0.26（0.15）+	- 0.00（0.15）	- 0.14（0.16）
部门结构	0.01（0.02）	0.03（0.02）+	0.03（0.02）+
职责结构	- 0.33（0.09）***	- 0.25（0.08）**	- 0.23（0.08）**
工具结构			
激励型（有 =1）	- 2.45（0.27）***	- 2.24（0.29）***	- 2.29（0.29）***
约束型（有 =1）	- 0.34（0.28）	- 0.60（0.28）**	- 0.80（0.29）**
决策结构	0.34（0.12）**	0.23（0.12）*	0.28（0.12）**
信息结构	- 0.17（0.13）+	- 0.07（0.12）	- 0.15（0.12）
激励结构			

续表

	模型 1	模型 2	模型 3
激励制度	1.15（0.34）***	1.05（0.31）***	1.08（0.31）***
约束制度	−1.75（0.33）***	−1.26（0.31）***	−1.20（0.31）***
制度实施机制			
对组织公开表扬		2.40（0.33）***	2.23（0.34）***
对组织经济奖励		0.96（0.13）***	0.89（0.13）***
组织评优、评先		0.36（0.07）***	0.34（0.07）***
对领导晋升		0.41（0.21）*	0.56（0.21）**
领导评优、评先		0.18（0.05）**	0.15（0.05）**
对组织公开批评		−0.27（0.31）	−0.18（0.31）
对组织经济惩罚		−0.35（0.29）	−0.28（0.29）
取消组织评优、评先		−0.06（0.08）	−0.10（0.08）
对组织"一票否决"		−0.04（0.04）	−0.04（0.05）
领导撤职或调离		−0.22（0.14）+	−0.24（0.14）+
取消领导评优、评先		−0.02（0.06）	−0.02（0.06）
非正式制度结构			
人际关系结构			
与成员关系			−0.00（0.02）
与上级关系			−0.30（0.15）*
文化认知结构			
男孩偏好			−0.53（0.13）***
单向服从			0.01（0.15）
组织忠诚度			−0.04（0.13）
集体荣誉感			0.17（0.16）
R-squared	0.1600	0.3102	0.3312
Adj R-squared	0.1503	0.2922	0.3085
p 值	***	***	***
样本量	790	790	790

注：***、**、*、+分别代表 $p < 0.001$、$p < 0.01$、$p < 0.05$、$p < 0.1$。

模型 2 在模型 1 的基础上加入了制度实施机制对"两非"查处案例数量的影响。可以发现，增加制度实施机制变量后，模型 2 的解释能力提升至0.31，得到了较大改善，这说明对于"两非"案例查处这一任务绩效的实现，制度实施机制也是非常重要的因素。增加制度实施变量后，在正式制度结构因素中，除职权结构、信息结构外，其他原本显著的变量仍然保持显著性。此外，原本不显著的部门结构和约束型工具变量变得显著，说明制度实施机制的存在能够为部门之间的合作和约束型工具的使用提供一定的机制保证。从制度实施机制的作用看，模型 2 中所有的奖励机制都与"两非"案例查处数量显著正相关，而所有惩罚性机制都与"两非"案例查处数量负相关，但并不显著。这表明组织中，正面性的激励机制比负面性的激励机制更能够促进工作落实。同时，可以发现，奖励机制中，针对组织的奖励机制与"两非"数量的相关性更加显著，表明针对组织的奖励机制比针对领导个体的奖励机制更能促进工作绩效。

模型 3 是在模型 2 基础上纳入非正式制度结构影响的全变量模型。从全变量模型与模型 2 的对比来看，在模型 2 中显著的变量在全变量模型中依然显著。此外，决策结构变量和制度实施机制中对领导晋升变量显著性在模型 2 的基础上有所增加，说明非正式制度结构对正式制度结构及其实施机制存在一定的调节作用。从非正式制度结构的影响来看，在人际关系维度，无论是与上级还是与同事的人际关系都会降低"两非"案例查处数量，其中后者的影响更为显著。在文化认知结构中，治理主体的男孩偏好与"两非"案例查处显著负相关，说明治理主体自身的男孩偏好越强，越不利于"两非"工作的落实，说明治理主体自身的性别偏好结构会作为非正式的规则影响工作绩效。

模型 1 至模型 3 的结果分析证明，制度结构的三个维度均对出生性别比治理的过程绩效即"两非"案例的查处数量有一定影响，其中正式制度结构与制度实施机制有着比重相近的影响，同时，非正式制度结构也存在一定影响，进一步验证了本书提出的制度结构对过程绩效存在影响的理论预设。

（二）制度结构对奖励扶助落实率的影响

首先对模型 1 的回归结果进行分析。模型 1 仅仅考虑了控制正式制度结构因素对奖励扶助落实率的影响。模型 1 正式制度结构中的职权结构、部门结构、职责结构、工具结构和激励结构都与奖励扶助落实率有一定程度的相关性。其中激励结构中的激励制度和职权结构与因变量显著正相关，且激励制度的系数最大。从影响方向上看，影响显著的各变量中，职责结构与奖励扶助落实率显著负相关，说明治理主体承担过多的职责会负向影响奖励扶助落实率。职权结构、部门结构与奖励扶助落实率的正向相关表明，人口计生部门作为领导单位更能够促进奖励扶助落实率的提升，而且参与治理的部门数量越多，越有利于奖励扶助落实率的提升。这一结果与现实是一致的，奖励扶助落实主要是面向治理对象实行各种奖励和扶助政策，人口计生部门如果作为领导单位就能够有更大的决策权在普惠政策外制定与落实更多与促进性别平衡相关的奖励、扶助政策，而且参与的部门越多，越能够保证奖励、扶助措施的多样性，能够从教育、就业、财政等各个方面制定和推行奖励扶助办法。模型 1 决策结构、信息结构与激励结构中的约束制度对奖励扶助落实率的影响并不显著。

表 5 - 7　制度结构对奖励扶助落实率的影响

	模型 1	模型 2	模型 3
正式制度结构			
职位结构			
职权结构	1.95（0.53）***	3.13（0.51）***	2.93（0.53）***
部门结构	0.15（0.05）**	0.06（0.06）	0.06（0.06）
职责结构	-0.85（0.30）**	-0.58（0.28）*	-0.59（0.28）*
工具结构			
激励型（有＝1）	2.21（0.93）**	4.33（0.97）***	4.31（0.98）***
约束型（有＝1）	2.63（0.98）**	1.09（0.96）*	1.13（0.97）
决策结构	-0.26（0.43）	0.55（0.40）+	0.39（0.41）
信息结构	0.19（0.44）	-0.16（0.40）	-0.13（0.41）
激励结构			
激励制度	3.94（1.17）***	2.98（1.05）**	2.70（1.05）**
约束制度	-1.41（1.14）	-2.01（1.04）*	-1.85（1.04）*
制度实施机制			
对组织公开表扬		-0.71（1.13）	-0.36（1.14）
对组织经济奖励		4.27（0.44）***	4.31（0.45）***
组织评优、评先		1.57（0.23）***	1.63（0.23）***
对领导晋升		1.61（0.70）*	1.77（0.72）**
领导评优、评先		0.29（0.18）+	0.26（0.18）+
对组织公开批评		0.65（1.04）	0.42（1.05）

续表

	模型 1	模型 2	模型 3
对组织经济惩罚		2.31（0.96）**	2.45（0.98）**
取消组织评优、评先		0.23（0.28）	0.21（0.28）
对组织"一票否决"		1.09（0.15）***	1.06（0.15）***
领导撤职或调离		0.59（0.47）	0.69（0.47）+
取消领导评优、评先		-0.81（0.20）***	-0.82（0.20）***
非正式制度结构			
人际关系结构			
与成员关系			0.00（0.06）
与上级关系			0.98（0.51）*
文化认知结构			
男孩偏好			0.50（0.43）
单向服从			1.21（0.51）**
组织忠诚度			0.74（0.45）+
集体荣誉感			-0.47（0.56）
R-squared	0.0783	0.2792	0.2913
Adj R-squared	0.0677	0.2605	0.2672
p 值	***	***	***
样本量	790	790	790

注：***、**、*、+分别代表 p<0.001、p<0.01、p<0.05、p<0.1。

模型 2 在模型 1 的基础上纳入了制度实施机制的影响。从 R 值来看，加入制度实施机制后，模型 2 的解释力得到了非常显著的提升，由模型 1 的 0.08 提升至模型 2 的 0.28。与模型 1 对比，增加制度实施机制变量后，模型 1 原有的变量虽然在影响方向上变化不大，但是在显著性上发生了较大变化。加入制度实施机制后，部门结构对奖励扶助落实率的显著性消失，这表明部门结构对奖励扶助落实率的影响不仅仅在于部门的存在，更在于在一定的保障机制下合作治理的实效。而决策结构与激励结构中的约束制度对奖励扶助落实率的影响由不显著变为低度显著。此外，激励制度的显著性有所下降。上述各变量显著性的变化一致表明制度实施机制对正式制度结构是具有影响效应的。从制度实施机制自身影响看，就奖励机制而言，无论是对组织的奖励还是对领导个人的奖励都会正向影响奖励扶助落实率，说明制度实施机制中的激励机制对工作绩效有积极影响，同时通过针对组织和领导个体的奖励机制影响显著性比较可以看出，针对组织的奖励机制比针对领导个体的奖励机制在促进奖励扶助落实率的完成上更为有效，其影响的显著性更强。就惩罚机制而言，对组织的经济惩罚和对组织的"一票否决"能够显著提升奖励扶助落实率，而针对领导个体的取消评优、评先则会比较显著地降低奖励扶助落实率。上述对比表明，无论是奖励机制还是惩罚机制，针对组织的机制都比针对领导个体的机制在促进工作绩效方面更为有效。

模型3是纳入非正式制度结构的全变量模型。与模型2相比，纳入非正式制度结构变量影响后，模型2中原本低度显著的约束型工具和决策结构的显著性消失，而对领导晋升和领导撤职或调离两个变量显著性的影响增加，说明非正式制度结构对正式制度结构和制度实施机制均存在一定的影响。从非正式制度结构来看，在人际关系结构中，与上级良好的人际关系会较为显著地提升奖励扶助落实率。在文化认知结构中，单向服从变量与奖励扶助落实率正相关说明单向服从更能够提升奖励扶助落实率，而对组织的忠诚度高则会提升奖励扶助落实率。

本部分的结果分析进一步验证了制度结构的三个维度对出生性别比治理的任务绩效的影响效应，尤其发现了制度实施机制对治理绩效的影响份额最大，这也说明，治理绩效的实现只有制度是远远不够的，必须有保障制度执行的机制才能够实现制度的有效实施。

三　制度结构对工作满意度影响的回归结果

本部分将重点考察制度结构对治理主体的工作满意度的影响。工作满意度包括的维度很多，既有对实物回报的满意度，也有对非实物回报的满意度，包括晋升、人际关系、自我实现等，这里的工作满意度是一个包含了实物和非实物回报两个维度的综合指标。表5-8的模型1至模型3考察了制度结构对工作满意度的影响。模型1是单独控制正式制度结构变量的工作满意度影响模型，模型2在模型1的基础上纳入了制度实施机制的影响，模型3是考虑非正式制度结构影响的全变量模型。模型1中，职权结构、部门结构、决策结构、信息结构以及激励结构中的激励制度都与工作满意度显著相关。从职权结构看，人口计生部门越是领导单位，工作满意度越低，职权决定职责，领导单位相对于协调单位和一般单位需要承担更多的职责，这里职责结构与工作满意度的负相关恰恰印证了这一点。从部门结构看，较多的部门参与与工作满意度显著正相关，说明部门参与能够在一定程度上减轻人口计生部门的工作压力，从而提升其工作满意度。决策结构与工作满意度显著正相关，说明治理主体在治理过程中拥有相对自主的决策权会提升其工作满意度，而信息结构与工作满意度显著负相关则表明，信息可及性也是显著影响工作满意度的重要因素，治理主体越是认为信息不可及，相应的工作满意度就越低。激励结构方面，无论是激励制度还是约束制度都与工作满意度正相关，其中前者的显著性强于后者，表明针对治理主体的激励制度比约束制度更能够提升主体的工作满意度（见表5-8）。

表5-8 制度结构对工作满意度的影响

	模型1	模型2	模型3
正式制度结构			
职位结构			
职权结构	-0.07（0.02）***	-0.06（0.02）**	-0.02（0.02）
部门结构	0.01（0.01）***	0.01（0.01）+	0.01（0.01）+
职责结构	-0.00（0.01）*	-0.01（0.01）*	-0.00（0.01）*
工具结构			
激励型（有=1）	0.03（0.04）	0.01（0.04）	0.00（0.04）
约束型（有=1）	-0.04（0.04）	-0.02（0.04）	0.05（0.04）
决策结构	0.16（0.02）***	0.14（0.02）***	0.12（0.02）***
信息结构	-0.17（0.02）***	-0.16（0.02）***	-0.12（0.02）***
激励结构			
激励制度	0.29（0.05）***	0.28（0.05）***	0.24（0.04）***
约束制度	0.06（0.05）+	0.06（0.05）+	0.05（0.04）
制度实施机制			
对组织公开表扬		0.02（0.05）	0.00（0.05）
对组织经济奖励		0.05（0.02）**	0.05（0.02）**
组织评优、评先		0.02（0.01）+	0.02（0.01）+
对领导晋升		0.04（0.03）	0.05（0.03）+
领导评优、评先		0.00（0.01）	0.01（0.01）
对组织公开批评		-0.09（0.05）*	-0.07（0.04）+

续表

	模型 1	模型 2	模型 3
对组织经济惩罚		−0.04（0.04）	−0.01（0.04）
取消组织评优、评先		−0.00（0.01）	−0.00（0.01）
对组织"一票否决"		−0.01（0.01）	−0.00（0.01）
领导撤职或调离		−0.04（0.02）*	−0.06（0.02）**
取消领导评优、评先		−0.01（0.01）	−0.00（0.01）
非正式制度结构			
人际关系结构			
与成员关系			0.01（0.00）
与上级关系			0.17（0.02）***
文化认知结构			
男孩偏好			−0.05（0.02）**
单向服从			−0.04（0.02）+
组织忠诚度			0.05（0.02）**
集体荣誉感			0.07（0.02）**
R-squared	0.2595	0.2915	0.3786
Adj R-squared	0.2510	0.2730	0.3575
p 值	***	***	***
样本量	790	790	790

注：***、**、*、+分别代表 p < 0.001、p < 0.01、p < 0.05、p < 0.1。

模型 2 在模型 1 的基础上纳入了制度实施机制的影响。与模型 2 相比，纳入制度实施机制后，职权结构、部门结构的显著性影响有所减弱，表明制度实施机制对职权结构和部门结构的具体运作形成一定的制约。从制度实施机制变量本身看，首先从影响方向上看，奖励机制与惩罚机制分别对工作满意度产生相反的影响，前者与工作满意度正相关，后者与工作满意度负相关，表明激励机制比惩罚机制更能提升工作满意度。但是从显著性看，只有对组织经济奖励，组织评优、评先，对组织公开批评和对领导撤职或调离与工作满意度存在低度显著关系。整体而言，制度实施机制对工作满意度的影响效用较小。

模型 3 是纳入了非正式制度结构的全变量模型。与模型 2 相比，纳入非正式制度结构后，对领导晋升和对领导撤职或调离对工作满意度的影响显著性增加，而对组织公开批评对工作满意度的影响显著性降低。说明非正式制度结构变量的加入会通过影响正式制度结构和制度实施机制变量的效用而影响工作满意度。从非正式制度结构变量来看，人际关系结构中与上级关系良好会显著提升工作满意度。在文化认知结构中，较强的男孩偏好认知会降低工作满意度，而越不具有单向服从意识工作满意度越低，原因在于在现行的政府体制下，多数组织均以下级对上级的单向服从为主，人口计生部门也是如此。此外，组织忠诚度和集体荣誉感会提升工作满意度。

本部分分析结果同样验证了制度结构的三个维度对治理绩效的影响是客观存在的，但是与前文中制度结构对任务绩效的影响不同，在对工作满意度的影响中，正式制度结构和非正式制度结构的影响份额大于制度实施机制。这同时也揭示出制度结构对不同类型的治理绩效的影响存在影响效应上的差异。

四 出生性别比治理制度结构对出生性别比水平的影响

前文实证分析了出生性别比治理的制度结构对出生性别比治理的过程绩效，包括任务绩效和工作满意度的影响，本部分将通过回归模型分析出生性别比治理的制度结构对出生性别比治理的结果绩效即出生性别比水平的影响。表 5 - 9 中的模型 1 至模型 3 是逐步纳入正式制度结构、制度实施机制和非正式制度结构变量的回归结果。

首先对模型 1 的回归结果进行分析。在正式制度结构中，与出生性别比水平显著相关的是职权结构和职责结构，其中，职权结构与出生性别比水平显著负相关，表明人口计生部门越是领导单位越能够促进出生性别比水平的下降。而职责结构与出生性别比水平显著正相关，表明承担的职责越多，越不利于出生性别比水平的下降。此外，部门结构与出生性别比水平低度负相关，表明合作治理的部门越多越能够促进出生性别比水平的下降。工具结构中的激励型工具和约束型工具与出生性别比水平负相关，但是前者并不显著。此外，信息结构与出生性别比水平正相关，信息越复杂，出生性别比水平往往越高。激励结构中激励制度和约束制度都与出生性别比水平负相关，但前者的负向影响并不显著。从模型 1 的 R 值来看，正式制度结构对出生性别比水平的影响是比较大的。

表 5 – 9　制度结构对出生性别比水平的影响

	模型 1	模型 2	模型 3
正式制度结构			
职位结构			
职权结构	- 1.79（0.32）***	- 2.00（0.31）***	- 1.95（0.32）***
部门结构	- 0.07（0.03）*	- 0.16（0.03）***	- 0.15（0.03）***
职责结构	0.62（0.18）***	0.38（0.17）**	0.39（0.17）**
工具结构			
激励型（有 = 1）	- 0.66（0.56）	- 1.97（0.59）	- 1.80（0.59）
约束型（有 = 1）	- 0.80（0.59）+	- 1.11（0.58）*	- 1.25（0.59）*
决策结构	0.34（0.26）+	0.20（0.24）	0.18（0.25）
信息结构	0.52（0.26）*	0.47（0.24）*	0.49（0.25）*
激励结构			
激励制度	- 0.19（0.70）	- 0.52（0.64）	- 0.45（0.64）
约束制度	- 1.11（0.69）+	- 0.25（0.63）	- 0.20（0.63）
制度实施机制			
对组织公开表扬		- 5.37（0.68）***	- 5.05（0.69）***
对组织经济奖励		- 0.43（0.27）+	- 0.30（0.27）
组织评优、评先		- 0.42（0.14）**	- 0.41（0.14）**
对领导晋升		- 1.41（0.43）***	- 1.53（0.43）***
领导评优、评先		- 0.54（0.11）***	- 0.49（0.11）***
对组织公开批评		- 0.30（0.63）	- 0.36（0.63）
对组织经济惩罚		- 0.50（0.58）	- 0.73（0.59）
取消组织评优、评先		- 0.58（0.17）***	- 0.56（0.17）***
对组织"一票否决"		- 0.09（0.09）	- 0.07（0.09）
领导撤职或调离		- 0.68（0.28）**	- 0.64（0.28）**
取消领导评优、评先		- 1.30（0.12）***	- 1.31（0.12）***
非正式制度结构			
人际关系结构			
与成员关系			- 0.11（0.03）***
与上级关系			- 0.05（0.31）
文化认知结构			
男孩偏好			0.50（0.26）*

续表

	模型 1	模型 2	模型 3
单向服从			0.24 (0.31)
组织忠诚			0.11 (0.27)
集体荣誉感			0.29 (0.34)
R-squared	0.1642	0.2598	0.4167
Adj R-squared	0.1534	0.2405	0.3920
p 值	***	***	***
样本量	790	790	790

注：***、**、*、+分别代表 $p < 0.001$、$p < 0.01$、$p < 0.05$、$p < 0.1$。

模型 2 在模型的基础上纳入了制度实施机制的影响。与模型 1 相比，模型 2 中的正式制度结构部分的变量对出生性别比水平影响的方向没有变化，但是部分变量影响的显著性发生变化。加入制度实施机制的影响后，部门结构对出生性别比水平的影响由一般显著的负向影响变为显著的负向影响，表明在一定的制度实施机制约束下，部门结构对出生性别比水平的下降会产生积极影响。相应的，职责结构的影响在加入制度实施机制后显著下降。从制度实施机制相关的变量看，无论是奖励机制还是惩罚机制都有部分变量对出生性别比下降产生积极影响。在奖励机制方面，对机构公开表扬、组织评优、领导晋升和领导评优会促进出生性别比水平的下降，而取消组织评优、领导撤职或调离以及取消领导评优则会显著促进出生性别比水平的下降。整体而言，制度实施机制的影响加入后，模型 2 的解释力较模型 1 提升了将近 0.2，说明制度实施机制对出生性别比水平的变化是存在较大的影响的。

模型 3 是纳入制度结构三个维度的变量后的全变量模型。与模型 2 相比，纳入非正式制度结构后，对正式制度结构和制度实施机制的影响并不大，无论在影响方向还是在影响显著性上均未发生变化。从非正式制度结构自身看，数据显示成员和上级人际关系都能够降低出生性别比水平，但是后者的影响并不显著。在文化认知结构方面，只有男孩偏好的认知会对出生性别比水平有低度的正向影响，其他变量的影响均不显著。整体上看，对于出生性别比水平的影响，正式制度结构的份额最大，其次是制度实施机制，非正式制度结构的份额最小。

五　出生性别比治理制度结构对男孩偏好的影响

前文实证分析了制度结构对出生性别比治理的宏观结果绩效即出生性别比水平的影响，本部分以出生性别比治理的微观绩效即男孩偏好作为因变量，实证分析制度结构对男孩偏好的影响。结果如表 5 - 10 所示。模型 1 是制度结构因素对男孩偏好的影响。数据显示，职位结构中的三个变量，职权结构、部门结构和职责结构与男孩偏好都具有显著相关性，职权结构与男孩偏好负相关，表明人口计生部门职权地位越高越有利于男孩偏好的弱化。部门结构与男孩偏好负相关，表明部门数量越多越有利于实现男孩偏好的弱化。职责结构与男孩偏好正相关，表明人口计生部门承担的职责越多，越不利于男孩偏好的下降，这与前面的发现一致，说明当前人口计生部门繁多的部门职责确实影响了出生性别比治理绩效的实现。此外，工具结构中无论是激励型工具还是约束型工具都与男孩偏好显著负相关，表明针对治理对象的激励和约束政策对于男孩偏好的弱化是有积极作用的。同时，激励结构中的激励制度也能够在一定程度上弱化男孩偏好。

表 5 - 10　出生性别比治理的制度结构对男孩偏好的影响

	模型 1	模型 2	模型 3
正式制度结构			
职位结构			
职权结构	- 0.17（0.05）***	- 0.17（0.05）***	- 0.13（0.05）**
部门结构	- 0.02（0.01）***	- 0.02（0.01）***	- 0.02（0.01）***
职责结构	0.13（0.03）***	0.11（0.03）***	0.10（0.03）***
工具结构			
激励型（有 = 1）	- 0.20（0.09）**	- 0.26（0.10）**	- 0.26（0.10）**
约束型（有 = 1）	- 0.22（0.09）**	- 0.20（0.10）*	- 0.14（0.10）+
决策结构	0.05（0.04）	0.06（0.04）+	0.08（0.04）+
信息结构	0.06（0.04）	0.04（0.04）	0.02（0.04）
激励结构			
激励制度	- 0.24（0.11）*	- 0.28（0.11）**	- 0.30（0.11）**
约束制度	0.17（0.11）	0.13（0.11）	0.09（0.11）

续表

	模型 1	模型 2	模型 3
制度实施机制			
对组织公开表扬		− 0.36（0.12）**	− 0.30（0.12）**
对组织经济奖励		0.05（0.05）	0.02（0.05）
组织评优、评先		− 0.04（0.02）+	− 0.04（0.02）+
对领导晋升		− 0.10（0.07）+	− 0.13（0.07）+
领导评优、评先		− 0.03（0.02）*	− 0.02（0.02）
对组织公开批评		0.21（0.11）*	0.22（0.11）*
对组织经济惩罚		0.19（0.10）+	0.19（0.10）*
取消组织评优、评先		0.01（0.03）	0.02（0.03）
对组织"一票否决"		0.00（0.02）	0.00（0.02）
领导撤职或调离		0.09（0.05）*	0.09（0.05）*
取消领导评优、评先		0.02（0.02）	0.02（0.02）
非正式制度结构			
人际关系结构			
与成员关系			0.01（0.01）
与上级关系			− 0.04（0.05）
文化认知结构			
男孩偏好			0.19（0.04）***
单向服从			− 0.10（0.05）+
组织忠诚			0.01（0.04）
集体荣誉感			0.02（0.06）
R-squared	0.0881	0.1287	0.1585
Adj R-squared	0.0775	0.1060	0.1298
p 值	***	***	***
样本量	790	790	790

注：*** 、 ** 、 * 、 + 分别代表 $p < 0.001$、$p < 0.01$、$p < 0.05$、$p < 0.1$。

　　模型 2 是在模型 1 的基础上纳入制度实施机制的回归结果。与模型 2 相比，加入制度实施机制影响后，约束型工具对男孩偏好的弱化显著降低，而决策结构和激励结构中的激励制度的影响显著增加，说明制度实施机制对正式制度结构的约束是客观存在的。就制度实施机制本身而言，从影响方向上看，所有激励机制都倾向于弱化男孩偏好，而所有的惩罚机制都倾向于强化男孩偏好。但是除对组织公开表扬因素外，其他变量的影响并不显著。模型3是制度结构影响男孩偏好的全变量模型，从与模型2的对比看，非正式制度结构的影响无论在作用的方向还是显著性上都不明显。就非正式制度本身看，除治理主体自身的男孩偏好意识与男孩偏好有较为显著的正相关性之外，其他变量的影响并不显著。从模型1至模型3的R值变化来看，正式制度结构对男孩偏好的影响份额依然是最大的。

第三节　本章小结

本章在第三章提出的分析框架的基础上，构建了出生性别比治理的制度结构对治理绩效的操作化分析框架，并结合相关数据验证了制度结构各维度要素对出生性别比治理的过程绩效和结果绩效的影响。通过本章的实证研究得出的具体结论如下。

第一，从分析结果看，制度结构要素对出生性别比治理的过程绩效和结果绩效都具有一定的解释度，但对于不同维度绩效的解释度存在差异。具体而言，制度结构要素对以出生性别比水平为指标的绩效维度解释度最高，达到0.42；其次是对工作满意度的解释度，为0.37；解释度居于第三位的是职务绩效，对男孩偏好的解释度约为0.15。整体而言，制度结构要素对过程绩效和宏观的结果绩效均有较为显著的影响，印证了本章的理论预设，即制度结构对出生性别比治理绩效有直接的影响。而同时，对男孩偏好维度绩效的解释度较低则与第四章形成对比，说明男孩偏好作为微观层次的变量较多地受到微观行动舞台内相关变量的影响。

第二，制度结构的三个维度，包括正式的制度结构、制度实施机制以及非正式制度结构对出生性别比治理的四个维度的绩效都有一定的影响，但是影响的程度有差异。分析结果发现，正式制度结构对职务绩效中的"两非"案例查处数量、工作满意度绩效和出生性别比水平的影响最为显著，而制度实施机制对职务绩效和出生性别比水平的影响都较为显著，但对工作满意度和男孩偏好的影响稍弱。非正式制度结构对工作满意度和出生性别比水平的影响最显著。

第三，正式制度结构对出生性别比治理绩效的影响。正式制度结构各要素对出生性别比治理各维度绩效都存在影响，尤其对"两非"案例查处、工作满意度和出生性别比水平的影响最为显著。正式制度结构要素的各变量中，部门职责、工具结构中的激励型工具、决策结构以及激励结构变量对"两非"案例查处影响最为显著，对奖励扶助落实率影响最为明显的是职位结构、工具结构和激励结构中的激励制度，职位结构、决策结构、信息结构和激励结构中的激励制度是影响工作满意度的重要变量，而就出生性别比水平而言，职位结构的影响最为显著。对于微观的男孩偏好影响最为显著的是职位结构变量和工具结构变量。整体来看，所有的正式制度结构维度要素都对过程绩效有不同程度的影响，而对结果绩效而言，职位结构所包含的职权结构、部门结构和职责结构仍是最为核心的影响要素。

第四，制度实施机制对出生性别比治理绩效的影响。从影响的绩效类型上看，制度实施机制对职务绩效和出生性别比水平的影响最为显著；从不同制度实施机制类型的影响差异来看，奖励性的制度实施机制较惩罚性的实施机制对于各类绩效的影响更为突出，但对于出生性别比水平的影响而言，两种制度实施机制具有同等重要的影响。同时，制度实施机制变量的加入，使得正式制度结构对出生性别比治理绩效的影响发生一定程度的变化，说明制度实施机制确实对正式制度结构的效用发挥起到一定的激发或限制作用。

第五，非正式制度结构对出生性别比治理绩效的影响。非正式制度结构对出生性别比治理各维度绩效均有一定程度的影响，但对工作满意度和男孩偏好的影响最为显著，而这两类绩效从制度绩效的"适意态"角度理解属于主观绩效，说明非正式制度结构中的价值观、规范和文化会对个体的主观评价产生影响。从人际关系结构来看，与上级的关系对过程绩效影响较为显著，而与同事的人际关系对出生性别比水平的影响最为显著。就文化认知结构而言，男孩偏好意识变量几乎对所有维度的绩效都有影响，单向服从意识对奖励扶助落实率、工作满意度和男孩偏好的影响最为明显。而组织忠诚意识和集体主义意识对工作满意度的影响最为明显。

总之，通过本章的实证分析，我们发现了治理中的制度结构对出生性别比治理绩效影响的发生机制，并且基于以上分析结论可以总结出的政策启示如下：制度结构视角包含了正式制度结构、制度实施机制和非正式制度结构三个维度，能够较为全面地剖析影响出生性别比治理绩效的结构性因素，因此也能够证明存在制度结构到绩效的影响路径。

第六章 宏观制度环境对出生性别比治理绩效的影响机制

根据第三章构建的制度分析框架，本书第四章和第五章分别从微观的个体行动舞台和中观的制度结构层面对出生性别比治理绩效的影响机制进行了实证研究。本部分将从宏观的制度环境层面借助实证数据深入探讨影响出生性别比治理绩效的制度环境要素。

第一节 研究设计

对制度环境的研究是制度分析学派的一个重要特点。新制度经济学认为制度环境确定了有关交易的基本行为准则，成为参与者进行制度安排的约束条件[250]，任何一项组织或治理行为都是嵌入一定的制度环境中并受到环境的约束和限制的，但长期以来，制度环境和制度实施两个层面却处于隔离状态。随着制度分析方法在中国的引进，关于制度环境的研究也开始出现于企业治理和政府公共部门治理的相关研究中，但是目前的研究以案例分析和一般的描述为主，较少结合相关的实证数据进行分析和检验，即使在一些实证研究中，环境要素也多被当作控制变量进行分析。此外，目前关于制度环境的研究以静态的制度环境为主，并未将动态的社会变迁也作为制度环境纳入分析框架中。对于出生性别比治理而言，现有的研究对环境的考察一直不是重点所在，多数研究将制度环境作为一些控制变量加以分析，深入研究不足。基于上述问题，本章内容以出生性别比治理的静态和动态制度环境为研究对象，分析它们对出生性别比治理绩效产生的影响，具体目标如下。

一是通过文献梳理，结合出生性别比问题界定出生性别比治理所面对的制度环境，包括静态的制度环境设置和动态的社会变迁。

二是构建制度环境对出生性别比治理绩效影响的分析框架。

三是结合陕西省宏观统计数据和政策文本数据对分析框架进行验证。

第二节　制度环境对出生性别比治理绩效影响的分析框架

本书第三章已经初步展示了制度环境影响出生性别比治理绩效的基本路径，对于出生性别比治理而言，作为一种典型的公共治理范畴，同样也面临着复杂而多变的制度环境。制度环境对出生性别比治理来说是不可忽视的重要变量。因此，这里主要在第三章出生性别比治理绩效影响机制的分析框架的基础上，结合出生性别比治理的理论和实践构建制度环境对出生性别比治理绩效影响的操作性分析框架，具体见图 6-1。

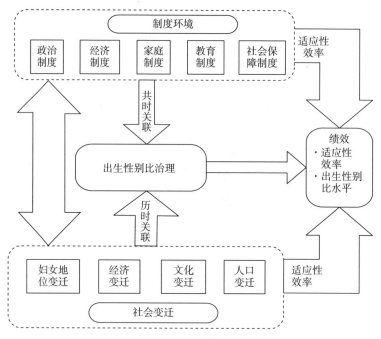

图 6-1　制度环境对出生性别比治理绩效影响的分析框架

第三章分析框架中制度环境划分为静态的制度环境和动态的社会变迁两种。具体到出生性别比治理，其所面临的制度环境同样有静态和动态之分。从普遍意义上来说，制度环境是无法穷尽的，因其包括各种各样的规则和变化。因此具体到出生性别比治理，从影响其治理绩效的主要制度环境入手，梳理和总结出了影响出生性别比治理的主要静态制度环境和动态的制度变迁要素。

静态制度环境方面，关于出生性别比治理相关制度环境的分类，《第二期中国妇女社会地位抽样调查主要数据报告》（以下简称《报告》）以及学者杨雪燕[63]的研究已经提供了一定的研究基础。《报告》将影响出生人口性别比治理的制度环境分为经济、教育、政治与社会参与、婚姻四类。杨雪燕在前者的基础上增加了社会保障制度和生育制度，从而形成了较为完备的制度环境体系。而婚姻和生育制度是家庭制度的核心，与财产制度共同构成家庭制度。因此，本书将出生性别比治理的基本制度环境划分为政治制度、经济制度、家庭制度、教育制度和社会保障制度。

动态的社会变迁方面，主要将妇女地位变迁、经济变迁、文化变迁和人口变迁作为影响出生性别比治理的动态制度环境。第一，妇女地位变迁与出生性别比。一方面，出生性别比失调是微观个体层面妇女地位低下的反映；另一方面，妇女是生育行为的载体，妇女地位决定着妇女在生育决策中权力的大小[220]，包括生育子女的数量和是否追求生育的性别。关于妇女地位与生育决策的研究很多，这些研究主要从妇女的社会地位[251]和家庭地位[249]两个维度分析其对生育决策的影响。第二，经济变迁对出生性别比存在影响。经济变迁包括经济水平变迁和经济结构变迁两个方面，前者主要指绝对的或相对绝对的经济增长，后者主要指有关经济增长的各种结构改变。关于经济因素对出生性别比的影响，现有的研究结论并不一致，有的研究发现经济水平的提高会促进出生性别比的下降，而有的研究认为经济水平上升人们会因为支付能力提升而更加容易借助技术性手段进行人为的性别鉴定和性别选择。还有学者发现经济发展是把双刃剑，一定程度的经济发展会促进出生性别比的下降，但是同时也可能会激化男孩偏好，从而推高出生性别比水平[238-239]。第三，文化变迁与出生性别比。出生性别比产生的内在动因是传统的男孩偏好文化，这种传统文化历史久远。男孩偏好是传统的家庭文化、婚嫁文化、养老文化、宗族文化等多种文化交织作用下的产物，有学者认为中国传统文化对出生性别比具有决定作用，李银河将文化的范围具体到"村落"，认为是村落文化的规范力量和压力作用影响与制约着农民的生育行为[87]。因此，文化因素是研究出生性别比的重要变量，男孩偏好的弱化在很大程度上依赖于文化的变迁。第四，人口变迁与出生性别比。人口变迁的范畴较广，宏观上包括人口总量的变迁、人口的流动、生育的变迁、年龄结构的变迁等，微观层次有家庭规模的变迁、家庭结构的变迁等，这些人口因素的变动都会对出生性别比产生影响。

总而言之，无论是静态的制度环境还是动态的社会变迁都对出生性别比的水平产生影响，对出生性别比治理而言，寻求与之相互协调的制度环境是实现有效治理的前提之一，也就是说制度环境与出生性别比治理之间的适应性效率对出生性别比治理的最终绩效产生影响。因此，本章接下来的两节将分别从静态制度环境和动态社会变迁入手分析影响出生性别比治理绩效的制度因素。

第三节　出生性别比治理绩效影响的静态制度环境分析

制度是研究出生性别比问题不可忽视的重要变量。性别失衡的直接动因是男尊女卑的传统文化制度，而根源则是社会制度对女性在家庭地位、经济能力、基本权益、生存条件、发展机会和社会评价等方面的弱势地位设定。从治理角度看，任何公共事务的治理都无法脱离制度而实现，制度是治理得以实现的载体。目前，已有学者从制度入手关注和研究出生性别比问题及其治理，李慧平[252]就指出观念并不是单独起作用的，它与物质环境、社会制度相互影响，是物质环境和社会制度塑造并不断影响着人们的性别观念。

出生性别比的治理是复杂的社会系统工程，只有人口、教育、社会保障、公民权利等相关制度的设计都充分体现性别平等理念，并在制度实施中最大化地实现性别平等，才能从根本上治理出生性别比问题。而国内外关于制度关联性的理论诠释和实证研究给出生性别比治理研究的一个重要启示即出生性别比治理与相关社会制度是否有关联性？如果存在关联性，那么关联属性为何？制度关联下出生性别比治理整体上面临怎样的制度环境？显然，从制度视角出发研究出生性别比治理是有益的探索，因此，本书力图从制度关联视角出发，系统分析当前性别失衡所面临的制度环境，探寻制度环境形成的原因和机制，目标是通过这一研究识别制度环境对出生性别比治理的作用，从制度入手探求性别失衡的根源以及治理低效的机制。

本部分引入微观的制度关联性视角，对出生性别比治理的制度环境进行具体的分析。根据制度关联性的一般分析框架，按照制度的层级性，划分出影响出生性别比治理制度环境中的基本制度。由于基本制度只有通过派生制度才能得到有效执行[26]，因此必须根据基本制度并结合出生性别比治理的相关研究划分出派生制度。关于派生制度，政治制度方面，《报告》和杨雪燕都选择了以妇女参政作为衡量指标，而这一指标集中体现在我国的宪法制度、选举制度和基层自治制度中，因此，本书将这三类制度作为政治制度的派生制度。此外，司法制度作为保障妇女政治权益的执行法不容忽视，同时，户籍制度从公民身份和自由权利的角度也可以视为一种政治制度。经济制度方面，在存在社会性别差异的背景下，就业水平在一定程度上反映了妇女的社会地位。产权制度，尤其是女性因婚嫁等流动时出现的土地产权的流失现象比较普遍。此外，随着人口和计划生育工作新机制的建设，以完善经济社会制度和发展政策来调节女儿户生活环境的利益导向政策成为治理的重要手段，而利益导向政策的推行必须依托特定的财政政策，因此这里将财税制度也视为经济制度的操作制度之一。多项研究均发现，社会保障制度缺位是影响出生性别比治理的主要社会因素。

确定影响出生性别比治理的基本制度和派生制度后，依据张旭昆[147]提出的制度相关性，判断和识别出生性别比治理与制度环境的三种关联属性，即耦合、独立和互斥。值得强调的是，由于性别失衡本质上是不平等的传统文化制度和社会制度引起的，因而性别失衡根本上是社会性别问题，鉴于此，分析出生性别比治理的制度环境时一个不可忽略的视角即社会性别。具体的操作化分析框架见图 6-2。

一　变量测量

根据前述分析框架和文献梳理确定本研究所指向的对象就是省级层面制定的构成出生性别比治理制度环境的制度性文件。根据研究对象，主要收集了政治、经济等五项基本制度中涉及男女平等、出生性别比治理等内容的相关规定。收集途径主要包括法律专网、官方网站以及相关文献，具体如下。第一，通过法律之星的地方法规查询网收集到 1986～2014 年的相

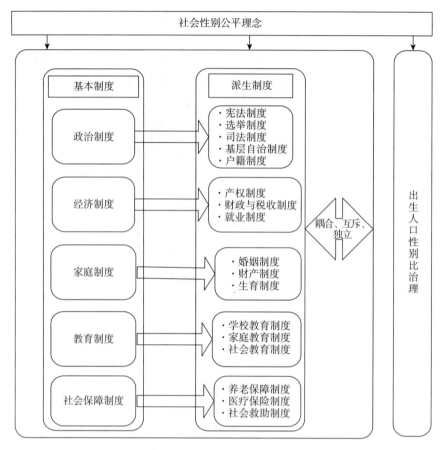

图 6 - 2   静态的制度环境对出生性别比治理绩效的影响

关制度文件。首先，将可能涉及目标制度的 36 个发布部门纳入搜索范围，按照部门在出生性别比治理中的职能设定搜索关键词，共检索到相关制度文件 112 项；其次，由于该网提供的检索分类中将与性别平等有关的制度统一归入"其他"分类项中，因此考虑到前次检索可能会遗漏部分相关的制度性文件，将文件分类设定为"其他"，发布部门不做改变进行了二次检索，共检索到 48 项制度文件。通过两次检索共获得目标制度文件 160 项。第二，为确保检索信息的完整性，又登录了 23 个部门的官方网站补充检索到相关制度文件 26 项。第三，通过文献阅读，再次补充整理出制度文件 39 项。具体的文件搜索情况见表 6 - 1。搜索过程发现，省级地方中的部分法律法规直接使用国家机构层面制定的法律，形式上由地方人大等机构进行转发，所以所收集的数据中也包含部分国家层面的法律法规。

表 6－1　数据收集一览

检索来源		检索部门	文件分类或关键词	目标文件数
法律之星地方法规网	一次检索	涉及陕西省人民代表大会、陕西省人大常委会等共计 36 个部门和机构	涉及金融保险、食品医药等 15 个关键词	112 项
	二次检索	同上	"其他"	48 项
官方网站		涉及陕西省政府网、卫计委等 23 个部门和机构	以部门职能设定关键词，如教育部则设定"教育平等""女性教育权利"等为关键词	26 项
文献		—	—	39 项
合计				225 项

二　研究方法

制度关联性分析的核心在于分析制度之间的关联属性。本书中，如果制度环境中的制度与出生性别比治理呈现耦合关联，说明现有制度环境有利于出生性别比治理的开展，而双方之间的独立关联则说明治理相关的制度在设计和实施中缺乏对出生性别比问题的考虑，或者是缺乏社会性别平等的理念和视角，而二者之间如果呈现互斥关联，就表明制度设计对出生性别比治理的作用是消极的，制度的实施会抵消或阻碍治理的绩效。因此，本书的研究方法以文本分析和简单的描述统计为主。首先，通过对政策文本和文献的梳理，总结出每项制度与出生性别比治理的关联属性，然后根据制度主体效力级别以及关联属性对变量进行编码。变量类目以及编码见表 6－2。

表 6－2　类目及编码说明

一级类目	二级类目	三级类目	变量编码
出生性别比治理与制度环境的关联性	政治制度、经济制度、教育制度等五类制度的具体制度	制定与实施主体效力级别	三分类数据，陕西省人大及其常委会为 3；陕西省政府为 2，省级各厅、各局为 1
		与出生性别比治理关联性	三分类数据，耦合为 1，互斥为 -1，独立为 0

三　结果分析

（一）一般统计描述

利用制度关联性对构成制度环境的各项制度进行分析，分别对制度制定主体的效力级别以及制度的关联属性进行赋权，从而形成出生性别比治理与制度环境之间关联属性的统计表（见表6-3）。数据显示，政治制度方面，基层自治制度与宪法制度与出生性别比治理之间的耦合性关联比重较大，比例分别为87.5%和100%。而选举制度和司法制度与出生性别比治理的关联以独立关联为主，但同时耦合关联也分别占到33%、33%。政治制度中互斥关联比重较大的为户籍制度，互斥关联比重达到75%。在经济制度方面，与出生性别比治理呈耦合性关联的主要是产权制度和就业制度。在产权制度中，与治理呈现耦合关联的制度占总数的60%，而就业制度与治理的耦合关联更是高达96%。但是经济制度中的财政与税收制度与出生性别比治理的互斥关联占比为54%，耦合与独立关联分别为23%、23%。家庭制度方面，婚姻和财产制度与出生性别比治理的耦合性关联比重较大，分别为83%和100%。而在生育制度方面，现有的8项相关生育制度，其中5项是与出生性别比治理互斥的。教育制度中，社会教育制度与出生性别比治理的耦合关联比重较大，达到88%；另外两项制度，学校教育和家庭教育制度与出生性别比治理的关联均以独立关联为主，独立关联比重均在50%以上。社会保障制度方面，社会养老保障与社会医疗保险制度与治理的关联以互斥关联为主，互斥比重分别为70%和57%，除此之外，独立关联分别占到23%和16%。而25项社会救助制度中，与出生性别比治理呈独立关联的制度比重达到68%，另外还有28%的制度与治理呈互斥关系。

表6-3　出生性别比治理与制度环境关联属性统计

政治制度	基层自治制度（8项）	3	4项	3项（75%）	87.5%	1项（25%）	12.5%	0项（0）	0
		2	2项	2项（100%）		0项（0）		0项（0）	
		1	2项	2项（100%）		0项（0）		0项（0）	
	宪法制度（8项）	3	5项	5项（100%）	100%	0项（0）	0	0项（0）	0
		2	3项	3项（100%）		0项（0）		0项（0）	
		1	0项	0项（0）		0项（0）		0项（0）	

续表

大类	小类								
政治制度	选举制度（6项）	3	6项	2项（33%）	33%	4项（67%）	67%	0项（0）	0
		2	0项	0项（0）		0项（0）		0项（0）	
		1	0项	0项（0）		0项（0）		0项（0）	
	司法制度（6项）	3	1项	0项（0）	33%	1项（100%）	67%	0项（0）	0
		2	1项	0项（0）		1项（100%）		0项（0）	
		1	4项	2项（50%）		2项（50%）		0项（0）	
	户籍制度（6项）	3	1项	0项（0）	25%	0项（0）	0	1项（100%）	75%
		2	1项	1项（100%）		0项（0）		0项（0）	
		1	4项	0项（0）		0项（0）		4项（100%）	
经济制度	产权制度（20项）	3	6项	3项（50%）	60%	0项（0）	25%	3项（50%）	15%
		2	8项	5项（63%）		3项（27%）		0项（0）	
		1	6项	4项（67%）		2项（33%）		0项（0）	
	财政与税收制度（16项）	3	0项	0项（0）	23%	0项（0）	23%	0项（0）	54%
		2	4项	1项（25%）		0项（0）		3项（75%）	
		1	12项	2项（17%）		4项（33%）		6项（50%）	
	就业制度（30项）	3	4项	2项（50%）	96%	0项（0）	0	2项（50%）	4%
		2	9项	9项（100%）		0项（0）		0项（0）	
		1	17项	17项（100%）		0项（0）		0项（0）	
家庭制度	婚姻制度（6项）	3	3项	3项（100%）	83%	0项（0）	17%	0项（0）	0
		2	1项	0项（0）		1项（100%）		0项（0）	
		1	2项	2项（100%）		0项（0）		0项（0）	
	财产制度（6项）	3	3项	3项（100%）	100%	0项（0）	0	0项（0）	0
		2	0项	0项（0）		0项（0）		0项（0）	
		1	3项	3项（100%）		0项（0）		0项（0）	
	生育制度（8项）	3	5项	0项（0）	0	0项（0）	37.5%	5项（100%）	62.5%
		2	3项	0项（0）		3项（100%）		0项（0）	
		1	0项	0项（0）		0项（0）		0项（0）	
教育制度	学校教育制度（11项）	3	1项	1项（100%）	36%	0项（0）	55%	0项（0）	9%
		2	3项	1项（33%）		1项（33%）		1项（33%）	
		1	7项	2项（29%）		5项（71%）		0项（0）	
	家庭教育制度（8项）	3	0项	0项（0）	37.5%	0项（0）	62.5%	0项（0）	0
		2	0项	0项（0）		0项（0）		0项（0）	
		1	8项	3项（37.5%）		5项（62.5%）		0项（0）	

续表

		效力级别	项数	耦合		独立		互斥	
教育制度	社会教育制度（9项）	3	2项	2项（100%）	88%	0项（0）	12%	0项（0）	0
		2	1项	1项（100%）		0项（0）		0项（0）	
		1	6项	5项（83%）		1项（17%）		0项（0）	
社会保障制度	养老保障制度（26项）	3	1项	0项（0%）	7%	1项（100%）	23%	0项（0）	70%
		2	13项	1项（7%）		2项（15%）		10项（78%）	
		1	12项	1项（8%）		3项（25%）		8项（67%）	
	医疗保险制度（36项）	3	0项	0项（0）	27%	0项（0）	16%	0项（0）	57%
		2	8项	2项（25%）		1项（12.5%）		5项（62.5%）	
		1	28项	8项（29%）		5项（17%）		15项（54%）	
	社会救助制度（25项）	3	0项	0项（0）	4%	0项（0）	68%	0项（0）	28%
		2	10项	1项（10%）		6项（60%）		3项（30%）	
		1	15项	0项（0%）		11项（73%）		4项（27%）	

注：制度效力级别中，3表示由陕西省人大及其常委会制定的制度法规，2表示由陕西省政府及政府办公室制定的制度规章，1表示由陕西省各厅、各局制定的法规和文件；关联属性中，将耦合关系赋值为1，独立关系赋值为0，互斥关系赋值为–1。

为了清楚阐释制度关联属性的分析逻辑以及每一种关联属性所揭示的制度含义，这里以社会养老保障制度为例进行详细的分析。当前的社会养老保障制度与出生性别比治理到底呈现何种关联，关联属性在各个效力级别中如何分布？通过分析表6-3中的数据可以得到答案。表6-3显示，26项社会养老保障制度中，从横向的制度关联属性看，与出生性别比治理呈现耦合、独立和互斥关联的制度比例分别为7%、23%和70%，表明当前的养老保障制度与出生性别比治理的关联以互斥为主，养老制度对出生性别比治理的作用是消极的。从纵向关联属性分布的制度效力级别看，最高制度效力级别，即由陕西省人大及其常委会印发的与社会养老保障相关的法律仅有一条，即《中华人民共和国社会保险法》，而该法并未提及人口和计划生育家庭的社会养老问题，更没有对女孩户或双女户家庭的社会养老保障制度做出特别的规定。而第二效力级别的12项制度规定中有8项均与出生性别比治理的理念和目标互斥，主要表现在制度规定体现出明显的城乡二元结构性，在制度建设、保障模式等方面均表现为明显的"重城镇，轻农村"的设计缺陷。第三效力级别的养老制度也与出生性别比治理整体上呈现互斥关联。总体而言，最高效力级别的养老保障制度并未将人口和计划生育家庭的特殊需求和利益加以体现，而第二、第三效力级别的社会养老保障制度设计甚至与出生性别比治理的需求相抵触，对治理不仅起不到促进作用反而会阻碍治理目标的实现。

（二）出生性别比治理与制度环境关联矩阵

上述数据统计和文本分析系统展示了各项社会制度与性别失衡治理的关联属性。表6-4给出了出生性别比治理与制度环境关联的具体内容，目的是分析各项制度具有的关联属性的强度。通过对表中数据的整体统计笔者发现，在制度环境所涉及的17项具体制度中，与出生性别比治理制度耦合性关联比例达到50%以上的制度有7项，而比例达到50%以上的独立和互斥关联均为5项，表6-4展示了各项制度呈现的主要关联属性。下面将对三类较强关联属性的形成机制做具体分析。

表6-4　出生性别比治理与制度环境关联属性

	基础制度	派生制度	出生性别比治理
制度环境	政治制度	基层自治制度	◎
		宪法制度	◎
		选举制度	○
		司法制度	○
		户籍制度	△
	经济制度	产权制度	◎
		财政与税收制度	△
		就业制度	◎
	家庭制度	婚姻制度	◎
		财产制度	◎
		生育制度	△
	教育制度	学校教育制度	○
		家庭教育制度	○
		社会教育制度	◎
	社会保障制度	养老保障制度	△
		医疗保险制度	△
		社会救助制度	○

注：某一关联属性比例占三种属性50%以上则定义为具有较强的某种关联，◎用来表示较强的耦合关联，○用来表示较强的独立关联，△用来表示较强的互斥关联。

1. 具有较强耦合关联的制度及其形成

首先，政治制度中的基层自治制度与宪法制度。现有的 8 项基层自治制度中 7 项制度对女性参与自治的数量和比例做出了规定。而宪法作为根本大法，不仅从经济、政治、社会等方面突出规定了妇女的平等地位，还同时制定和实施了一系列较为具体的法律和法规，如全国人民代表大会制定了专门的《中华人民共和国妇女权益保护法》，还在《中华人民共和国未成年人保护法》中特别规定对女性未成年人权益的保护。除此之外，国务院关于妇女和儿童的发展纲要中进一步强调妇女平等的健康权、教育权、就业权和决策参与权。

其次，经济制度中的产权制度与就业制度。产权制度与出生性别比治理之间的关联主要体现于土地自由流转的相关规定中，产权制度的 20 项制度中，9 项涉及了土地自由流转的内容，《陕西省人民政府关于促进农村土地承包经营权流转的指导意见》鼓励多样化的土地流转方式，而土地流转的实现可能从推进城镇化和人地分离方面弱化对承载劳动力的男性的依赖，使得男孩效益弱化。就业制度方面，30 项就业制度中 28 项分别涉及了女职工权益保护、农村妇女就业与创业支持等内容，体现了对女性的制度关怀，对促进女性就业是有益的，而就业水平在一定程度上反映了妇女的社会地位，社会就业水平通过影响社会劳动生产率而影响妇女婚姻水平和生育水平以及生育意愿而间接影响出生人口性别比[34]。

再次，家庭制度中的婚姻制度和财产制度。《婚姻法》中明确提出实行男女平等的婚姻制度，并特别规定"女方在怀孕期间、分娩后一年内或中止妊娠后六个月内，男方不得提出离婚"。除了对合法婚姻中的女性进行保护外，相关法律还规定处理事实婚姻相关案件时要以保护妇女权益为基本原则酌情判决，并进一步强调事实婚姻案件中涉及分割财产时，应照顾妇女的利益。财产制度方面也体现了对女性的保护，除了强调财产继承男女平等外，最高人民法院部门法进一步规定在处理夫妻财产的案件中要以保护妇女、儿童权益为原则。

最后，教育制度中的社会教育制度。社会教育制度更多体现了社会性别视角，分别从妇女职业教育、妇女扫盲等方面进行了相关制度设计，而且制度对象主要面向农村地区妇女，而这部分人群是有性别偏好观念的多数群体，因此，面向这部分女性的培训和教育，可以提高农村妇女的综合技能和社会地位，从而通过这部分女性的示范作用改变农村社区群众对妇女传统地位的刻板印象。2003 年《陕西省人民政府关于修改陕西省实施〈扫除文盲工作条例〉办法的决定》中将农村地区妇女列为主要的扫盲对象之一，这一决定对于改善农村妇女的文化观念和经济地位具有推动作用，对于其传统观念的改变也有积极意义。

2. 具有较强独立关联的制度及其形成

首先，政治制度中的选举制度和司法制度。选举制度中的有关条文虽然规定了选举代表中的女性代表问题，但是所有条款都缺乏操作性的规定，制度实质上存在消极性别歧视，无法根本保证女性参与政治。因为无论是基层组织法还是选举法所指出的"适当比例"均未在人数指标和实施机制上进行明确，在男尊女卑的社会环境下，这种模糊规定基本上不可能保障女性在代表成员中占有一席之地。司法制度中法律援助制度与出生性别比治理的关联较强，主要体现在妇女法律援助方面。然而，国家最近颁布的法律援助条例并未将妇女法律援助写入，只有最高人民法院的两项部门法规中提及要加大对侵犯妇女儿童合法权益犯罪的打击惩处力度，陕西省目前尚没有就法律援助制度做出相关规定。而由于数千年"夫权至上"封建思想的侵蚀，妇女在诉求法律保护时处于消极状态，同时由于对家庭矛盾引发的法律诉讼往往注重调节而弱化法律责任追究，对侵害者不会造成震慑，因此，法律援助尚未成为妇女权益保护的有效手段。

其次，独立性关联较强的还有教育制度中的学校教育制度和家庭教育制度。教育制度与出生性别比治理的关联性主要体现在通过教育公平保障男女在教育机会和教育资源上享有平等的权利，以此提升女性地位，实现社会性别平等，然而，目前的教育制度总体上缺乏性别平等的内容。除《教育法》外，学校教育中 70% 的制度并未纳入性别平等内容，在普及义务教育总体规划下社会性别平等理念的缺失将导致普惠政策对人口和计划生育优惠政策的抵消。"两免一补"政策就是普惠性政策削弱人口和计划生育利益导向政策的典型案例。而家庭教育方面，现有相关制度均未涉及社会性别平等的内容，家庭层面对性别平等的教育是完全缺乏的。

最后，社会保障制度中的社会救助制度。作为一张铺设在最低生活保障标准之上的"安全网"，社会救助制度是养老保障制度、医疗保险制度、教育保障制度等制度的底线，而现有社会救助制度设计尚未纳入社会性别视角。《陕西省人民政府关于加快城乡社会救助体系建设的意见》中将社会救助的对象限制为灾民、流浪人员等群体，还没有将弱势妇女或女孩户家庭列入救助范畴，而且当前，社会救助申请以户籍、收入和财产为主要条件，按照这一标准，多生超生致贫的家庭以及其他违反人口和计划生育政策的家庭均可申请社会救助，这种社会保障制度的普适性极易引发超生和性别选择等违法行为。

3. 具有较强互斥关联的制度及其形成

第一，政治制度中的户籍制度。户籍制度是中国特色的社会管理制度，而从人的自由权利视角理解，户籍制度同时也是中国特定社会变革下的政治制度。而如果将城镇化和社会保障制度作为影响出生性别比治理的变量的话，户籍制度作为阻滞城镇化进程和社会公共服务均等化的重要因素对出生性别比治理的影响是负面的。大量研究证明户籍制度对出生性别比治理的负面影响主要体现为户籍制度的二元结构属性导致医疗、养老和教育等社会资源配置水平上的城乡差异。尽管政府已经将户籍制度改革提上议程，并进一步强调要通过户籍改革缩小城乡社会保障水平差异，保障农民土地权益，但是作为一项影响半个世纪之久的行政制度，改革尚需时日，二元结构下城乡差异的消弭也必然是漫长的。

第二，经济制度中的财政与税收制度。财政与税收制度同出生性别比治理互斥主要体现在两个方面。一方面是财政分割体制尤其是县级以下的财政分割制度对性别失衡治理产生消极影响。《陕西省财政厅关于进一步推进乡财县管工作的通知》中将乡镇一级的财政权上收至县级，这一举措的初衷虽然是规范乡镇财政收支，但是在削减乡镇一级的财政权力的同时，并未相应减轻它们的管理职责，现实中恰恰是乡镇这个几乎没有财政权力的政府层级承担着出生性别比问题的大部分治理工作。另一方面在"财权上移和事权下移"的财政治理格局下，乡镇运转经费捉襟见肘，对于人口和计划生育、教育等公益性的支出相应减少，而当前的出生性别比治理又主要通过优惠性社会政策的柔性调节来弱化人们的男孩偏好，政策的执行主要依赖充足、灵活的财政资源。虽然财政部为女孩户计划生育家庭制定了奖励扶助制度的动态调整机制，除专门针对女孩及其家庭的利益导向政策外，国家面向人口和计划生育工作的奖励扶助制度是缺乏性别平等视角的。例如，财政部颁布的《计划生育家庭特别扶助专项资金管理暂行办法》规定：特别扶助对象是城镇和农村独生子女死亡或伤、病残后未再生育等特殊家庭。这样，生活处于贫困的女孩户家庭被排除于奖励和扶助之外，对于此类家庭而言是不公平的。陕西省的相关制度则体现了性别意识，如《陕西省农村部分计划生育家庭奖励扶助对象确认条件的政策性解释》将双女户也纳入奖励扶助范畴。

第三，家庭制度中的生育制度。生育制度作为出生性别比治理制度的源生制度，对出生人口性别比治理的影响最为直接，也最为显著。现行生育政策的政策挤压和政策诱导间接加剧了性别失衡。政策挤压主要是严格的人口数量限制与传统的性别偏好相互作用，导致人们在孩子数量诉求得不到满足的生育政策环境下退而求其次形成"以质量代替数量"的生育选择战略[120]。而政策诱导则主要是各地生育政策的差异，尤其是一些地区实行的"一孩半"的生育政策，实际上直接暗示了生育男孩的政策张力，导致了性别比进一步失衡。研究发现实施"一孩半"政策的地区性别失衡最严重，而实行比较宽松的生育政策的地区出生性别比比较接近正常值。

第四，社会保障制度中的社会养老保障与社会医疗保险制度。城乡养老保障制度与医疗保险制度均体现出明显的二元结构，存在"重城镇，轻农村"的设计缺陷。首先，农村养老保障制度基础薄弱。早在1984年，中国各地就开始进行城镇养老保险制度改革。而农村，1991年才开始在部分地区进行养老保障制度的试点，而且面向有支付能力的农村居民。其次，从保障模式上看，农村养老和医疗保障均缺乏长效机制。城镇养老保障和医疗保险资金来源由单位、个人和政府共同保障，而农村无论是养老还是医疗资金来源均以个人缴费为主。2009年陕西省人民政府《关于开展新型农村社会养老保险试点的实施意见》提出要探索建立个人缴费、集体补助、政府补贴相结合的新农保制度，但是目前广大农村地区参保者仍是以个人缴费为主。再次，农村参保人数少。截至2009年底，全省253万人参加农村社会保险，仅占全省农村人口的12%，而目前已享受到保障金的农村人口只占全省农村人口的2.37%[253]。社会保障制度的城乡差异必然会强化农村居民对家庭养老和医疗支付的依赖，从而在一定程度上使得这种差异成为强化男孩偏好的推手。

第四节　社会制度变迁下的出生性别比治理绩效分析

正如本章第三节内容所述，出生性别比治理绩效的实现对现有的制度设计有一定的要求，只有人口、教育、社会保障、公民权利等相关制度的设计都充分体现性别平等理念，并在制度实施中最大化地实现性别平等，才能从根本上治理出生性别比问题。这是从相对静态的制度环境视角分析其与出生性别比治理的关系的。制度主义学者诺斯认为除静态的制度环境外，动态的社会变迁也会对特定的治理问题产生影响。因此，本部分内容将从制度变迁视角去分析和识别对出生性别比治理绩效产生影响的宏观变量。

学者对于出生性别比问题的分析，长期以来局限于理性人假说和文化决定论的基本定式中，但随着社会变迁的复杂化和快速化，传统的论断已经不能够合理解释出生性别比的变化以及变化的原因机制。现在更多的研究认为，不断变化的环境因素相互叠加，使其呈现"发生、发展和消亡"的动态演变过程[254-255]。因此，越来越多的学者将对性别失衡原因以及变化机制的探究视角转向社会变迁。刘娟[256]认为社会变迁中存在的对原有的生育理性进行解构的因素从社会关系、家庭关系等方面瓦解了男孩偏好存在的社会基础。而邓艳[257]则以社会经济的变迁为视角，探讨由社会经济变迁引发的养老方式转变、子女养育成本、女性受教育程度提高、婴儿死亡率偏低、现代文化思想的冲击以及核心家庭结构的主流化、城市化进程对传统性别偏好的冲击。齐晓安从世界范围内的社会文化变迁出发，探讨了社会变迁对婚姻家庭的影响及趋势，发现亚洲国家经历了二战后的现代化和产业化后，以往农业社会中的血亲主位、父子轴心、男性专权的传统家庭，开始向工业社会的婚姻主位、夫妻轴心、两性平等的现代家庭转变[258]。而陈友华等在考察了导致中国出生性别比失衡的各种因素在社会变迁的时代背景下是否仍然起作用及作用的方向后，认为改革开放以来中国经济的快速增长与社会的急剧变迁，已经逐渐积累起促使出生性别比高位回落的社会经济基础[259]。

　　上述研究从各自视角论证了社会变迁要素对出性别比或男孩偏好所产生的影响，关注了长期为学者们所忽视的社会环境的动态变化因素。尽管如此，究竟有哪些社会变迁维度影响出生性别比？各个维度又包括哪些具体的变量尚需深入探讨。现有文献主要将社会变迁划分为经济变迁、文化变迁、人口变迁以及观念变迁等。关于社会变迁有多种测量变量，这些变量中既有单一测量指标，又有比较综合的指标。因此，本书尽量在考虑数据可得性的基础上选用综合的指标，以保证变量的测量水平。经济变迁方面，对经济水平的测量维度很多，比较典型的有第三产业从业人员比重、人均国民收入、国内生产总值、基尼系数、消费者物价指数等。前面已经提到，目前关于经济增长对男孩偏好的影响并不确定，正向、负向和双向影响的观点并存，本部分并未选择经济增长的变量，如人均国民收入、国内生产总值、基尼系数等，而是选择了第三产业从业人员比重和非农人口比重两个指标，因为以上两个指标较为综合地衡量了一个社会的经济结构，而结构的改变是经济变迁的根本动力。全球化背景下，以经济增长为目标的短期发展模式已经逐渐被经济可持续发展所取代，而经济结构的调整和变化对可持续发展具有根本决定作用。在文化变迁方面，对于传统文化的测量没有直接的指标，一般采用家庭户均规模、三代户以上比例来间接测量传统文化的改变，也有学者利用文化消费的比例来衡量人们对新型文化的接纳程度。同时，城镇化水平在一定程度上也能够反映传统文化的变化，因为城镇化的推进不仅意味着人们生活方式、就业方式的转变，也是城镇化进程中农村人口逐渐改变乡土环境下的传统观念和意识，逐渐接受城市中的现代文化的过程。一般来说，城镇化水平越高，男孩偏好越低，出生性别比水平也越低[260]。人口变迁主要包括人口结构、数量、质量和分布等的变迁，这里主要采用人口老龄化比例和总和生育率来测量人口变迁。除此之外，很多文献将妇女地位变迁作为一个与经济变迁、文化变迁等维度同等重要的变量纳入模型进行分析，原因在于妇女地位是一个多层次、多角度的综合概念[261]。在现有研究中，对于妇女地位的分析主要包括社会地位和家庭地位两个维度，社会地位方面，现有研究主要从妇女的受教育程度、妇女职业层次、妇女政治地位等方面进行分析；另一个视角主要从妇女的生育决策角度去衡量妇女的家庭地位。除以上指标外，已经有大量研究发现妇女地位提高和经济地位的提高与妇女离婚率呈 U 形关系，粗离婚率可能更能够体现妇女从家庭本位向个体本位的转变[262]，因此，妇女离婚率也可以视为衡量女性地位的一个指标，而且这个指标的优势在于能够同时衡量妇女的社会和家庭地位。原因在于：一方面，妇女离婚很可能与其具有一定的独立经济能力和生存能力有关，而这种经济能力和生存能力是社会地位的表现之一；另一方面，离婚能够反映女性脱离家庭束缚的自主决策能力，因此，是一项能够同时衡量妇女社会地位和家庭地位的综合指标。

一　变量测量

本部分实证分析的因变量为 1982 ~ 2013 年陕西省的出生性别比治理绩效，主要用陕西省 32 年间的出生性别比水平来测量。自变量方面，主要收集了 1982 ~ 2013 年陕西省妇女地位变迁、经济变迁、传统文化变迁以及人口变迁的相关变量。根据前述选取的主要因变量和自变量，首先建立了以出生性别比治理水平为因变量，以粗离婚率、第三产业从业人员比例、非农人口比例、家庭户均规模、城镇化率、人口老龄化比例和总和生育率为自变量的理想多元回归模型。

$$srb_t = \beta0 + \beta1 clhl_t + \beta2 dsccyrybz_t + \beta3 fnrkbz_t + \beta4 jthjrk_t + \beta5 czhl_t + \beta6 llh_t + \beta7 tfr_t + \varepsilon$$

$$(6-1)$$

式（6-1）中，srb 表示各个年份的出生性别比水平，$clhl$ 为各年粗离婚率，$dsccyrybz$ 为各年第三产业从业人员比重，$fnrkbz$ 为各年非农人口比重，$jthjrk$ 为各年家庭户均规模，$czhl$ 为各年城镇化率，llh 为各年老龄化比重，tfr 为各年总和生育率。$\beta0$、$\beta1$、$\beta2$、$\beta3$、$\beta4$、$\beta5$、$\beta6$ 和 $\beta7$ 为待估系数，ε 为随机误差，t 为年份。为了消除所采用的变量中可能存在的异方差，对所有变量均取自然对数，得到新的方程如下：

$$\ln srb_t = \beta0 + \beta1 \ln clhl_t + \beta2 \ln dsccyrybz_t + \beta3 \ln fnrkbz_t + \beta4 \ln jthjrk_t + \beta5 \ln czhl_t + \beta6 \ln llh_t + \beta7 \ln tfr_t + \varepsilon$$

$$(6-2)$$

主要变量及其描述性统计见表 6-5。

表 6 – 5 主要变量及其描述性统计

主要变量	变量测量	均值	标准差
因变量			
出生性别比治理绩效	1982～2013 年出生性别比水平	115.700	4.095
自变量			
妇女地位变迁	粗离婚率	1.114（‰）	0.584
经济变迁	第三产业从业人员比例	25.428（%）	7.098
	非农人口比例	34.993（%）	10.158
文化变迁	家庭户均规模	3.646	0.441
	城镇化率	34.465（%）	10.105
人口变迁	人口老龄化比例	6.745（%）	1.271
	总和生育率	1.693（‰）	0.505

二 研究方法

本部分内容数据主要来自陕西省统计年鉴、社会经济统计公报和相关文献。主要考察 1982～2013 年陕西省的社会制度变迁对出生性别比治理绩效的动态影响，样本量为 32 个。基于比较小的样本量和对出生性别比治理绩效的动态影响因素的分析目的，在统计方法上选择了宏观经济计量方法。按照计量分析方法建模与分析的基本路径，基本上通过以下几个步骤进行分析：首先，通过最小二乘法建立了多元回归模型；其次，针对时间序列数据，为避免伪回归，对使用的主要变量做单位根检验；再次，通过建立协整检验模型对变量之间长期均衡的线性关系进行检验，由此确定变量之间是否具有协整关系；最后，在协整检验基础上，如果确定变量间有协整关系则进一步通过误差修正模型描述变量之间的短期均衡关系。主要使用的软件是 Eviews7.2，同时辅助使用了 Stata 软件。

三 结果分析

（一）一般统计描述

表 6 – 5 所展示的主要变量的描述性统计给出了因变量和主要自变量的统计结果。统计显示，1982～2013 年，陕西省的出生性别比均值为 115.7，自变量中粗离婚率为 1‰，略低于全国平均水平。第三产业从业人员比例平

均为 25.43%，非农人口比重约为 35%，家庭户均人口为 3.65，城镇化率达到 34.47%，略低于全国 42.3% 的城镇化水平。人口老龄化比例为 6.75%，总和生育率为 1.69‰。

（二）社会变迁因素对出生性别比治理绩效的影响

1. 平稳性检验

由于时间序列的不平稳性，如果直接利用现有数据建立多元线性模型会出现伪回归现象，导致结果失去实际意义。为防止伪回归，首先对采用的所有因变量和自变量做平稳性检验，对数据进行平稳性检验的方法通常有 DF 检验、ADF 检验和 PP 检验，这里采用 ADF 检验，检验结果如表 6-6 所示。

表 6-6　时间序列模型平稳性检验结果

变量	ADF 值	检验类型（C，T，K）	1% 临界值	5% 临界值	10% 临界值	检验结果
lnsrb	0.928	(0, 0, 0)	-2.642	-1.952	-1.610	不平稳
lnclhl	-2.236**	(0, 0, 0)	-2.642	-1.952	1.610	平稳
lndsccyrybz	-2.236**	(0, 0, 1)	-2.642	-1.952	-1.610	平稳
lnfnrkbz	-4.886**	(0, 0, 0)	-4.356	-3.595	-3.233	平稳
lnjthjrk	-3.616***	(0, 0, 0)	-2.642	-1.952	-1.610	平稳
lnczhl	-1.362	(0, 0, 1)	-4.285	-3.563	-3.215	不平稳
lnllh	-4.054**	(0, 0, 0)	-4.310	-3.574	-3.222	平稳
lntfr	-2.068	(0, 0, 0)	-2.644	-1.952	-1.610	平稳
△lnsrb	-1.917**	(0, 0, 0)	-2.657	-1.954	-1.609	平稳
△lnclhl	-8.013***	(0, 0, 0)	-2.644	-1.952	-1.610	平稳
△lndsccyrybz	-2.904**	(0, 0, 0)	-3.689	-2.972	-2.625	平稳
△lnfnrkbz	-3.215**	(0, 0, 0)	-3.670	-2.964	-2.621	平稳
△lnjthjrk	-4.598***	(0, 0, 0)	-2.644	-1.952	-1.610	平稳
△lnczhl	-2.399***	(0, 0, 0)	-2.644	-1.952	-1.610	平稳
△lnllh	-5.199***	(0, 0, 0)	-3.670	-2.976	-2.627	平稳
△lntfr	-6.370***	(0, 0, 0)	-2.644	-1.952	-1.610	平稳

注：检验类型分别代表常数项、时间趋势、滞后阶数，其中滞后阶数根据 SIC 原则确定；变量前的 △ 表示一阶差分形式，***、** 分别代表在 1%、5% 水平上显著。

根据上述平稳性检验，可以发现所有变量在 5% 的显著性水平上经过一

阶差分是平稳的，也就说明所有变量都是一阶平稳序列，因此可以根据以
上检验和理想回归模型建立回归模型。

2. 基于最小二乘法的多元线性回归模型

结合上述的平稳性检验，对于建立的一般线性方程，采用普通的最小
二乘法，运用 Eviews7.2 对回归方程中的参数进行估计，变量筛选时选择将
全部变量都引入模型，输出结果见表 6-7。

表 6-7 多元线性模型输出结果

	回归系数	标准差	T 检验
常数项	5.247 ***	0.398	13.174
clhl	-0.004	0.017	-0.224
dsccyrybz	-0.236 ***	0.062	3.827
fnrkbz	-0.354 **	0.136	-2.595
jthjrk	0.335 *	0.147	-2.274
czhl	-0.041	0.082	-0.505
llh	0.283	0.214	1.319
tfr	0.068 *	0.034	2.007
R^2	0.884		
Adjust $-R^2$	0.850		
F 统计	26.037		
p 值	***		
样本量	32		

注：***、**、*分别代表在1%、5%、10%水平上显著。

将上述相关系数代入方程（6-2）得到实际的多元回归模型：

$\ln srb = 5.247 - 0.004\ln clhl - 0.236\ln dsccyrybz - 0.354\ln fnrkbz + 0.335\ln jthjrk - 0.041\ln czhl + 0.283\ln llh + 0.068\ln tfr + \varepsilon t$ (6-3)

S. E. = [0.98] [0.017] [0.062] [0.136] [0.147] [0.082] [0.215]
[0.034]

其中，$R^2 = 0.884$，Adjusted R-squared = 0.850，说明模型总体的拟合情况较
好。D. W. = 1.895，证明模型的拟合度较高，但是变量粗离婚率、城镇化
率和老龄化未通过检验。

在计量分析中，非平稳的时间的线性组合可能是平稳序列，组合后平

稳的序列称为协整方程，并且这些平稳的经济变量间具有长期稳定的均衡关系[263]。上一部分平稳性检验只是确定变量间是不是单阶同整的，即是否存在长期均衡的线性组合，而要确定线性这种长期的均衡是否存在，还要做协整检验。

3. 协整检验

协整检验主要包括两个部分，一部分是针对回归方程的系数做协整检验，另一部分还要对回归模型的残差做 ADF 检验。考虑到上述模型是一个多变量模型，因此针对回归方程系数的协整检验主要应用的是 JJ 检验。应用 Eviews 软件得出的 JJ 检验结果见表 6-8。

表 6-8　JJ 协整检验结果

特征根迹检验结果				
协整关系数假定	Ⅱ矩阵特征值	迹检验统计量	5% 水平下的临界值	p 值
None *	0.948	227.261	125.615	0.000
At most 1 *	0.860	138.763	95.754	0.000
At most 2 *	0.607	79.808	69.819	0.006
At most 3 *	0.527	51.807	47.856	0.020
At most 4	0.460	29.351	29.797	0.056
At most 5	0.251	10.839	15.495	0.221
At most 6	0.069	2.155	3.841	0.142
最大特征值检验结果				
协整关系数假定	Ⅱ矩阵特征值	最大特征值统计量	5% 水平下的临界值	p 值
None *	0.948	88.498	46.231	0.000
At most 1 *	0.860	58.955	40.078	0.000
At most 2	0.607	28.001	33.877	0.214
At most 3	0.527	22.456	27.584	0.198
At most 4	0.460	18.512	21.132	0.112
At most 5	0.251	8.684	14.265	0.313
At most 6	0.069	2.155	3.841	0.142

注：* 代表在 10% 水平上显著。

根据特征根迹检验，如果迹检验统计量大于临界值可以拒绝原假设，从统计结果可见，即使将原假设即协整关系假定为 3，迹检验统计量为 51.807 仍大于对应的 5% 显著性水平上的临界值 47.856，所以可以拒绝原假设，即因变量与自变量之间至少有 4 个协整关系存在。同样，根据最大特征值检验，当最大特征值统计量大于 5% 显著性水平上的临界值时同样可以拒绝原假设，而表 6 - 8 中将协整关系假定为 2 时最大特征值统计量仍大于临界值，所以可以拒绝原假设，即因变量与自变量间至少有 2 个协整关系存在。

为进一步确定协整关系的存在，还要对上述回归模型中的残差进行平稳性检验。通过 Eviews 生成一个新的序列 ECM 等于原来的残差 resid，对 ECM 序列的平稳性进行检验，通过 ADF 单位根检验，得出的结果见表 6 - 9。

表 6 - 9　对残差序列的平稳性检验

		T 检验	p 值
ADF 检验		- 7.750	***
临界值	1% 显著性水平		- 2.644
	5% 显著性水平		- 1.952
	10% 显著性水平		- 1.610

注：*** 代表在 1% 水平上显著。

通过对残差 ECM 的 ADF 检验发现，T 统计检验量的值为 - 7.750，小于显著水平 1% 的临界值 - 2.644，因此可以认为残差序列 ECM 为平稳序列，进而证明回归模型中解释变量和被解释变量之间具有协整关系。由于 ECM 是平稳的，由此可以得到协整方程：

$$ECM_t = srbt + 0.051clhlt - 1.284dsccyrybzt - 0.808fnrkbzt + 1.028jthjrkt - 0.014czhlt + 3.472llht - 0.061tfrt - 9.578 \tag{6-4}$$

其中，$R^2 = 38.447$，S. E. $= 0.017$。

通过协整方程，可以分析各个自变量对因变量的长期弹性，从方程（6 - 4）各个变量的系数可以看出，粗离婚率、第三产业从业人员比重、非农人口比重和城镇化率都与出生性别比呈负相关关系，且影响的长期弹性系数分别为 0.051、1.284、0.808 和 0.014。而家庭户均人口、老龄化和总和生育率都与出生性别比水平呈正相关关系，系数分别为 1.028、3.472 和 0.06。从系数判断，对出生性别比影响较大的变量分别为代表经济水平变化的两个指标，即第三产业从业人员比重和非农人口比重，代表文化变迁的家庭户均人口和代表人口变迁的老龄化变量。说明经济变迁、文化变迁和人口变迁对出生性别比的长期影响是显著的。

4. 向量误差修正模型

通过协整方程可以分析各个变量对被解释变量的长期影响弹性，而如果将残差本身作为解释变量纳入模型，则可以大致估计各变量对被解释变量的短期影响弹性，这就是向量误差修正模型。向量修正模型是在协整模型的基础上形成的，主要思路就是将协整向量中的残差作为解释变量纳入模型进行二次回归。通过建立协整方程，针对所有变量的一阶差分对协整方程中的残差项做回归，得到向量误差修正模型：

$$\triangle srb_{1t} = 0.004 - 0.133 ecm_{t-1} + e_t \qquad (6-5)$$

$$\triangle clhl_{2t} = 0.079 - 0.047 ecm_{t-1} + e_t \qquad (6-6)$$

$$\triangle dsccyrybz_{3t} = 0.017 - 0.433 ecm_{t-1} + e_t \qquad (6-7)$$

$$\triangle fnrkbz_{4t} = 0.013 - 0.007 ecm_{t-1} + e_t \qquad (6-8)$$

$$\triangle jthjrk5t = -0.031 + 0.006 ecmt-1 + et \qquad (6-9)$$

$$\triangle czhl6t = -0.003 - 0.101 ecmt-1 + et \qquad (6-10)$$

$$\triangle llh7t = 0.021 + 0.157 ecmt-1 + et \qquad (6-11)$$

$$\triangle tfr8t = -0.124 + 0.234 ecmt-1 + et \qquad (6-12)$$

其中，误差项 ECM 前的系数就表示各个变量对被解释变量的短期影响程度。从模型（6-5）可以看出，误差修正模型对出生性别比偏离均衡状态的短期弹性为 0.133。方程（6-6）~（6-12）分别展示了各解释变量对被解释变量的短期影响弹性，可见从短期影响来看，第三产业从业人员比重、城镇化率和老龄化以及总和生育率的变化都会对出生性别比水平产生比较大的影响，而其他解释变量对出生性别比的短期影响并不明显。

第五节　本章小结

本章主要对第三章分析框架中的宏观制度环境对出生性别比治理绩效的影响机制做了实证分析和验证，分别分析了静态的制度环境和动态的社会变迁因素对出生性别比治理绩效所产生的影响，目的在于揭示宏观制度环境对出生性别比治理绩效的影响机制。静态的制度环境主要从制度关联性入手，通过内容分析法对与出生性别比治理相关的各领域制度进行了量化和质性的分析，对于动态的社会变迁，主要通过建立宏观经济计量模型的方法，从妇女地位、经济变迁、文化变迁和人口变迁几个维度分析社会变迁对出生性别比治理绩效的影响。通过本章的实证分析，得出的基本结论如下。

第一，无论是静态的制度环境还是动态的社会变迁都是影响出生性别比治理的重要因素。

第二，静态的制度环境分析中，通过构建出生人口性别比治理与制度环境的关系模型，得出以下发现。其一，现有出生人口性别比治理相关的社会制度中存在与出生性别比治理相协调的制度，这些制度充分体现了社会性别平等的视角，因而能够促进性别治理绩效的实现，而同时，存在缺乏性别平等视角的制度，甚至部分制度与出生性别比治理产生严重的互斥，导致治理整体的制度环境不尽如人意，由此导致治理的低效。因此，有效解决性别失衡问题，必须明确并塑造与出生性别比治理相协调的制度环境。其二，出生性别比治理是结构性的社会问题，形成的根本原因是社会性别不平等，而通过对出生性别比治理所面对的社会制度环境的梳理与分析可以发现，社会性别不平等是经济制度、家庭制度、社会制度等共同作用的结果，相关制度缺乏性别平等视角、制度冲突或制度缺失是出生性别比治理工作难以取得突破性进展的主要原因。

第三，通过研究动态的社会变迁发现了以下问题。其一，动态的社会变迁是出生性别比发生变动的重要因素，妇女地位的变迁、经济变迁、文化变迁和人口变迁都会对出生性别比的变化产生影响。其二，各种社会变迁对出生性别比水平的影响方向和水平是不同的。妇女地位的提高会在一定程度上带来出生性别比水平的下降，但作用并不明显。经济变迁中第三产业从业人员比重和非农人口比重的增加对出生性别比水平有着正向影响。文化变迁中家庭平均人口数量的减少和城镇化率的提高都会对出生性别比的下降产生正向的影响。人口变迁中，老龄化趋势可能会在一定程度上提升出生性别比水平，而总和生育率的下降也会带来出生性别比水平的下降。其三，社会变迁对出生性别比水平变化的作用具有时间效应。不同类型的社会变迁对出生性别比产生作用的期限是有差异的，具体来说，妇女经济地位、经济变迁、文化变迁和人口变迁会对出生性别比产生长期影响，而第三产业从业人员比重、城镇化率和老龄化以及总和生育率的变化则会对出生性别比水平产生比较明显的短期影响。

第七章　结论与展望

第一节　研究结论

本书利用陕西省调查数据，从微观行动舞台、中观制度结构和宏观制度环境三个层面对出生性别比治理绩效的影响机制进行了系统全面的研究。引入制度分析与发展框架，结合制度分析相关理论和研究以及扎根理论分析的相关内容，构建了微观行动舞台－中观制度结构－宏观制度环境的理论模型，揭示了出生性别比治理绩效的影响机制，提出了改进陕西省出生性别比治理绩效的公共政策建议。本书得出的主要研究结论如下。

第一，从多维度考察，陕西省出生性别比问题的治理绩效特征明显。首先，从宏观的出生性别比水平来看，出生性别比水平有所下降，但仍处于偏高水平，且存在明显的孩次、地区和城乡差异；其次，从微观的男孩偏好看，男孩偏好在一定程度上存在，且存在显著的地区差异，陕西省的关中和陕北地区男孩偏好仍然比较强烈，陕北更甚；再次，从工作过程的绩效判断，奖励性的治理措施落实相对较好，而"两非"查处的工作绩效并不显著；最后，从治理主体的工作满意度感知来看，工作满意度处于一般水平，主观绩效并不显著。

第二，构建了制度分析与发展框架下出生性别比治理绩效影响机制分析的分析框架。结合陕西省出生性别比的现实特征和具体情境，识别影响出生性别比治理绩效的因素存在于微观、中观和宏观三个层面。在此基础上，引入制度分析与发展框架，结合出生性别比治理绩效的现状与特征，从变量、绩效维度以及分析路径三个方面对制度分析与发展框架进行扩展与修正，并据此构建了出生性别比治理绩效分析的微观行动舞台 - 中观制度结构 - 宏观制度环境的分析框架，根据已有的数据，完成了对分析框架的操作化。该框架的提出有助于全面、系统地识别出生性别比治理绩效的各层次影响因素。

第三，微观层面，一方面个体的心理和行为倾向因素对微观出生性别比治理绩效的影响是非常显著的。就治理对象的男孩偏好而言，对男孩经济效益的认定始终是导致男孩偏好的最主要的心理机制，而对治理主体而言，工作成本 - 收益感知和工作难易感知是影响其工作满意度的关键心理机制。另一方面出生性别比治理的微观绩效受到行动情境的显著影响。生活情境和组织情境分别是治理对象和治理主体所处的行动情境。对于治理对象来说，社区规范和家庭规范作为行动情境对男孩偏好有显著的影响。而对于治理主体而言，工作所处的组织情境，在本书中利用领导支持和人际关系来衡量是其主要的行动情境。分析发现，无论是领导支持还是人际关系变量都对治理主体的工作满意度有显著的正向影响。这一发现印证了情境认知理论的核心思想，即个体并不仅仅是根据内心世界来进行心理和行为活动的，而是通过与环境直接接触和互动来决定自身行为的，组织支持，包括领导支持和良好的人际关系支持会提升其工作满意度评价。

第四，存在部分外部变量对微观行动的结构性调整作用。自然物质条件对个体心理和行动情境不具有明显的结构性调整作用，本书的研究揭示，从治理主体工作满意度的影响机制来看，县区的自然物质条件并未对治理主体的工作满意度产生结构性调整作用。但地区文化差异对治理对象的男孩偏好和治理主体的工作满意度均有显著影响。地区文化会强化社区规范和家庭规范对男孩偏好的正向影响。研究发现，社区规范和家庭规范在地区文化的影响下对男孩偏好的影响更为显著，但是其作用强度会因理性感知的增强而减弱。就治理主体工作满意度而言，地区间存在差异性的工作满意度，陕北和关中地区治理主体工作满意度低于陕南地区。同时，就个体心理和行为倾向两个变量来看，地区文化差异对个体成本 - 收益感知的结构性调整最为显著，说明确实存在文化对心理的嵌入性影响。而就组织情境而言，人际关系受到地区文化差异的显著影响。此外，应用规则对出生性别比治理两个维度的微观绩效均有一定的结构性影响。男孩偏好方面，激励和约束性规则调整后的社区规范和家庭规范对男孩偏好的正向影响明显减弱。治理主体工作满意度方面，惩罚规则对个体和情境变量的结构性调整比较明显。

第五，中观层面，制度结构要素对过程绩效和宏观的结果绩效均有较为显著的影响，但对不同的绩效类型的影响存在差异。制度结构要素对过程绩效和宏观的结果绩效有显著影响，对微观的结果绩效即男孩偏好的影响最弱。

第六，制度结构的三个维度，包括正式制度结构、制度实施机制以及非正式制度结构对出生性别比治理的4个维度的绩效都有一定的影响，但同样存在影响程度上的差异。分析结果发现，正式制度结构对职务绩效、工作满意度绩效和出生性别比水平的影响最为显著。具体而言，所有的正式制度结构维度要素都对过程绩效有不同程度的影响，而对结果绩效而言，职位结构所包含的职权结构、部门结构和职责结构仍是核心影响要素。在绩效类型上，制度实施机制对职务绩效和出生性别比水平的影响都较为显著，但对工作满意度和男孩偏好的影响显著性稍弱，从不同制度实施机制类型的影响差异来看，奖励性机制对各类绩效的影响更为突出。非正式制度结构对工作满意度和出生性别比水平的影响最显著。

第七，出生性别比治理绩效的实现受到宏观制度环境的约束和限制。制度关联视角的分析发现，现有与出生性别比治理相关的社会制度中存在与出生性别比治理相耦合的制度，这些制度充分体现社会性别平等的视角，因而能够促进出生性别比治理，而同时，更多地存在性别失衡治理产生互斥的社会制度，由此导致出生性别比治理也呈现出治理低效的特征。动态制度环境方面，社会变迁对出生性别比水平的变化不仅具有影响，而且还具有时间效应差异。妇女经济地位、经济变迁、文化变迁和人口变迁会对出生性别比产生长期影响，而第三产业从业人员比重、城镇化率和老龄化以及总和生育率的变化则会对出生性别比水平产生比较明显的短期影响。

第二节　政策建议

出生性别比治理绩效的实现取决于微观、中观和宏观三个层面的影响因素。就微观而言，出生性别比治理绩效的实现有赖于个体的心理和行为倾向改变；从中观上讲，依托于各级政府组织的具体治理措施与行为；而从宏观上说，整个社会的宏观制度环境及其变迁都将对出生性别比治理绩效的实现进程产生极为深远的影响。本书的主要工作是引入新的理论视角，构建整体性、系统性的分析框架，并通过对调查数据的分析尽可能全面地识别出影响出生性别比治理绩效的机制，为促进出生性别比治理目标的实现、遏制性别失衡提供支持。基于本书的研究发现和主要结论，针对陕西省出生性别比治理绩效的改进提出政策建议。

一　培养整体性思维模式

自 2008 年以来，中国的出生性别比呈现连续单调下降现象，但就这一趋势并不能对未来的中国出生性别比回落正常水平做出乐观估计。研究发现，伴随着全国出生性别比水平的连续下降，出现了城乡普遍失衡、孩次普遍失衡和区域普遍失衡的新态势。在此背景下，单纯用出生性别比数字去衡量治理绩效并不能科学判断当前我国出生性别比治理的真实局面。而这也是本书立论的现实背景。出生性别比的态势和新特征对传统的治理理念、治理模式以及治理绩效体系均提出了挑战，而从本书研究的结论看，必须建立整体性、系统性的出生性别比治理绩效分析框架，以便对复杂、多变的出生性别比现状进行分析。陕西省 2010 年出生性别比数字为115.68，偏高势头得到遏制，但是出生性别比治理的任务依然艰巨。从宏观绩效看，存在出生性别比偏高地域范围广、覆盖人口数量多的严峻局面；从微观绩效看，转变传统的性别偏好观念还是长期工作。因此，必须在整体性认识的指导下进行出生性别比问题的整体性治理和对治理绩效的整体性评价。具体而言，必须从治理理念、治理模式和绩效衡量等多个方面进行整体性分析。

第一，加强对出生性别比治理问题的整体性认识。

首先，从全国整体性趋势和特征来衡量陕西省的出生性别比治理水平。截至 2011 年，陕西省出生性别比水平虽已退出全国前三名，但仍是全国 14个出生性别比失衡严重的省份之一。因此，陕西省人口计生部门和参与综合治理的部门应该清楚认识到这一现实，毫不松懈地加强对出生性别比问题的治理。其次，从宏观绩效和微观绩效方面对陕西省的出生性别比治理绩效进行整体性的把握。2005 年起，陕西省的出生性别比水平出现了六连降现象，从宏观绩效上看确实取得了可喜的治理成效，但仅从数字上考察治理绩效会忽略对微观绩效的认识，地处西部的陕西省属于不发达地区，传统文化观念影响深厚，虽然随着中国社会的整体变迁，陕西省农村的经济社会发生了较大改变，但是农民的生活方式和传统观念并未发生根本性的改变，"多子多福"、"养儿防老"和"男尊女卑"的传统生育文化仍然影响着人们的性别偏好。从微观绩效来看，陕西省的出生性别比治理绩效并未取得根本性的成就和进步。再次，对于陕西省地区差异的整体性把握。生育文化是基于一定的物质和社会结构而形成的，陕西省由北至南形成了差异性的生育文化，由此造成了男孩偏好程度的差异，其中，陕北男孩偏好最为严重，关中居次，陕南最弱。必须在整体性的态势分析下注重地区间的比较分析，以便为治理中的分类指导提供依据。

第二，强调整体性治理，将出生性别比治理纳入社会治理体系。

十八届三中全会提出"推进国家治理体系和治理能力现代化"，与社会管理体制不同，社会治理体系强调整体性、多元化的治理理念和模式。在一个完善的社会治理体系中，政府、市场、社会将构成良性合作关系，国家治理体系是一套紧密相连、相互协调的国家制度，包括经济、政治、文化、社会等各个领域的体制机制和法律法规安排。本书的研究发现，当前的社会制度中存在的制度冲突和不协调现象严重影响着出生性别比治理绩效的实现，而要实现制度之间的协调、合作，形成治理出生性别比的合力，就必须实现制度之间的整合与协调，所以在国家大力推进社会治理体系建设的背景下，必须强调整体性治理，将陕西省出生性别比治理纳入社会治理体系中，在社会治理体系建设中对关乎出生性别比治理的制度，包括社会保障制度、养老保障制度、就业制度和教育制度等进行协调性分析和操作，保障相关制度的设计和实施对出生性别比治理的积极支持。

第三，坚持全面、整体的绩效观。

对于影响出生性别比治理的绩效因素要有整体性的认识。本书的研究结论认为性别失衡的产生和形成是社会制度、文化、传统、个体心理偏好等多种因素共同作用的产物，无论是国家层面还是县区层面对出生性别比问题的治理都要综合考虑微观、中观和宏观层面要素的影响。具体来说，一方面，要从微观的传统偏好入手，将男孩偏好作为一个重要的绩效维度加以分析和研究，把握男孩偏好的程度、变化以及其与社会变迁之间的内在关系。以陕西省为例，伴随宏观上出生性别比数字的下降，男孩偏好整体上出现弱化趋势，然而，一些地区比如陕北榆林，21世纪初甚至出现了男孩偏好的渐趋严重化趋势，那么出现这种趋势的原因为何？这种趋势与社会经济的飞速发展之间是否有必然联系？由此，可以深入剖析出男孩偏好这一微观绩效的本质影响因素。另一方面，治理绩效仍应是各级政府评估绩效的最为核心的内容，要从治理的理念、模式和方法等多个方面进行综合评估和分析。此外，要综合考量宏观的社会制度环境及其变迁对于出生性别比治理产生的影响。只有将宏观、中观和微观层面的绩效影响因素作为整体性、系统性的影响机制来看，才能形成整体性的绩效观。

二　建立综合性的考核评估体系

长期以来，对出生性别比治理绩效的衡量从对象上皆以人口计生部门为主，在内容上以出生性别比水平的变化为主，无论在主体上还是内容上都较为单一。而出生性别比问题并非单一的人口问题，其产生和形成受到个体心理、公共治理以及社会经济、文化、政治等多方面、多层次要素共同影响。因此，建立科学有效的考核评估体系，必须从出生性别比问题形成的多维因素出发，建立综合性、全方位的考核评估体系。一方面，从绩效类型上要过程绩效和结果绩效并重，改变以结果绩效为衡量标准的传统考核方法；另一方面，从考核对象上，既要关注治理主体层面的绩效，也要关注治理对象层面的绩效。治理主体层面，以往针对出生性别比治理的考核基本上是以针对治理的最终结果的考核，尤其是以考核出生性别比水平下降为主，这种考核方式不仅容易造成数据失真，同时，由于仅仅关注结果，对过程绩效的忽视导致对治理主体的工作贡献相对缺乏公正、客观的评价，极大地影响了治理主体的工作热情。治理对象层面，一方面，出生性别比治理的最终目标是实现生育群体真正的男孩偏好的改变，因此，对以男孩偏好的变化作为结果的绩效的考量不容忽视；另一方面，在倡导服务型政府理念的政治背景下，治理对象对于治理的满意度评价是其主体地位的体现，因此，要将治理对象的满意度也纳入考评体系。

三　推动支持性的社会制度环境建设

胡锦涛2011年"七一"讲话的最大亮点，就是首次提出了"中国特色社会主义制度"和"制度体系"的概念，讲话中反复强调中国特色社会主义制度体系是当代中国发展进步的根本制度保障。而制度体系确立的目的在于统筹兼顾各方利益，进一步消除各项制度、各种机制运行过程中的矛盾、摩擦，降低行政运行成本。而本书的研究结论也表明与出生性别比治理相关的社会制度与治理制度之间的排斥和冲突是影响出生性别比治理绩效的重要制度环境因素。因此，要顺应国家制度体系建设的现实趋势，积极推动支持性、协调性的社会制度环境的建设。

第一，坚持社会制度环境建设的系统性。

制度环境建设的系统性强调组成制度系统的各要素之间的相互关联性，出生性别比问题作为一项典型的社会问题和人口问题，是社会健康、可持续发展的关键链条之一，因此在认识和处理出生性别比问题时，要始终将其作为社会发展的有机组成部分来考察，同时，旨在推动社会发展的一系列社会制度的设计与运行必须充分考虑出生性别比治理的制度需求。一方面，要在相关的制度设计中，保证相关制度与出生性别比治理制度或制度需求的协调性，实现出生性别比治理制度与社会之间的耦合性关联；另一方面，要保证出生性别比治理相关的社会制度建立的完整性。本书研究揭示出的制度独立性关联表明当前一部分社会制度建设并没有体现性别平等理念或出生性别比治理的制度需求，存在制度真空地带，难以满足制度环境建设的系统性要求。因此，在未来的相关社会制度环境建设中，要将出生性别比治理作为一个重要部分加以考虑，加强对能够推进出生性别比治理的相关制度的建立和补充；此外，要避免社会制度与出生性别比治理之间的互斥性关联，要对已有的社会制度进行重新审视，对于那些会抵消出生性别比治理效力的制度内容做出修正，以避免制度互斥影响出生性别比治理绩效。总之，在社会制度环境建设中，要从整体性、系统性视角出发，促进制度的相互协调和配合，避免制度真空和制度互斥。

第二，注重社会制度环境建设的层次性。

从制度的系统性看，制度是分层次的并且各层次具有不同的性质和功能，因此，必须提高社会制度环境建设的层次性，把握制度各个层次的功能和层级之间的差异性。首先，从制度分析视角出发，制度可以从纵向上分为制度环境、制度结构、制度心理和行为偏好三个层次，分别构成了出生性别比治理绩效实现的环境资源、治理结构资源和心理资源，在分析出生性别比治理绩效影响因素时，三个层次的影响因素必须全面考虑才能保证绩效分析的全面性；其次，在更大的社会制度系统内，根据制度地位的不同，处理好根本性制度、基础性制度与具体制度之间的协调性关系，即在具体制度设计时要充分考虑与根本性和基础性制度的一致性，保证具体制度制定的方向性；最后，在认识制度的功能性差异基础上处理好不同层次之间制度的制约关系，在运用制度解决出生性别比治理问题时要实现对不同层次制度的优化和组合应用，减少制度系统的内耗。

第三，保持社会制度环境建设的开放性。

良性的制度系统应该是开放和变化发展的，所以要保持社会制度环境建设的开放性。其一，要将社会制度建设与思想建设紧密连接，只有思想上的开放性和反思性才能够促进对制度建设或修正的反思和践行，就出生性别比治理而言，各层次政府需要对已有的制度进行重新审视，将性别平等意识作为制度建设的指导思想，以便更好地在各项社会制度中体现出生性别比治理的制度需求；其二，要随着社会经济、文化、政治的变迁不断调整社会制度系统的内部结构，实现制度系统的适应性效率；其三，要将制度环境的变迁视为出生性别比治理绩效的重要评估内容，充分分析变动中的社会制度环境对出生性别比治理造成的影响，以便更好地把握出生性别比治理的未来趋势和走向。

四　变革传统的治理手段和方法

从本书制度分析的视角来看，出生性别比问题的治理必须在更为整体性的制度系统下才能实现既定目标，从这一视角审视，传统的治理，无论在理念、手段还是工具上都存在弊端，因此，必须对传统的治理手段进行变革和改进。

第一，从理念上坚持出生性别比治理的系统性和整体性治理。以往出生性别比治理的职责主要由人口计生部门承担，虽然从中央到地方政府层级已经形成了相关部门参与、合作的综合治理格局，但是在实际的运行中，相关的治理部门参与并不深入，甚至往往仅是形式上的参与和合作性治理。鉴于此，应结合制度分析视角的整体性思维，培养整体性治理的工作理念。无论人口计生部门还是相关参与部门都要将出生性别比治理视为一项系统工程，视为需要社会制度合力解决的重大社会问题。

第二，突破传统的治理格局、手段和方法。首先，传统的治理格局需要打破。本书的研究发现出生性别比治理绩效的实现并非单纯的治理的结果，个体心理因素和制度环境因素是与治理并行的重要影响因素。基于此，以人口计生部门为主体的治理格局必须打破，形成部门之间的实质性合作共治，如此才能形成有助于推进出生性别比治理进程的社会制度体系。其次，传统的治理手段需要革新。尽管以人为本的发展理念的影响不断加深，出生性别比治理过程中已经越来越多地体现服务理念，但是从本书的研究来看，"管控"依然是当前政府进行出生性别比治理的主要手段。未来的出生性别比治理应该一方面通过服务性和引导性政策来提升治理的人本关怀，另一方面要为出生性别比治理设计和谐、融合的社会制度环境。

五　强化利益相关体的主体意识

本书研究发现个体的心理和行为倾向是影响治理绩效的重要心理机制。就出生性别比治理而言，治理主体和治理对象作为出生性别比治理工作中的利益相关体，其主体地位应该首先得到认可，在此基础上加强对其心理和行为的分析和考察，注重考察心理和行为变化与出生性别比治理绩效实现之间的有机联系。

第一，针对治理对象，首先，要从改变群众的心理偏好入手，通过利益的牵引、约束机制的强化和宣传机制的感化以及全程服务的关爱改变深植于群众观念与意识中的传统男孩偏好。其次，要充分认识到治理对象所处的行动情境对其心理和行为倾向的限制和约束性影响。行动情境是生育文化发酵和产生的源泉，也是个体生育实践与宏观社会互动的重要桥梁，对于治理对象生育性别偏好的影响是深远的，因此，当前在大力倡导先进的生育文化的背景下，应该深入社区和家庭进行性别平等教育和宣传。在社区中，主要通过村规民约的修订破除带有男孩偏好的风俗和习惯，制定体现男女平等的村规民约。在家庭中，要加强对女性所在家庭成员的性别平等教育，通过政策宣传、树立典型等多种途径改变家庭成员的男孩偏好思想，从而减轻妇女来自家庭的生育性别偏好压力。最后，注重对影响男孩偏好的制度环境的考察，包括经济条件改善、文化宣传以及制度完善等。

第二，对于治理主体，首先，要注重对其工作满意度形成的心理机制的分析。具体而言，一方面完善报酬机制，提升治理主体的收入公平感，从而提升其工作满意度；另一方面加强对工作属性的考察，对于难以实现的工作任务制定相应的干预性制度。其次，加强对治理主体的组织情境的改善力度，将领导支持和人际关系的改善作为创造良好的组织情境的重要手段，保证组织情境对工作本身的支持性。最后，注重从宏大的制度环境中识别影响治理主体工作满意度的要素。一是，报酬机制的制定要与当地的经济水平相结合，避免治理主体由于不公平感而产生工作懈怠；二是，对治理主体工作满意度的分析要嵌入地方文化属性，要清楚地认识到不同地区所特有的传统文化对性别平等产生的影响，从而可能对治理主体的工作带来的积极或消极的影响；三是，完善激励和约束机制，通过科学、合理的激励机制实现对治理主体行为的引导，从而促进治理目标的实现。

第三节　研究局限与未来展望

本书通过构建概念模型、建立实证分析框架和进行实证检验从制度分析与发展视角对影响出生性别比治理的微观、中观和宏观影响机制进行了系统、整体的研究，得出了一些结论，提出了一些政策建议。但是，现有的研究仍然存在诸多不足。

第一，理论构建的问题。本书尝试将制度分析与发展框架引入出生性别比治理，结合出生性别比治理问题对制度分析与发展框架进行扩展和修正，提出了更为整体、完整的出生性别比治理绩效分析框架，但是受到个人能力的影响，目前的研究还很初步。虽然本书针对所提出的分析框架使用大量数据进行了验证，并得出了与分析框架中所提假设一致的分析结果，但是对于分析框架的应用价值还有待于更多数据进一步检验。

第二，验证的系统性问题。由于研究所使用数据类型的差异以及样本量的限制，无法在统计模型中将影响出生性别比治理绩效的三个层次的影响因素同时纳入做整体性的分析，对于研究结果会有一定影响。

第三，研究结果的推广性问题。本书数据来源于位于中国西部地区的陕西，地域上具有特殊性和局域性，因此，基于西部地区的调查得出的研究结论是否能够在其他地区推广仍是一个有待于验证和分析的问题。

第四，调查数据的可靠性问题。首先，样本量限制。基于陕西省一省的调查样本量偏小，而且只有一期调查，难以进行对比；此外，对于一些二手数据，由于受到资料可及性的限制，在指标选择上受到限制。其次，调查数据的质量控制。尽管在调查中通过前期的预调查和调查后的数据清洗等方式进行了认真、严格的质量控制，但是仍然难以避免无效数据。

基于上述研究局限和不足，未来的研究空间主要有以下几个方面。

第一，进一步学习和分析相关的理论，完善现有的理论构建。由于时间和精力有限，目前掌握的相关理论和知识还相对不足，因此，构建的理论和分析框架仍存在较大的改进空间，未来的研究要继续加强文献阅读和研究评述工作，以便为分析框架的进一步改进提供支持。

第二，针对研究结果的推广性问题，在条件允许的情况下，扩展调查区域，补充中部、东部的调查，以保证调查分布的均衡性。

第三，针对调查数据，扩充样本量，并在收集更多二手数据的基础上选择优良指标。

参考文献

［1］〔美〕费尔德曼：《性别歧视与人口发展》，李树茁、姜全保译，社会科学文献出版社，2006，第 219 页。

［2］莫丽霞：《出生人口性别比升高的后果研究》，中国人口出版社，2005，第 3 页。

［3］Cai, Y. , Lavely, W. , "China's Missing Girls: Numerical Estimates and Effects on Population Growth," *The China Review*, 2003, 2 (3): 13 – 29.

［4］张二力：《从"五普"地市资料看生育政策对出生性别比和婴幼儿死亡率性别比的影响》，《人口研究》2005 年第 1 期，第 15 ~ 18 页

［5］李建新：《生育政策与出生性别比偏高》，《中国农业大学学报》（社会科学版）2008 年第 3 期，第 73 ~ 75 页。

［6］汤兆云：《出生人口性别比失衡的社会因素分析》，《人口学科》2006 年第 1 期，第 26 ~ 30 页。

［7］Hudson, V. M. , Boer, A. D. , "A Surplus of Men, A Deficit of Peace: Security and Sex Ratios in Asia's Largest States," *International Security*, 2002, (26): 5 – 38.

［8］Sommer, M. H. , Sex, *Law and Society in Late Imperial China*, Stanford: Stanford University Press, 2000: 246 – 330.

［9］刘爽：《出生人口性别比的变动趋势及其影响因素——一种国际视角的分析》，《人口学刊》2009 年第 1 期，第 10 ~ 16 页。

［10］国务院人口普查办公室、国家统计局人口统计局人口统计司：《中国1990 年人口普查资料》，中国统计出版社，1993，第 530 ~ 536 页。

［11］国务院人口普查办公室、国家统计局人口统计局人口统计司：《中国

2010 年人口普查资料》，中国统计出版社，2012，第 586~595 页。

[12] 陈婷婷、叶文振：《中国出生性别比城乡差异的社会性别分析》，《妇女研究论丛》2011 年第 6 期，第 36 页。

[13] 段世江：《出生性别比失衡的特征与态势》，《社会科学家》2012 年第 12 期，第 16 页。

[14] 闫绍华：《时空视角下中国的性别失衡演变机制研究》，西安交通大学博士学位论文，2012。

[15] 魏涛：《公共治理理论研究综述》，《资料通讯》2006 年第 7、8 期，第 57 页。

[16] Stoker, G., "Governance as Theory: Five Propositions," *International Social Science Journal*, 1998, 155 (50): 17 – 28.

[17] 郎玫、霍春龙：《权力、偏好与结构：演化经济学视角下的治理制度变迁研究》，《江苏社会科学》2012 年第 2 期，第 45~46 页。

[18] 汪玉凯：《中国公共治理模式及其优势》，《人民论坛》2010 年第 10 期，第 48 页。

[19] 施春景：《对韩国出生人口性别比变化的原因分析及其思考》，《人口与计划生育》2004 年第 5 期，第 40~41 页。

[20] Li, S., *Imbalanced Sex Ratio at Birth and Comprehensive Intervention in China*, 4th Asia Pacific Conference on Reproductive and Sexual Health and Rights, Hyderabad, India, 2007: 8.

[21] Babur, U. Z., "Violence Against Women in Pakistan: Current Realities and Strategies for Change," A Thesis Submitted to the European University Center for Peace Studies Stadts Chlaining/Burg, Austrian Partial Fulfillment of the Requirements for a Master of Arts Degree in Peace and Conflict Studies, 2007: 236 – 237.

[22] 陶笑虹：《印度妇女在家庭中的地位》，《南亚研究》2002 年第 2 期，第 72~80 页。

[23] Aiyar, S. A., "Women and Micro Credit: Can a Mantra Deliver Empowerment," *The Times of India*, 1997, AUG, 14: 23 – 29.

[24] Visaria, L., "Female Deficit in India: Role of Prevention of Sex Selective Abortion Act," Cepedredined Seminar on Female Deficit in Asia: Trends

and Perspectives, Singapore, 2005: 5 - 7.

[25] http://news. eastday. com/epublish/gb/paper148/20020308/class0148000
05/hwz615567. htm, 2002.

[26] Bebchuk, L. A., " The Case for Increasing Shareholder Power," *Harvard Law Review*, 2005, 118 (3): 835 - 914.

[27] Bezemer, P., Maassen, G. F., Van den Bosch, F. A., Volberda, H. W., "Investigating the Development of the Internal and External Device Task of Non - executive Directors: The Case of the Netherlands (1997 - 2005)," *Corporate Governance: An International Review*, 2007, 15 (11): 19 - 30.

[28] 林义:《制度分析及其方法论意义》,《经济学家》2001 年第 4 期,第 79～85 页。

[29] 尚子娟:《中国性别失衡公共治理结构、工具与绩效——以陕西省 71 个县区为例》,西安交通大学博士学位论文,2014。

[30] 朱秀杰、钟庆才:《出生性别比偏高因素的国外研究评述与思考》,《南方人口》2006 年第 1 期,第 33 页。

[31] 王鹏鹏、赛明明:《中国出生性别比偏高问题的文献综述》,《福建江夏学院学报》2013 年第 5 期,第 52 页。

[32] 孙琼如:《中国出生人口性别比:三十年研究回顾与述评》,《人口与发展》2013 年第 5 期,第 97 页。

[33] 徐毅、郭维明:《中国出生性别比的现状及有关问题的探讨》,《人口与经济》1991 年第 5 期,第 10～11 页。

[34] 曾毅:《我国近年来出生性别比升高原因及后果分析》,《人口与经济》1993 年第 1 期,第 4～9 页。

[35] 贾威:《收养子女对出生性别比的影响分析》,《南京人口管理干部学院学报》1995 年第 4 期,第 32～34 页。

[36] Jia, L. L., "Rosemary SC. Son Preference and the One Child Policy in China: 1979 - 1988," *Population Research and Policy Review*, 1990, 112: 277 - 296.

[37] Feeney, G., Yu, J., "The Effect of Son Preference on Fertility in China," *Year PAA Meeting Paper*, 1986: 21.

[38] 马瀛通:《人口性别比与出生性别比新论》,《人口与经济》1994 年第 1 期, 第 46 页。

[39] 穆光宗:《近年来中国出生性别比升高偏高现象的理论解释》,《人口与经济》1995 年第 1 期, 第 48 ~ 51 页。

[40] 李南:《带有男孩偏好文化传播的人口模型》,《人口与经济》(增刊) 1999 年第 S11 期, 第 28 ~ 29 页。

[41] 岩复、陆光海:《出生性别比升高的"微观"研究——湖北省天门市出生性别比升高的特点和原因调查》,《湖北大学学报》(哲学社会科学版) 1995 年第 5 期, 第 26 页。

[42] 乔晓春:《性别偏好、性别选择与出生性别比》,《中国人口科学》2001 年第 1 期, 第 19 ~ 20 页。

[43] 李树茁、闫绍华、李卫东:《性别偏好视角下的中国人口转变模式分析》,《中国人口科学》2011 年第 1 期, 第 17 ~ 20 页。

[44] 陈卫、杜夏:《中国高龄老人养老与生活状况的影响因素——对子女数量和性别作用的检验》,《中国人口科学》2002 年第 6 期, 第 49 页。

[45] 陈友华、米勒:《中国婚姻挤压研究与前景展望》,《人口研究》2002 年第 3 期, 第 60 ~ 63 页。

[46] 严梅福:《变革婚居模式, 降低出生性别比——以湖北省为例》,《湖北大学学报》(哲学社会科学版) 1995 年第 5 期, 第 99 ~ 101 页。

[47] 辜胜阻、陈来:《城镇化效应与生育性别偏好》,《中国人口科学》2005 年第 3 期, 第 31 ~ 34 页。

[48] 王翠绒、易想和:《出生性别比持续升高的人口伦理学分析》,《人口研究》2004 年第 4 期, 第 95 ~ 96 页。

[49] Robert, A. P., "Gary Becker's Contributions to Family and Household Economics," Cambridge: NBER Working Paper, 2002.

[50] Du, Q. Y., Wei, S. J., "A Sexuality Unbalanced Model of Current Account Imbanlances," Cambridge: Nber Working Paper, 2010.

[51] 陈俐:《中国出生婴儿性别比的现状分析和对策》,《人口学刊》2004 年第 2 期, 第 46 ~ 47 页。

[52] 于弘文:《出生婴儿性别比偏高: 是统计失实还是失实偏高》,《人口

研究》2003年第5期，第40~41页。

[53] 王燕、黄玟：《中国出生性别比异常的特征分析》，《人口研究》2004年第6期，第28~32页。

[54] 石人炳：《我国出生性别比变化新特点——基于"五普"和"六普"数据的比较》，《人口研究》2013年第2期，第68~69页。

[55] 李全棉：《出生婴儿性别比偏高原因的系统分析》，《南京人口管理干部学院学报》2005年第1期，第16~17页。

[56] 黄润龙、刘敏：《影响出生性别比的多因素解析》，《南京人口管理干部学院学报》2009年第4期，第17~19页。

[57] 卢继宏：《出生性别比偏高的非社会因素探析》，《西北人口》2004年第3期，第47~48页。

[58] 杨雪燕：《"关爱女孩行动"治理模式识别——基于24个试点县区的分析》，《西安交通大学学报》2010年第3期，第64~67页。

[59] 韦艳：《整体性治理视角下的中国性别失衡治理碎片化分析路径选择》，《人口研究》2011年第2期，第16~25页。

[60] 李树苗、尚子娟、杨博、菲尔德曼：《中国性别失衡问题的社会管理：整体性治理框架》，《公共管理学报》2012年第9期，第95~97页。

[61] 陈婉婷、甘满堂：《多重理性选择：出生性别比治理成效不佳的原因及对策研究——以福建平潭为例》，《发展研究》2011年第3期，第101~103页。

[62] 刘中一：《从政府"独角戏"到社会"总动员"："十二五"时期治理出生性别比升高的途径与策略》，《理论导刊》2012年第3期，第21页。

[63] 杨雪燕、李树苗：《出生性别比偏高治理中的公共政策失效原因分析》，《公共管理学报》2008年第4期，第90~91页。

[64] 张世青：《出生性别比失衡治理的制度整合》，《学习与实践》2011年第6期，第84~87页。

[65] 宋健：《中国出生人口性别比偏高问题的政策回应与效果——兼论县级层面社会政策协调的探索与启示》，《人口研究》2009年第4期，第2~8页。

[66] 杨雪燕、李树苗：《国际视野中的性别失衡公共治理：比较与借鉴》，

《公共管理学报》2009 年第 3 期，第 93 ~ 101 页。

[67] 韦艳、李树茁、杨雪燕：《亚洲女性缺失国家和地区性别失衡的治理及对中国的借鉴》，《人口研究》2008 年第 1 期，第 93 ~ 98 页。

[68] 刘中一：《韩国女性公民社会组织参与出生性别比治理的经验与启示》，《中华女子学院学报》2013 年第 1 期，第 84 ~ 87 页。

[69] 陈胜利：《未来择偶男性比女性究竟多多少》，《市场与人口分析》2006 年第 1 期，第 18 ~ 21 页。

[70] 刘爽：《透视出生性别比偏高现象》，《人口研究》2003 年第 5 期，第 44 ~ 45 页。

[71] 乔晓春：《中国出生性别比研究中的问题》，《江苏社会科学》2008 年第 2 期，第 161 ~ 162 页。

[72] 慈勤英：《中国出生人口性别比：从存疑到求解》，《人口研究》2006 年第 1 期，第 38 ~ 39 页。

[73] 周全德：《出生性别比升高与妇女社会边缘化的关联性思考》，《中华女子学院学报》2009 年第 1 期，第 54 页。

[74] 孙小迎：《出生人口性别比失衡威胁国家安全发展》，《中国党政干部论坛》2007 年第 9 期，第 11 ~ 12 页。

[75] 谢永珍、赵琳、王维祝：《治理行为、治理绩效：内涵、传导机理与测量》，《山东大学学报》（哲学社会科学版）2013 年第 6 期，第 5 页。

[76] 张敏才、刘启宝：《文化力对中国生育率下降的重要影响》，《南方人口》2001 年第 3 期，第 17 ~ 21 页。

[77] 朱冬梅、张丹、郭云梅：《成都流动人口的文化认同与社会适应性研究》，《西南交通大学学报》（社会科学版）2010 年第 4 期，第 71 ~ 73 页。

[78] 张艳：《农民工的体育参与与社会融合——南京市农民体育参与情况调研》，《体育与科学》2012 年第 4 期，第 81 ~ 85 页。

[79] 褚荣伟、肖志国、张晓冬：《农民工城市融合概念及对城市感知关系的影响——基于上海农民工的调查研究》，《公共管理学报》2012 年第 1 期，第 46 ~ 51 页。

[80] 李树茁、王维博、悦中山：《自雇与受雇农民工城市居留意愿差异研究》，《人口与经济》2014 年第 2 期，第 13 ~ 20 页。

[81] 郭维明：《文化因素对性别偏好的决定作用》，《人口学刊》2006 年第 2 期，第 10 ~ 11 页。

[82] 陈秋萍、曲思敏：《广西农村历史文化和传统习俗对出生性别比的影响分析》，《经济与社会发展》2008 年第 2 期，第 110 ~ 111 页。

[83] 盛亦男：《"男孩偏好"的家族制度影响研究》，《南方人口》2012 年第 4 期，第 8 ~ 14 页。

[84] 刘爽：《对中国生育"男孩偏好"社会动因的再思考》，《人口研究》2006 年第 3 期，第 5 页。

[85] 严梅福、张宗周：《中国古代生育心理思想研究》，《心理科学》1996 年第 3 期，第 139 ~ 140 页。

[86] 万果：《男孩偏好、多胎生育与村落文化——以河南泌阳 W 村为例》，《科教文汇》2013 年第 9 期，第 207 ~ 208 页。

[87] 李银河：《生育与村落文化》，内蒙古农业大学出版社，2009，第 69 页。

[88] 周伟文：《呼唤学术自觉：人口社会学本土化思考》，《河北学刊》2005 年第 6 期，第 63 页。

[89] 赵芳：《农村妇女生育性别偏好微观研究——基于苏鲁鄂三地的对比研究》，南京师范大学硕士学位论文，2010。

[90] Lavely, W., Li, J. H., "Village Context, Women's Status, and Son Preference among Rural Chinese Women," *Rural Sociology*, 2003, 68 (1).

[91] 纪晓飞：《实践理论视角下的农村生男偏好研究》，《郑州航空工业管理学院学报》（社会科学版）2010 年第 5 期，第 131 ~ 133 页。

[92] 王磊：《出生性别比异常的社会学解释》，东北师范大学硕士学位论文，2007。

[93] 朱秀杰：《计划生育政策与出生性别比关系的重新解读——社会性别的视角》，《西北人口》2010 年第 1 期，第 9 ~ 12 页。

[94] 吕红平：《社会性别视角下的出生婴儿性别比偏高问题分析》，《甘肃社会科学》2007 年第 3 期，第 17 ~ 19 页。

[95] 唐荣宁：《社会因素对我国出生人口性别比的影响分析》，南京师范大学硕士学位论文，2007。

[96] 梁丽霞、李伟峰:《人口出生性别比偏高问题的社会性别分析》,《山东社会科学》2011 年第 7 期,第 117～120 页。

[97] 苏立娟:《社会性别差异对出生性别比偏高的影响分析》,河北大学硕士学位论文,2009。

[98] 卜卫:《单身汉(光棍)问题还是女童人权问题?——高出生性别比报道的社会性别分析》,《浙江学刊》2008 年第 2 期,第 207～210 页。

[99] 贾志科、吕红平:《论出生性别比失衡背后的生育意愿变迁》,《人口学刊》2012 年第 4 期,第 35～39 页。

[100] 刘爽:《生育率转变过程中家庭子女性别结构的变化——对人口出生性别比偏高的另一种思考》,《市场与人口分析》2002 年第 5 期,第 4～10 页。

[101] 陈友华、胡小武:《社会变迁与出生性别比转折点来临》,《人口与发展》2012 年第 1 期,第 14 页。

[102] 闫绍华、刘慧君:《社会变迁中性别失衡在中国演化的机制分析》,《西安交通大学学报》(社会科学版)2012 年第 1 期,第 53～56 页。

[103] 杨凡:《现代化视角下的出生性别比偏高与中国人口转变》,《人口与经济》2014 年第 5 期,第 25～32 页。

[104] 李仲生:《转轨时期的中国人口与经济发展》,《西北人口》2002 年第 4 期,第 6～9 页。

[105] 张瑞:《中国人口因素与经济增长关系的实证研究》,浙江工商大学硕士学位论文,2005。

[106] 穆怀中:《老年社会保障负担系数研究》,《人口研究》2001 年第 4 期,第 19～23 页。

[107] 孔婷婷:《人口老龄化问题的经济学研究》,西安工业大学硕士学位论文,2008。

[108] 仲雷:《流动人口对常熟经济社会发展影响及对策研究》,上海交通大学硕士学位论文,2007。

[109] Knight, J., Li, S., Deng, Q. H., "Son Preference and Household Income in Rural China," *The Journal of Development Studies*, 2010, 46 (10).

[110] 黄娅、张敏、彭华:《从经济学的角度浅析贵州出生性别比失调的问

题》，《法制与社会》2008 年第 28 期，第 278～279 页。

[111] 汤兆云、郑真真：《生育政策和经济水平对出生性别比偏高的分析》，《人口与经济》2011 年第 1 期，第 10～11 页。

[112] 黄镔云：《家庭因素对出生性别比失衡的影响——微观人口经济学视角的分析》，《南京人口管理干部学院学报》2006 年第 3 期，第 33～36 页。

[113] 汤兆云、贾志科：《生育政策、经济状况对农村出生性别比偏高的影响》，《河北大学学报》（哲学社会科学版）2011 年第 3 期，第 36～37 页。

[114] 王军：《生育政策和社会经济状况对中国出生性别比失衡的影响》，《人口学刊》2013 年第 50 期，第 7～9 页。

[115] 汤兆云、郑真真：《生育政策和经济水平对出生性别比偏高的分析》，《人口与经济》2011 年第 1 期，第 12～14 页。

[116] 陈振明：《政策科学的"研究纲领"》，《中国社会科学》1997 年第 4 期，第 15～16 页。

[117] Weimer, D. L., Vining, A. R., *Policy Analysis：Concepts and Practice*, Upper Saddle River：Prenntice – Hall, 1989：1 – 5.

[118] 郭志刚：《对 2000 年人口普查出生性别比的分层模型分析》，《人口研究》2007 年第 3 期，第 21～31 页。

[119] 许闲：《对出生性别比的政策分析——一个基于博弈论的视角》，华中科技大学硕士学位论文，2004。

[120] 杨菊华：《胎次——激化双重效应：中国生育政策与出生性别比关系的理论构建与实证研究》，《人口与发展》2009 年第 4 期，第 42～50 页。

[121] 原新、石海龙：《中国出生性别比偏高与计划生育政策》，《人口研究》2005 年第 3 期，第 14～16 页。

[122] 蔡菲、陈胜利：《限制生育政策不是影响出生人口性别比升高的主要原因》，《市场与人口分析》2006 年第 3 期，第 29 页。

[123] 宋健：《协调社会政策：治理出生性别比偏高的根本途径》，《中国党政干部论坛》2007 年第 5 期，第 30～32 页。

[124] 周垚：《中国治理出生性别比偏高的公共政策研究》，南开大学博士

学位论文，2010。

[125] 谭琳、周尭：《治理出生性别比偏高：公共政策的赋权性分析——中国和韩国国家层面公共政策的比较》，《妇女研究论丛》2008年第5期，第5~8页。

[126] 陈振明、薛澜：《中国公共管理理论研究的重点领域和主体》，《中国社会科学》2007年第3期，第140~152页。

[127] 韦艳、梁义成：《韩国出生性别比失衡的公共治理及对中国的启示》，《人口学刊》2008年第6期，第16~22页。

[128] 刘中一：《印度出生性别比治理成效不显著的原因探析》，《人口与经济》2013年第1期，第19~26页。

[129] 韦艳、李静：《政策网络视角下中韩性别失衡治理比较研究》，《人口学刊》2011年第2期，第48~56页。

[130] 尚子娟、李卫东、闫绍华：《性别失衡公共治理的结构与绩效——一个分析框架》，《西安交通大学学报》（社会科学版）2012年第6期，第46~50页。

[131] 尚子娟、杨雪燕、毕雅丽：《性别失衡治理工具选择模型的实证研究——以国家"关爱女孩行动"43个试点县为例》，《西安交通大学学报》（社会科学版）2012年第1期，第58~61页。

[132] 杨光斌、高卫民：《探索宏观的新制度主义》，《中国人民大学学报》2007年第4期，第81~82页。

[133] 葛立成：《制度分析理论综述》，《江南论坛》1999年第2期，第26~27页。

[134] 〔美〕道格拉斯·C.诺斯：《制度、制度变迁与经济绩效》，刘守英译，上海三联书店，1994，第49页。

[135] 柳新元：《制度安排的实施机制与制度安排的绩效》，《经济评论》2002年第4期，第48~49页。

[136] 李文震：《论制度结构及其互补性对制度变迁绩效的影响》，《湖北大学学报》（哲学社会科学版）2001年第3期，第16~17页。

[137] 胡庄君、陈剑波、邱继成等：《财产权利与制度变迁》，上海人民出版社，1994，第56页。

[138] Oliver, E. W., "The New Institutional Economics: Taking Stock, Looking

ahead," *Journal of Economics Literature*, 2000, 38 (3): 595-613.

[139] 张旭昆:《制度系统的结构分析》,《数量经济技术经济研究》2002 年第 6 期, 第 60~63 页。

[140] 〔日〕青木昌彦:《比较制度分析》, 周黎安译, 上海远东出版社, 2001, 第 39~46 页。

[141] 白千文:《广义制度关联性视角下的转轨路径研究》, 南开大学博士 学位论文, 2010。

[142] Venkatraman, A., *Strategic Management*, Houghton Miftin Canpang, 1989: 253-262.

[143] 杨运姣:《"乡财县管"制度绩效分析框架与标准——制度绩效和公 共财政理论的视角》,《北京行政学院学报》2012 年第 6 期, 第 36~ 37 页。

[144] 蒋永穆、刘承礼:《中国农地股份合作制度绩效的内生交易费用理论 分析》,《当代经济研究》2005 年第 2 期, 第 65~66 页。

[145] 周小亮:《制度绩效递减规律与我国 21 世纪初新一轮体制创新研 究》,《财经问题研究》2001 年第 2 期, 第 7~8 页。

[146] 彭国甫:《地方政府公共事业管理绩效评价指标体系研究》,《湘潭大 学学报》(哲学社会科学版) 2005 年第 3 期, 第 16~22 页。

[147] 张旭昆:《制度与行为》,《浙江大学学报》2001 年第 4 期, 第 26~ 29 页。

[148] 薛晓源、陈家刚:《全球化与新制度主义》, 社会科学文献出版社, 2004, 第 1123~1261 页。

[149] Ellen, I., " The Theoretical Core of the New Institutionalism," *Politics and Society*, 1998, 26: 5.

[150] Peter, A. H., Rosemary, C. R., " Political Science and the Three New Institutionalism," *Political Studies*, 1999: 936-957.

[151] 〔美〕彼得斯:《理性选择理论与制度理论》, 载何俊志等编译《新 制度主义政治学译文精选》, 天津人民出版社, 2007, 第 79 页。

[152] 〔美〕温加斯特:《代议制政府的政治制度》, 载《新制度经济学》, 上海财经大学出版社, 1998, 第 1~10 页。

[153] Kenneth, A. S., "Institutional Arrangements and Equilibrium in Multidi-

mensional Voting Models," *American Journal of Political Science*, 1979, 23（1）：27 – 59.

[154] 何俊志等：《新制度主义政治学译文精选》，天津人民出版社，2007，第 78 页。

[155] 周业安：《制度演化理论的新发展》，《教学与研究》2004 年第 4 期，第 70 页。

[156] 曹胜：《制度与行为关系：理论差异与交流整合——新制度主义诸流派的比较研究》，《中共天津市委党校学报》2009 年第 4 期，第 58 ~ 59 页。

[157] 任丙强：《社会学新制度主义述评——政治学研究的社会学新途径》，《社会科学》2003 年第 7 期，第 63 ~ 64 页。

[158] Peter, H. A., *Governing the Economy*, New York：Oxford University press, 1986：102 – 189.

[159] 童蕊：《大学跨学科学术组织的学科文化冲突分析基于组织分析的新制度主义视角》，《教育发展研究》2011 年第 Z1 期，第 82 ~ 83 页。

[160] Steinmo, S., Thelen, K., Longstreth, F., *Structuring Politics：Historical Institutionalism in Comparative Analysis*, Cambridge University Press, 1992：59.

[161] Hall, P. A., *Governing the Economy：The Politics of the State Intervention in Britain and France*, New York：Oxford University Press, 1986：196 – 201.

[162] 刘秀红：《城镇企业职工基本养老保险制度模式与性别公平——基于历史制度主义的分析范式》，《理论月刊》2011 年第 8 期，第 90 ~ 93 页。

[163] 何俊志：《结构、历史与行为——历史制度主义》，《国外社会科学》2002 年第 5 期，第 28 页。

[164] 汪大海，唐德龙：《新中国慈善事业的制度结构与路径依赖——基于历史制度主义的分析范式》，《中国行政管理》2010 年第 5 期，第 114 ~ 115 页。

[165] 杨光斌：《政治学：从古典主义到新古典主义》，《教学与研究》2005 年第 9 期，第 45 ~ 47 页。

[166]〔美〕卡罗尔、索坦尔等：《新制度主义：制度与社会秩序》，陈雪莲译，《马克思主义与现实》2003 年第 6 期，第 28 ~ 32 页。

[167] 何俊志：《新制度主义政治学的流派细分与整合潜力》，载何俊志、任军锋、朱德米《新制度主义政治学译文精选》，天津人民出版社，2007，第 1～16 页。

[168] Poteete, A. R., Janssen, M. R., Ostrom, E., *Working Together: Collective Action, the Commons, and Multiple Methods in Practice*, Princeton University Press, 2010: 99.

[169] 柴盈、曾云敏：《奥斯特罗姆对经济理论与方法论的贡献》，《经济学动态》2009 年第 12 期，第 100～103 页。

[170] 刘建国、徐忠民、钟方雷：《流域水制度研究的基本框架及其应用——以黑河中游张掖市为例》，《生态经济》2011 年第 5 期，第 25～30 页。

[171] 〔美〕奥斯特罗姆：《制度性的理性选择：对制度分析和发展框架的评估》，彭宗超、钟开斌译，生活·读书·新知三联书店，2004，第 83 页。

[172] 王群：《奥斯特罗姆制度分析与发展框架评介》，《经济学动态》2010 年第 4 期，第 137～138 页。

[173] 朱华：《浅析埃莉诺·奥斯特罗姆的制度理性选择框架》，《科教文汇》（上旬刊）2009 年第 2 期，第 200 页。

[174] Ostrom, E., *Understanding Institutional Diversity*, Princeton University Press, 2005: 234.

[175] 李根、葛新斌：《农民工随迁子女异地高考政策制定过程透析——从制度分析与发展框架的视角出发》，《高等教育研究》2014 年第 4 期，第 17 页。

[176] 罗春华、吕普生：《理性选择制度主义的制度变迁理论与模式》，《江西农业大学学报》（社会科学版）2011 年第 1 期，第 90 页。

[177] Tracy, Y., "The Promise and Perils of Building a Co – management Regime: An Institutional Assessment of New Zealand Fisheries Management between 1999 and 2005," *Marine Policy*, 2008 (32): 132 – 141.

[178] Mark, T. I., "Institutional Analysis and Ecosystem – Based Management: The Institutional Analysis and Development Framework," *Environmental Management*, 1999, 24 (4): 449 – 465.

[179] Minna, A., Steven, W., "Analyzing and Organizing Nanotechnology De-

velopment: Application of the Institutional Analysis Development Framework to Manotechnology Consortia," *Technovation*, 2012 (32): 216 - 226.

[180] Lisa, C. D., *The Past And Future of Biofuels: A Case Study of the United States Using the Institutional Analysis and Development Framework*, Arizona State University, December 2010: 231.

[182] Eduardo, A., "The Strategic Games that Donors and Bureaucrats Play: an Institutional Rational Choice Analysis," *Journal of Public Administration Research and Theory*, 2014 (19): 853 - 871.

[183] Christine, B. W., Jane, F., " Rational Choice and Institutional Factors Underpinning State - level Interagency Collaboration Initiatives, *Transforming Government: People, Process and Policy*, 2012, 6 (1): 13 - 26.

[184] Abhay, P., Sahil, G., Vaidehi, T., et al., "Anatomy of Ownership Management of Public Land in Mumbai Setting an Agenda Using IAD Framework," *Environment and Urbanization Asia*, 2012, 3 (1): 203 - 220.

[185] Park, J. W., Park, S. C., "KH. The Adoption of State Growth Management Regulation (SGMR): Regarding Institutional Analysis and Development (IAD) Framework and Event History Analysis," *Institutional Review of Public Administration*, 2010, 15 (2): 124 - 127.

[186] Marion, M., Christina, S. E., Sebastian, K., et al., "Local Institutions: Regulation and Valuation of Forest Use—Evidence from Central Sulawesi, Indonesia," *Land Use Policy*, 2011 (28): 736 - 747.

[187] Shikui, D., James, L. K., Yan, Z. L., et al., "Institutional Development for Sustainable Rangeland Resource and Ecosystem Management in Mountainous Areas of Northern Nepal," *Journal of Environmental Management*, 2009 (90): 994 - 1003.

[188] 李礼:《城市公共安全服务供给的合作网络》,《中国行政管理》2011年第 7 期, 第 24 ~ 27 页。

[189] 刘建国、徐中民、钟方雷:《流域水制度研究的基本框架及其应用——以黑河中游张掖市为例》,《生态经济》2011 年第 5 期, 第 25 ~ 30 页。

[190] 刘建国、陈文江、许钟民:《干旱区域流域水制度绩效及影响因素研究》,《中国人口·资源与环境》2012 年第 10 期, 第 13 ~ 17 页。

[191] 周美多：《省内转移支付的均等化效应：省级差别和原因——基于 1999 - 2004 年县级数据的实证研究》，中山大学博士学位论文，2009。

[192] 朱玉贵：《中国伏季休渔效果研究———种制度分析视角》，中国海洋大学博士学位论文，2009。

[193] 胡海青：《中国大学教师聘任制改革的回顾与展望——基于理性选择制度主义的分析》，《现代大学教育》2010 年第 3 期，第 100 ~ 106 页。

[194] 陈建国：《城市社区治理的政策选择：一个规范分析框架》，《公共行政评论》2010 年第 2 期，第 46 ~ 48 页。

[195] 李德国：《公共服务体制改革的"海淀模式"——从制度分析与发展的视角看》，《东南学术》2011 年第 2 期，第 110 ~ 113 页。

[196] 王耀才：《住宅小区共有财产治理的制度研究》，《社会科学家》2009 年第 7 期，第 100 ~ 104 页。

[197] 张凌云：《扩招以来我国大学生就业政策回顾与展望——基于理性选择制度主义的分析》，《武汉职业技术学院学报》2013 年第 2 期，第 108 ~ 112 页。

[198] 何立娜：《农民工子女义务教育政策执行研究——基于制度分析与发展框架的分析》，中山大学硕士学位论文，2009。

[199] 徐涛、魏淑艳：《制度分析与发展框架下中国住房政策过程透析》，《东北大学学报》（社会科学版）2012 年第 5 期，第 282 ~ 287 页。

[200] 李琴：《行动情境：IAD 框架下女村官治村的治理情境分析》，《兰州学科》2014 年第 10 期，第 192 ~ 205 页。

[201] 聂飞：《农村留守家庭离散问题的制度与规则分析——基于 IAD 框架的应用规则模型》，《内蒙古社会科学》（汉文版）2015 年第 4 期，第 18 ~ 23 页。

[202] 李琴：《应用规则模型下农村妇女参与村级治理的规则分析》，《妇女研究论丛》2014 年第 3 期，第 5 ~ 13 页。

[203] 刘珉：《集体林权制度改革：农户种植意愿研究——基于 Elinor Ostrom 的 IAD 延伸模型》，《管理世界》（月刊）2011 年第 5 期，第 94 ~ 98 页。

[204] 何继新、孙芳：《公共产品伤害事件下公共服务认可度影响研究——

基于 IAD 延伸模型》，《首都经贸大学学报》（双月刊）2015 年第 1 期，第 76～82 页。

[205] 曹裕、吴次芳、朱一中：《基于 IAD 延伸决策模型的农户征地意愿研究》，《经济地理》2015 年第 1 期，第 141～148 页。

[206] 〔美〕艾莉诺·奥斯特罗姆：《公共事务的治理之道（集体行动的演讲）》，余逊达、陈旭东译，上海译文出版社，2012，第 96 页。

[207] 姚远：《中国家庭养老研究》，中国人口出版社，2001，第 138～152 页。

[208] 〔美〕埃莉诺·奥斯特罗姆、拉里·施罗德、苏珊·温：《制度激励与可持续发展》，陈幽泓等译，上海三联书店，2000，第 129～132 页。

[209] 〔美〕埃莉诺·奥斯特罗姆：《公共事务的治理之道》，余逊达等译，上海译文出版社，2012，第 310 页。

[210] 朱广忠：《艾莉诺·奥斯特罗姆自主治理理论的重新解读》，《当代世界与社会主义》2014 年第 6 期，第 134 页。

[211] 蔡菲、黄润龙、陈胜利：《影响出生性别比升高的社会经济文化背景研究——2000 年全国人口普查县级资料多因素分析报告》，《人口与发展》2008 年第 2 期，第 48～53 页。

[212] 杨婷、杨雪燕：《治理政策、乡土文化圈和男孩偏好：中国农村背景下的三方博弈》，《妇女研究论丛》2014 年第 5 期，第 42～47 页。

[213] 自樊纲：《渐进式改革的政治经济学分析》，上海远东出版社，1996，第 238 页。

[214] 张创新、李沫：《行政决策权力体制的效率分析》，《行政与法》2005 年第 7 期，第 29 页。

[215] 刘新元：《制度安排的实施机制与制度安排的绩效》，《经济评论》2002 年第 4 期，第 48 页。

[216] 刘朝、张欢、王赛君等：《领导风格、情绪劳动与组织公民行为的关系研究——基于服务型企业的调查数据》，《中国软科学》2014 年第 3 期，第 120 页。

[217] 周国华、马丹、徐进等：《组织情境对项目成员知识共享意愿的影响研究》，《管理评论》2014 年第 5 期，第 62 页。

[218] 陈佩、石伟：《领导风格、文化氛围与组织忠诚间的关系研究——以某机场集团公司为例》，《当代经济管理》2014 年第 2 期，第 86 页。

[219] 骆为祥、李建新：《妇女地位和生育决策》，《市场与人口分析》2007 年第 Z 期，第 247 ~ 254 页。

[220] Christophe, Z. G., *Watering The Neighbor's Garden: The Growing Demographic Female Deficit in Asia*, INED, Paris, 2007: 87 – 96.

[221] Kim, D. S., "Changing Trends and Regional Differentials in Sex Ratio at Birth in Korea: Revisited and Revised," Gender Discriminations among Young Children in Asia, French Institute of Pondicherry, India, 2005: 26 – 29.

[222] 杨书章、王广州：《生育控制下的生育率下降与性别失衡》，《市场与人口分析》2006 年第 4 期，第 20 ~ 28 页。

[223] Coale, A. J., " Excess Female Mortality and the Balance of the Sexes in the Population: An Estimate of the Number of Missing Females," *Population and Development Review*, 1991, 17 (3): 56 – 112.

[224] 龚为纲、吴海龙：《农村男孩偏好的区域差异》，《华中科技大学学报》(社会科学版) 2013 年第 3 期，第 32 页。

[225] 马克、霍哲、张梦中：《公共部门业绩评估与改善》，《中国行政管理》2000 年第 1 期，第 36 ~ 39 页。

[226] Campbell, J. P., McCloy, R. A., Oppler, S. H., et al., "A Theory of Performance," In Schmitt, N., Bo – rman, W. C., *Personnel Selection in Organizations*, San Francisco: Jossey – Bass, 1993: 35 – 70.

[227] 张雷、雷雳、郭伯良：《多层线性模型应用》，教育科学出版社，2003，第 89 页。

[228] Cohen, J., *Statistical Power Analysis for the Behavioral Sciences*, New Jersey: Ro – utledge, 1988: 115.

[229] 〔美〕加里·S. 贝克尔：《家庭论》，王献生、王宇译，商务印书馆，2005，第 234 页。

[230] 罗丽艳：《孩子成本效用的拓展分析及其对中国人口转变的解释》，《人口研究》2003 年第 2 期，第 14 ~ 21 页。

[231] 闲健辉：《对贫困地区农村性别偏好的经济学分析》，《人口与计划生

育》2004 年第 4 期，第 4 ~ 25 页。

[232] 李冬莉：《儒家文化和性别偏好——一个分析框架》，《妇女研究论丛》2000 年第 4 期，第 29 ~ 33 页。

[233] 刘中一：《场域、惯习与农民生育行为》，《社会》2005 年第 6 期，第 126 ~ 140 页。

[234] 杨雪燕：《主观规范对生育性别选择行为倾向的影响：基于 TRA 模型及中国农村社会关系结构的解释》，《妇女研究论丛》2012 年第 5 期，第 9 ~ 11 页。

[235] 杨雪燕、杨博：《生育性别偏好行为的双向选择——来自陕西省神木县的调查发现》，《西北人口》2011 年第 6 期，第 69 ~ 73 页。

[236] 朱秀杰：《相对效用、男孩偏好与生育性别选择》，《南方人口》2010 年第 1 期，第 6 ~ 10 页。

[237] 毕雅丽、李树茁、尚子娟：《制度关联视角下的出生性别比制度环境分析》，《妇女研究论丛》2014 年第 2 期，第 36 ~ 43 页。

[238] Hackman, J. R., Oldham, G. R., "Motivation Through the Design of Work Test of a Theory," *Organizational Behavior and Human Performance*, 1976 (8): 250 – 279.

[239] 王友发、何娣、赵艳萍：《现代服务业员工人格特质、工作特性、情绪劳动与工作满意度关系研究——基于江苏省 280 份通信服务业员工的调查问卷》，《现代管理科学》2013 年第 2 期，第 112 ~ 115 页。

[240] Qiao, L. J., "An Empirical Study of Meaning Negotiation from the Perspective of Task Characteristics – Task Difficulty and Task Complexity," *Chinese Journal of Applied Linguistics*, 2010, 33 (4): 44.

[241] 王震、孙健敏、赵一君：《中国组织情境下的领导有效性：对变革型领导、领导 – 部属交换和破坏型领导的元分析》，《心理科学进展》2012 年第 4 期，第 174 ~ 176 页。

[242] Judge, T., Thoreson, C., Bono, J., et al., "The Job Satisfaction – Job Performance Relationship: A Qualitative and Quantitative Review," *Psychological Bulletin*, 2001, 127: 376 – 407.

[243] 陈佩、石伟：《领导风格、文化氛围与组织忠诚间的关系研究——以某机场集团公司为例》，《当代经济管理》2014 年第 2 期，第 85 ~

90 页。

[244] 汪象华:《激励因素与工作满意度及组织承诺关系实证研究——以武警基层干部为例》,《系统工程》2006 年第 5 期,第 66 ~ 70 页。

[245] 买书鹏、张建、付晓婷等:《上海市社区卫生服务中心工作人员满意度因子分析》,《中国全科医学》2013 年第 10A 期,第 3301 ~ 3303 页。

[246] 许烺光:《美国人与中国人:两种生活方式的比较》,华夏出版社,1990,第 289 ~ 301 页。

[247] 杨国枢:《中国人的心理与行为:理论与方法篇》,台湾桂冠图书公司,1992,第 45 页。

[248] 欧阳景根、李社增:《社会转型时期的制度设计理论与原则》,《浙江社会科学》2007 年第 1 期,第 78 ~ 82 页。

[249] 金和辉:《农村妇女的生育决策权与生育率》,《中国人口科学》1995 年第 1 期,第 33 ~ 44 页。

[250] 崔兵:《制度环境与治理模式选择》,《孝感学院学报》2011 年第 3 期,第 77 ~ 81 页。

[251] 林晓红、魏津生:《新时期中国妇女生育水平与社会地位的发展变化》,《西北人口》2003 年第 2 期,第 17 ~ 31 页。

[252] 陈慧平:《促进性别平等是解决性别比失衡的根本途径》,《中共宁波市委党校学报》2008 年第 3 期,第 79 页。

[253] 刘春梅、李录堂:《陕西省农村老年人养老保障现状与需求分析》,《西北农林科技大学学报》(社会科学版)2013 年第 2 期,第 19 ~ 20 页。

[254] 陈卫、李敏:《亚洲出生性别比失衡对人口转变理论的扩展》,《南京社会科学》2010 年第 8 期,第 69 ~ 75 页。

[255] 李树苗:《性别偏好视角下的中国人口转变模式分析》,《中国人口科学》2011 年第 1 期,第 16 ~ 25 页。

[256] 刘娟:《社会结构变迁视野下的农民生育问题——关于"男孩偏好"生育理性的实证研究》,山东大学硕士学位论文,2007,第 1 ~ 61 页。

[257] 邓艳:《社会经济发展中的湖南妇女生育模式转变》,《第五次全国人口普查科学讨论会论文集——专题四:家庭、婚姻、生育、死亡、

老龄化与社会保障》，中国统计出版社，2004，第 458~478 页。

[258] 齐晓安：《社会文化变迁对婚姻家庭的影响及趋势》，《人口学刊》
2009 年第 3 期，第 35 页。

[259] 陈友华、胡小武：《社会变迁与出生性别比转折点来临》，《人口与发
展》2012 年第 1 期，第 14 页。

[260] 时涛、孙奎立：《我国出生性别比空间特征与影响因素分析》，《西北
人口》2014 年第 4 期，第 1~7 页。

[261] 周俊山、尹银、潘琴：《妇女地位、生育文化和生育意愿——以拉萨
市为例》，《人口与经济》2009 年第 3 期，第 61~66 页。

[262] 叶文振、林擎国：《当代中国离婚态势和原因分析洞悉》，《人口与经
济》1998 年第 3 期，第 22~23 页。

[263] 张大维、刘博、刘琪：《EVIEWS 数据统计与分析教程》，清华大学
出版社，2010，第 105 页。

附 录

附录 A

性别比偏高问题的治理县区问卷

省编码□□   市编码□□   县编码□□

被访机构单位地址：陕西省＿＿＿＿＿＿市＿＿＿＿＿＿县（区）

请您阅读以下内容：

您好！西安交通大学人口与发展研究所正在做一项社会调查，邀请您参加。请您根据本县区的真实情况回答一些问题。您需要提供的信息包括本县区的基本环境信息、人口计生工作及性别比偏高问题治理的信息，这些信息将有助于政府采取有关措施治理性别失衡、促进性别公平。

您所提交的个人信息是严格保密的，除了合格的研究人员以外，任何人都不会接触到这些资料，整理后的资料中将不会出现任何能表明您身份的信息。有关个人隐私方面的保密条款见《统计法》第三章第十四条。本次调查也不涉及对您个人及您所在工作单位的评价，不会对您或您所在的单位造成任何不利影响。非常感谢您的理解和配合！

如有任何问题，可以拨打电话13679274908、15229364359询问，谢谢配合。

填写人职位＿＿＿＿＿＿＿＿＿＿＿＿

姓　　　名＿＿＿＿＿＿＿＿＿＿＿＿＿

联 系 电 话＿＿＿＿＿＿＿＿＿＿＿＿＿

一　县区环境信息（请在符合本县区及本计生局情况的选项后面打"√"）

A1. 本县区辖区的地形总体为

（1）平原　　　　　（2）山区　　　　　　　（3）半平原半山区

A2. 本县区农村地区传统的居住形式是

（1）大多数农户之间住得比较近

（2）大多数农户之间住得比较远

（3）远的和近的各占一半

（4）无农村地区，不适用

A3. 2008 年度，本县区三大产业的产值分别为：第一产业＿＿＿＿＿万元

第二产业＿＿＿＿＿万元　第三产业＿＿＿＿＿万元

P1. 本县区农村地区实行的生育政策是（可多选）

（1）一孩政策　　　　（2）一孩半政策

（3）二孩政策　　　　（4）其他，请说明：＿＿＿＿＿

P2. 2009 年度，本县区的总人口为＿＿＿＿＿万人，其中农业人口＿＿＿＿＿

万人

P3. 2009 年度，本县区独生子女户总数为＿＿＿＿＿户

P4. 2009 年度，本县区农村独生子女户总数为＿＿＿＿＿户

P5. 2009 年度，本县区农村独女户总数为＿＿＿＿＿户

P6. 2009 年度，本县区农村双女户总数为＿＿＿＿＿户

P7. 填写本县区 10 年以来相关人口统计数字，无关考核，请务必保证

真实可靠：

年份	P7.0 年出生人口（人）	P7.1 年出生男婴（人）	P7.2 年出生二胎（人）	P7.3 年出生三胎（人）	P7.4 计划生育符合率（政策符合率）（%）	男女就业总人数（万人）	
						P7.5 男	P7.6 女
2009							
2008							
2007							
2006							

年份	P7.0 年出生人口（人）	P7.1 年出生男婴（人）	P7.2 年出生二胎（人）	P7.3 年出生三胎（人）	P7.4 计划生育符合率（政策符合率）（%）	男女就业总人数（万人）	
						P7.5 男	P7.6 女
2005							
2004							
2003							
2002							
2001							
2000							

P8. 填写本县区 5 年以来相关人口统计数字，无关考核，请务必保证真实可靠：

年份	P8.0 打击两非案例数（个）	P8.1 取消生育证数目（个）	P8.2 奖励扶助落实率（%）	P8.3 生殖健康三查率（%）	P8.4 社会抚养费征收人次（人）	P8.5 社会抚养费征收总额（万元）
2009						
2008						
2007						
2006						
2005						

P9. 2009 年度，全县征收社会抚养费的单次最高额度是多少？_____元

P10. 2009 年度，全县征收社会抚养费的单次最低额度是多少？_____元

二　人口与计划生育组织。请根据本县区的真实情况做出回答（在相应的选项上打"√"）

H1. 本县区计生局的工作人员总数为_____人，其中男性_____人；其中本科及以上学历的男性_____人，本科及以上学历的女性_____人

H2. 本县区乡镇计生办公室平均有_____人

H3. 本县区乡镇计生服务所平均有_____人

H4. 全县（区）村级计生工作人员共有_____人

H5. 本县区的每个行政村平均有计生工作人员_____人

H6. 村级（社区）计生专干的男女比例情况为

（1）绝大部分为男性　　　　　　　　（2）大部分为男性

（3）男女比例差不多　　　　　　　　（4）大部分为女性

（5）绝大部分为女性

F1. 本县区村级（社区）计生专干的平均年工资收入约为：_____元

F2. 本县区农村地区村民小组长的平均年工资收入约为：_____元

F3. 本单位公务员的最低年薪（包括工资、奖金、各种福利）约为：_____元

F4. 本县区计划生育部门编外人员的平均年工资收入约为：_____元

F5. 2009 年度，本县区用于人口计划生育工作的经费总额约为：_____万元

F6. 2009 年度，本计生局可以支配的经费总金额为：_____万元

F7. 本县区出生性别比治理的主要经费来源是（可多选）

（1）上级拨款　　　（2）部门自筹　　　（3）社会捐助

（4）其他，请注明：_____

F8. 本县区在出生性别比治理方面的主要财政支出用于（可多选，最多 3 项）

（1）有关性别平等、婚育新风观念的宣传

（2）孕情监测等全程服务的开展

（3）查处"两非"活动

（4）奖励扶助政策的落实

（5）性别比治理专门办公室的办公经费

（6）考核所发放的奖金

三　出生性别比治理工作。请根据本县区的真实情况做出回答（在相应的选项上打"√"）

C1. 本县区是否曾经被评为国家级优质服务县？

（1）是　　　　　　　　（2）否

C2. 本县区是否曾经被评为省级优质服务县？

（1）是　　　　　　　　（2）否

C3. 本县区开展过以下哪一类试点工作？（可多选）

（1）国家级关爱女孩行动试点县

（2）陕西省省级关爱女孩行动试点县

（3）婚育新风进万家试点县（市）

（4）其他试点县

C4. 本县区最早在哪一年开展关爱女孩行动？＿＿＿＿年

M1. 目前本县区人口计划生育工作的最重要的 2 个目标为

（1）控制政策符合率　　　　　　　　（2）控制出生人口性别比

（3）提高人口素质　　　　　　　　　（4）流动人口管理

（5）人口信息化管理　　　　　　　　（6）提高服务质量

（7）基础设施建设　　　　　　　　　（8）管理制度建设

M2. 目前本县区出生性别比治理中的最重要的 2 个目标为

（1）降低出生性别比数字

（2）保证打击两非案例数

（3）推行并提高全程服务质量，保证孕产期监控

（4）争取县区领导的支持和重视，建立部门合作机制

（5）进行性别平等、打击"两非"的宣传，改变群众观念

（6）推行促进性别平等的政策，如促进女性就业、参政、教育等

J1. 本县区是否成立了出生性别比治理的专门领导小组？

（1）是　　　　　　　　（2）否（跳问至 J4 题）

J2. 该领导小组最高领导人的级别是？（兼任的按最高级别选择）

（1）县（区）委书记　　　　　　　　（2）县（区）长

（3）常务副县长　　　　　　　　　　（4）一般副县（区）长

（5）计生部门一把手　　　　　　　　（6）其他部门一把手

（7）其他，请注明：＿＿＿＿＿

J3. 该领导小组中，人口计生部门属于？

（1）成员单位　　　　　　　　　　　（2）领导单位

（3）协调单位　　　　　　　　　　　（4）其他：＿＿＿＿

J4. 本县区参与出生性别比综合治理工作的部门有多少个？＿＿＿＿＿个

J5. 本县区是否有性别比综合治理的专门办公场所？

（1）有，是常设办公场所　　　　　　（2）有，是临时办公场所

（3）无

J6. 出生性别比治理中，本县区与以下哪些类型的县区有跨区域合作机

制（联合打击两非、流动人口信息互动等）？（可多选）

  （1）本市邻县 （2）本省邻县 （3）外省邻县

  （4）本省非邻县 （5）省外非邻县 （6）均无

J7. 本县区的出生性别比治理工作中，有没有与企业合作？

  （1）有   （2）没有（跳问至 K1 题）

J8. 企业在出生性别比治理工作中主要做了哪些工作？

  （1）捐款   （2）女性就业促进 （3）性别平等宣传

  （4）女性职业培训 （5）其他

  四 出生性别比治理考核。根据本县区的真实情况或判断回答（在相应的选项上打"√"或将相应的序号填在后面的方框里）

在市对本县区、本县区对乡镇（街道）的考核中，是否有以下出生性别比相关的考核指标？ 有，请打"√"	K*.1 市对县区是否有此项考核	K*.2 县区对乡镇是否有此项考核
K1. 出生性别比数字（低于一定值、下降或正常）	☐	☐
K2. 打击"两非"案例数	☐	☐
K3. "两非"案件处罚力度	☐	☐
K4. 取消生育证数目	☐	☐
K5. 二胎生育对象三查/生殖健康检查率	☐	☐
K6. 出生性别信息统计准确率	☐	☐
K7. 女孩户奖励扶助措施落实率	☐	☐
K8. 二胎定点分娩率	☐	☐
K9. 社会抚养费征收力度（总额度、征收比例）	☐	☐

  K10. 市级针对本县区的考核中，所有出生性别比治理相关指标占到考核总分的_____%

  K11. 本县区针对乡镇的考核中，所有出生性别比治理相关指标占到考核总分的_____%

  K12. 市级针对本县区的考核中，政策符合率（计划生育率）占到考核总分的_____%

  K13. 本县区针对乡镇的考核中，政策符合率（计划生育率）占到考核总分的_____%

  K14. 如果本机构不能完成该考核指标体系，上级会以怎样的形式惩处？（可多选）

（1）对机构公开批评

（2）给以机构经济惩罚

（3）机构领导撤职或调离

（4）取消机构评选为优秀或先进集体的资格

（5）取消机构领导评优、评先的资格

（6）一票否决

（7）其他，请注明：_____

K15. 如果本机构很好地完成该考核指标体系，上级会怎样奖励？

（1）对机构公开表扬

（2）给以机构经济奖励

（3）机构领导晋升

（4）评选为优秀或先进集体

（5）机构领导评选为优秀、先进个人或获得其他荣誉

（6）其他，请注明：_____

五　出生性别比治理制度。请根据本县区的真实情况或判断回答（在相应的选项上打"√"或将相应的序号填在后面的方框里）

在本市、本县区，是否有以下出生性别比治理相关的制度？有，请打"√"	R*.1 市里是否有此项制度	R*.2 县区是否有此项制度
R1. 在国家规定的奖扶政策基础上，提高奖励扶助标准	☐	☐
R2. 在国家规定的奖扶政策基础上，提前奖励扶助年限	☐	☐
R3. 在国家规定的奖扶政策基础上，将独女户和双女户家庭纳入养老保险	☐	☐
R4. 将奖励扶助落实列入一票否决制	☐	☐
R5. 将出生性别比数字考核列入一票否决制	☐	☐
R6. 将取消生育证的考核列入一票否决制	☐	☐
R7. 将打击"两非"的指标列入一票否决制	☐	☐
R8. 针对部门的打击"两非"奖励制度	☐	☐
R9. "两非"有奖举报制度	☐	☐
R10. 针对 B 超和药具管理制定专门的政策文件	☐	☐
R11. 二胎围产期保健服务	☐	☐
R12. 二胎定点分娩制度	☐	☐
R13. 全员（所有孕妇）定点分娩制度	☐	☐

R14. 哪些医疗机构有定点分娩的资格？（可多选）

（1）县级公立医院　　　　　　　　（2）乡镇公立医院

（3）较好的私立医院（按等级划分）　（4）一般的私立医院

R15. 本县区的出生登记工作，是否有卫生（医院）向计生部门定期反馈出生信息的制度？

（1）是　　　　　　（2）否（跳问至 R17 题）

R16. 如果有，要求的最长反馈时间为多长？ _____天

R17. 本县区在什么情况下会取消群众的生育证？（可多选）

（1）二胎孕情消失　（2）二胎婴儿异常死亡　　（3）孩子送养

（4）出生瞒报　　　（5）其他

P0. 2009 年度，本县区是否开展了打击性别鉴定及终止妊娠的专项行动？

（1）是　　　　　　（2）否（问卷结束）

66.1 该专项行动中，取消（医师、药师等）职业证书人数？ _____人次

66.2 该专项行动中，吊销（医疗机构、私人诊所、药店等）许可证户数？ _____户次

66.3 该专项行动中，停业整顿（医疗机构、私人诊所、药店等）户数？_____户次

66.4 该专项行动中，罚没资金数额？ _____元

66.5 该专项行动中，移送公安机关人数？ _____人次

66.6 该专项行动中，移送监察机关案件数量？ _____件

问卷回答完毕，非常感谢您的支持与配合！

附录 B

性别比偏高问题的治理工作人员问卷

省编码□□   市编码□□   县编码□□
乡镇/街道编码□□   行政村/社区编码□□   被访个人编码□□
被访个人工作单位地址：_____市_____县（区）_____乡（镇）
_____行政村（社区）_____村民小组

请您阅读以下内容：

　　您好！西安交通大学人口与发展研究所正在做一项社会调查，邀请您参加。请您根据您个人的真实情况回答一些问题。您需要提供的信息包括您个人、您单位的一些情况，以及您对某些问题的看法、已经或可能采取的一些行为，这些信息将有助于政府采取有关措施治理性别失衡、促进性别公平。

　　您所提交的个人信息是严格保密的，除了合格的研究人员以外，任何人都不会接触到这些资料，整理后的资料中将不会出现任何能表明您身份的信息。有关个人隐私方面的保密条款见《统计法》第三章第十四条。本次调查也不涉及对您个人及您所在工作单位的评价，不会对您或您所在的单位造成任何不利影响。非常感谢您的理解和配合！

　　如有任何问题，可以拨打电话 13669236471、13468719241 询问，谢谢配合。

被访人员姓名 _____

一　个人基本信息

GA1. 您的性别
（1）男　　　　　（2）女

GA2. 您是哪年哪月出生的？
GA2.1　19□□年　GA2.2　□□月（阳历）

GA3. 您的民族

（1）汉族　　　　　（2）其他民族（请注明：＿＿＿＿＿＿＿）

GA4. 您的政治面貌

（1）共青团员　　　　　　　　（2）共产党员

（3）民主党派　　　　　　　　（4）群众

GA5. 您的受教育程度

（1）初中及以下　　　　　　　（2）高中（中专、技校）

（3）大专　　　　　　　　　　（4）本科及以上

GA6. 您现在的婚姻状况

（1）已婚　　　　　　　　　　（2）未婚

（3）离婚　　　　　　　　　　（4）丧偶

GA7. 您的行政级别

（1）无级别　　　（2）科员　　　（3）科级

（4）处级　　　（5）处级以上　　（6）其他＿＿＿＿（请填写）

GA8. 您从事与计划生育相关的工作＿＿＿＿年了

GA9. 您的编制情况

（1）国家编制　　　（2）编外正式工作人员

（3）编外非正式工作人员

GA10. 您的户口性质

（1）城镇户口　　　（2）农村户口

GA11. 上个月，您个人在您单位中获得的总收入是＿＿＿＿元（包括工资、奖金和福利）

GA12. 您是否参与过一些公益性活动（如宣传保护环境等志愿者活动)？

（1）从未参加过　　（2）很少参加　　（3）偶尔参加

（4）经常参加　　（5）每次都参加

GA13. 您觉得本地居民的贫富差距大不大?

（1）差距非常大　　（2）差距比较大　　（3）一般

（4）差距比较小　　（5）差距非常小

以下是有关您的工作环境所设计的工作网络的问题，请根据您的真实想法或看法做出回答。

1. 过去一年里，您在性别比治理工作中经常联系的政府及直属单位工作人员有＿＿＿＿人。

其中，本单位的同事＿＿＿＿＿＿＿人，其他部门从事性别比治理工作的人员＿＿＿＿＿＿人；您的上级＿＿＿人，同级＿＿＿人，下级＿＿＿人；您的知心朋友＿＿＿人，您的普通朋友＿＿＿人。

2. 过去一年里，您在性别比治理工作中遇到困难或问题时，您找过＿＿＿＿＿＿＿人讨论或谈心。

其中，本单位的同事＿＿＿人，其他部门从事性别比治理工作的人员＿＿＿人；您的上级＿＿＿人，同级＿＿＿＿＿人，下级＿＿＿人；您的知心朋友＿＿＿人，您的普通朋友＿＿＿人。

3. 在您单位内，你的知心朋友有＿＿＿＿＿＿位。

4. 在您单位内，您的普通朋友有＿＿＿＿＿＿位。

二　以下问题涉及您个人对于男女平等、出生性别比治理等问题的看法，这些问题没有对错之分。请根据您的真实想法或看法做出回答（在相应的选项上打"√"）

	1＝非常不同意	2＝不同意	3＝既不同意也不反对	4＝同意	5＝非常同意
GLS1. 生男孩比生女孩更有面子	1	2	3	4	5
GLS2. 与女儿相比，儿子才是自己的根，是香火的延续	1	2	3	4	5
GLS3. 总的来说，男人的发展前途要好于女人	1	2	3	4	5
GLQ1. 当地出生性别比严重偏高	1	2	3	4	5
GLQ2. "出生性别比偏高"是由"重男轻女"的观念造成的	1	2	3	4	5
GLQ3. 运用B超技术进行性别鉴定是造成"出生性别比偏高"的主要原因	1	2	3	4	5
GLQ4. 出生女婴的漏报和瞒报是造成"出生性别比偏高"的主要原因	1	2	3	4	5
GLQ5. 出生性别比偏高会导致一部分男的找不到对象结婚	1	2	3	4	5
GLQ6. 出生性别比偏高会导致更多的卖淫嫖娼	1	2	3	4	5
GLQ7. 出生性别比偏高会导致拐卖妇女行为的增加	1	2	3	4	5
GLW1. "出生性别比偏高问题"会自然消亡，并不需要治理	1	2	3	4	5
GLW2. "关爱女孩行动"是治理出生性别比偏高问题的有效途径	1	2	3	4	5

续表

	1＝非常不同意	2＝不同意	3＝既不同意也不反对	4＝同意	5＝非常同意
GLW3. "关爱女孩行动"并不能改变人们"重男轻女"的生育观念	1	2	3	4	5
GLW4. "关爱女孩行动"对提高妇女的社会地位意义不大	1	2	3	4	5
GLF1. 性别比治理工作本质上就是查处非法性别比鉴定和查处非法引流产	1	2	3	4	5
GLF2. 采取"利益导向"方式治理"出生性别比偏高问题"更有效	1	2	3	4	5
GLF3. 只有加强惩罚查处力度，才能遏制性别比偏高的势头	1	2	3	4	5

三 以下问题涉及您工作和所在单位的一些情况，没有对错之分。请根据您的真实情况或判断做出回答（在相应的选项上打"√"）

GM1. 您在治理工作中为自己制定的最主要目标是？

（1）完成自己的工作任务即可

（2）争取获得年终先进个人

（3）争取为年终先进单位评比出自己一分力

（4）尽自己最大努力遏制出生性别比偏高问题

（5）其他＿＿＿＿＿＿＿＿＿＿＿＿＿＿＿＿＿（请注明）

GJ1. 在"出生性别比治理"的工作中，您承担以下哪些职责？（可多选）

（1）宣传倡导　　　（2）查处"两非"　　　（3）全程服务

（4）利益导向　　　（5）管理评估　　　（6）组织领导

GJ2. 在"出生性别比治理"的工作中，您觉得您所承担的职责是否合理？

（1）很合理　　　（2）合理　　　　　（3）既不同意也不反对

（4）不合理　　　（5）很不合理　　　（6）说不清

GZ1. 县区级领导对性别比治理工作支持力度过小

（1）非常同意　　　（2）很同意　　　（3）既不同意也不反对

（4）不太同意　　　（5）很不同意　　　（6）说不清

GZ2. 本单位领导很重视性别比治理工作

（1）非常同意　　　（2）很同意　　　（3）既不同意也不反对

（4）不太同意　　　（5）很不同意　　　（6）说不清

GZ3. 靠目前的资金，我们不可能解决性别比偏高问题

（1）非常同意　　　　（2）很同意　　　　（3）既不同意也不反对

（4）不太同意　　　　（5）很不同意　　　　（6）说不清

GZ4. 最近一年，在"查处两非"工作中，您遇到过单位同事不配合的情况吗？

（1）经常遇到　　　　（2）较多遇到　　　　（3）偶尔遇到

（4）很少遇到　　　　（5）从未遇到

GZ5. 最近一年，在"查处两非"工作中，您遇到过其他单位不配合的情况吗？

（1）经常遇到　　　　（2）较多遇到　　　　（3）偶尔遇到

（4）很少遇到　　　　（5）从未遇到

四　以下是有关性别比治理考核相关的题项，没有对错之分。请根据您的真实情况或判断做出回答（在相应的选项上打"√"）

GZK1. 计生工作的"一票否决"制度有没有促进政府部门对性别比治理工作的重视？

（1）重视了很多　　　（2）重视了较多　　　（3）重视了一些

（4）基本没有变化　　（5）不如以前重视

GZK2. "一票否决"制度有没有促进其他部门（如卫生局、药监局等等）积极地参与性别比治理工作？

（1）积极性提高很多　　　　　　（2）积极性提高了较多

（3）积极性提高了一些　　　　　（4）积极性提高很少

（5）没有提高

GZK3. 和没有"一票否决"制度相比，在有了"一票否决"制度后，性别比治理工作的开展是否比以前顺利？

（1）比以前顺利很多　　　　　　（2）比以前顺利较多

（3）比以前顺利一些　　　　　　（4）比以前顺利很少

（5）没有改变

GZK4. 您所在的单位有以下哪些方面的奖励制度？（可多选）

（1）奖金　　　　　（2）通报表扬　　　　（3）升职奖励

（4）年度先进工作者　　　　　　（5）没有奖励

GZK5. 您所在的单位有以下哪些方面的惩罚制度？（可多选）

（1）扣奖金　　　　　　（2）罚款　　　　　　（3）扣工资

（4）取消评先进工作者的资格

（5）降职　　　　　　　（6）通报批评　　　　（7）无惩罚

GZK6. 您认为所在单位的奖惩制度是否合理？

（1）非常合理　　　　　（2）合理　　　　　　（3）一般

（4）不合理　　　　　　（5）非常不合理　　　（6）说不清

GZK7. 您所在单位的奖惩制度落实情况如何？

（1）非常好　　　　　　（2）很好　　　　　　（3）一般

（4）不太好　　　　　　（5）很不好　　　　　（6）说不清

GZK8. 您认为您所在单位奖惩制度落实是有章可循的吗？

（1）非常不同意　　　　（2）不同意　　　　　（3）既不同意也不反对

（4）同意　　　　　　　（5）非常同意

GZK9. 您所在单位的奖惩制度的实施是公开透明的

（1）非常不同意　　　　（2）不同意　　　　　（3）既不同意也不反对

（4）同意　　　　　　　（5）非常同意

GZK10. 您所在单位的所有的人在奖惩措施面前都是平等的

（1）非常不同意　　　　（2）不同意　　　　　（3）既不同意也不反对

（4）同意　　　　　　　（5）非常同意

GZK11. 您认为您所在部门的奖惩措施是否提高了大家工作的积极性？

（1）提高很多　　　　　（2）提高较多　　　　（3）一般

（4）提高较少　　　　　（5）没有提高　　　　（6）说不清

　　五　以下问题涉及您对于自身工作和所在单位的一些看法，没有对错之分。请根据您的真实想法或看法做出回答（在相应的选项上打"√"）

	1 = 非常不同意	2 = 不同意	3 = 既不同意也不反对	4 = 同意	5 = 非常同意
GZC1. 我很庆幸能在现在单位工作	1	2	3	4	5
GZC2. 其实组织的发展与我个人发展没有直接关系	1	2	3	4	5
GZC3. 我在单位能体验到家的感觉	1	2	3	4	5
GZC4. 决定在这个组织工作是我的一大错误	1	2	3	4	5

续表

	1 = 非常不同意	2 = 不同意	3 = 既不同意也不反对	4 = 同意	5 = 非常同意
GZC5. 如果离开这个单位，我可以很容易融入其他组织	1	2	3	4	5
GZC6. 为了单位更好地发展，我愿意付出额外的努力	1	2	3	4	5
GZC7. 对于那些不利于单位发展的制度，我会直接指出	1	2	3	4	5
GZC8. 为了单位发展，我会尽力提出一些建设性的建议	1	2	3	4	5
GZC9. 为了单位能更好地完成工作任务，我会提出一些工作修改意见	1	2	3	4	5
GZC10. 我会提醒领导注意到那些会产生负面影响的行为	1	2	3	4	5
GZC11. 我不是很愿意在这个单位工作	1	2	3	4	5
GZC12. 现在离职，并不会给我带来很多损失	1	2	3	4	5
GZC13. 如果我现在离职，会打乱我大部分生活	1	2	3	4	5
GZC14. 只要工作类型相同，我同样可以为其他单位工作	1	2	3	4	5
GZC15. 为了能继续留在这个组织工作，我会接受任何工作任务	1	2	3	4	5
GZC16. 在未来的两年里，我有可能辞职	1	2	3	4	5
GZC17. 我所在的这个组织是我可能选择的最好组织	1	2	3	4	5
GZC18. 我留在这个单位，是因为我认为忠诚很重要，留下是一种道德责任	1	2	3	4	5
GZC19. 即使我在其他单位能获得更好的职位，我也不认为辞职是合适的	1	2	3	4	5
GZC20. 我认为现在的人跳槽过于频繁了	1	2	3	4	5
GZC21. 我不认为员工必须一直忠诚于他或她所在的单位	1	2	3	4	5

六　以下问题涉及您对您所在组织的领导、同事等的看法，没有对错之分。请根据您的真实想法或看法做出回答（在相应的选项上打"√"）

	1 = 非常不同意	2 = 不同意	3 = 既不同意也不反对	4 = 同意	5 = 非常同意
GZX1. 我的同事并不会考虑到其他人的感受	1	2	3	4	5
GZX2. 如果有同事调离单位，我会有失落感	1	2	3	4	5

	1 = 非常 不同意	2 = 不 同意	3 = 既不同 意也不反对	4 = 同意	5 = 非常 同意
GZX3. 我会跟同事诉说我生活与工作中遇到的困难	1	2	3	4	5
GZX4. 我单位中的成员待人都很真诚	1	2	3	4	5
GZX5. 在我遇到困难时，即使没有提出帮助的请求，同事也会给以帮助	1	2	3	4	5
GZX6. 我的同事很擅长他的工作	1	2	3	4	5
GZX7. 通常我会再准备一套方案，而不是向同事寻求帮助	1	2	3	4	5
GZX8. 只有在监督情况下同事的工作质量才能得到保证	1	2	3	4	5
GXM1. 我发现必须更加努力地工作，因为与我共事的人不能胜任工作	1	2	3	4	5
GXM2. 我经常征求同事的意见	1	2	3	4	5
GXM3. 我提出的意见常能得到同事的尊重	1	2	3	4	5
GZX9. 我的上级会考虑到下属的感受	1	2	3	4	5
GZX10. 我的上级看起来有点难以接近	1	2	3	4	5
GZX11. 我的上级很愿意倾听我的困难	1	2	3	4	5
GZX12. 我的上级对我有偏见	1	2	3	4	5
GZX13 我的上级更像是我的朋友	1	2	3	4	5
GZX14. 我并没有感觉到上级和我有共同的目标	1	2	3	4	5
GZX15. 我的上级在处理任何事情时都会尽量做到公平	1	2	3	4	5
GZX16. 我的上级言行有时不一致	1	2	3	4	5
GXM4. 我感觉上级和员工的交往方式很好	1	2	3	4	5
GXM5. 我觉得上级的决策能力很强	1	2	3	4	5
GXM6. 我感觉上级不能胜任他的工作	1	2	3	4	5
GXM7. 工作中，单位领导能给我提供帮助	1	2	3	4	5
GXM8. 我的工作没有得到单位领导的认可	1	2	3	4	5
GXM9. 我感觉上级经常不尊重大家的意见	1	2	3	4	5

七　对于出生性别比治理相关政策的评价。请将您选择的数字代码填入表中

性别比治理的做法	是否有该项政策 1 = 有 0 = 无 3 = 不清楚	执行的困难程度 1 = 非常困难 2 = 比较困难 3 = 没有困难 4 = 比较容易 5 = 非常容易	有效程度 1 = 根本没有效果 2 = 基本没有效果 3 = 有点效果 4 = 比较有效 5 = 非常有效	您单位的重视程度 1 = 很不重视 2 = 有点不重视 3 = 比较重视 4 = 很重视 5 = 非常重视
A4. 定点分娩、引产和孕检制度	GG1□	GGK1□	GGX1□	GGZ1□
A5. 打击"两非"行动已经在地方立法	GG2□	GGK2□	GGX2□	GGZ2□
A6. 计生女儿户家庭老人的社会化养老保障	GG3□	GGK3□	GGX3□	GGZ3□
A7. 实行农村计划生育女孩户家庭新农合免费入保	GG4□	GGK4□	GGX4□	GGZ4□
A8. 实行对于计划生育女儿户家庭技术、信息扶持优先，减免科技培训费的政策	GG5□	GGK5□	GGX5□	GGZ5□
A9. 对计划生育家庭户发放各种奖励扶助金	GG6□	GGK6□	GGX6□	GGZ6□
A10. 在培养入党、评先评优、招工招干、推选代表时对女儿户和妇女优先照顾	GG7□	GGK7□	GGX7□	GGZ7□
A11. 通过举办培训班等方式开展关爱女孩行动理念的倡导与培训	GG8□	GGK8□	GGX8□	GGZ8□
A12. 对于育龄怀孕妇女实施跟踪管理服务，有专人负责检查和落实她们的基本情况	GG9□	GGK9□	GGX9□	GGZ9□

八　对出生性别比治理工作过程和效果的评价。请根据您的真实想法或看法做出回答（在相应的选项上打"√"）

GXW1. 最近一年，您在出生性别比治理工作中遇到过群众不理解的事情吗？

（1）遇到很多　　　（2）遇到较多　　　（3）有时遇到

（4）很少遇到　　　（5）没遇到　　　　（6）说不清

GXW2. 最近一年，群众对出生性别比治理工作的认同程度如何？

（1）很认同 （2）较多认同 （3）既不认同也不反对

（4）较少认同 （5）很不认同 （6）说不清

GXW3. 最近一年，群众支持出生性别比治理工作吗？

（1）很支持 （2）较支持 （3）既不支持也不反对

（4）较不支持 （5）很不支持 （6）说不清

GXW4. 最近一年，到您单位，或针对您单位上访和投诉的事件多吗？

（1）非常多 （2）较多 （3）较少

（4）很少 （5）没有

GXW5. 在查处"两非"的工作中，我依然找不到有效的治理方法

（1）非常同意 （2）同意 （3）既不同意也不反对

（4）不同意 （5）非常不同意

GXW6. 面对偏高的出生性别比，我依然感到无能为力

（1）非常同意 （2）同意 （3）既不同意也不反对

（4）不同意 （5）非常不同意

九 对出生性别比治理工作满意度的评价。请根据您的真实想法或看法做出回答（在相应的选项上打"√"）

	1 = 非常不同意	2 = 不同意	3 = 既不同意也不反对	4 = 同意	5 = 非常同意
GXM10. 我很喜欢我的工作	1	2	3	4	5
GXM11. 我有时觉得我的工作一点意义都没有	1	2	3	4	5
GXM12. 我的工作能帮助我实现人生价值	1	2	3	4	5
GXM13. 单位很多制度和秩序阻碍了工作的顺利完成	1	2	3	4	5
GXM14. 我有太多的工作要做	1	2	3	4	5
GXM15. 我很满意单位各项政策执行的方式	1	2	3	4	5
GXM16. 我所在单位的人际关系很融洽	1	2	3	4	5
GXM17. 单位的工作任务，常常得不到非常明确的解释	1	2	3	4	5
GXM18. 有些重要的或与我息息相关的信息我总是很晚才知道	1	2	3	4	5
GXM19. 我的工资增加得太少	1	2	3	4	5
GXM20. 我的工资没有体现我对单位的贡献	1	2	3	4	5

	1 = 非常 不同意	2 = 不 同意	3 = 既不同意 也不反对	4 = 同意	5 = 非常 同意
GXM21. 就我的工作量与工作责任而言，我所 得的报酬是合理的	1	2	3	4	5
GXM22. 与其他同事的工作表现相比，我的报 酬待遇是合理的	1	2	3	4	5
GXM23. 当我在工作中表现出色时，我会得到 我本应得到的奖励	1	2	3	4	5
GXM24. 我觉得我的努力没有得到应有的回报	1	2	3	4	5
GXM25. 如果出现职位空缺，我就有可能获得 提升	1	2	3	4	5
GXM26. 我工作晋升的机会太少	1	2	3	4	5
GXM27. 凡是那些在工作中表现出色的人都获 得了公平的晋升机会	1	2	3	4	5
GXM28. 单位的工作计划主要是领导说了算， 我们没有多少发言权	1	2	3	4	5
GXM29. 我可以根据自己的方案来完成工作	1	2	3	4	5

附录 C

出生性别比偏高问题治理的群众问卷

省编码□□　　　　　　　　市编码□□

县编码□□　　　　　　　　乡（镇）（街道）编码□□

村（社区）编码□□　　　　被访个人编码□□

被访个人住址：_____县（区）_____镇/乡（街道）

_____行政村（社区）

请把下面的这段话读给被访问人：

您好！西安交通大学人口与发展研究所正在做一项社会调查，邀请您参加。请您根据您个人的真实情况回答一些问题。您需要提供的信息包括您个人、您生活的家庭或社区的一些情况，以及您对某些问题的看法、已经或可能采取的一些行为，这些信息将有助于政府采取有关措施治理性别失衡、促进性别公平。

您所提交的个人信息是严格保密的，除了合格的研究人员以外，任何人都不会接触到这些资料，整理后的资料中将不会出现任何能表明您身份的信息。有关个人隐私方面的保密条款见《统计法》第三章第十四条。本次调查也不涉及对您个人及您所在工作单位的评价，不会对您或您所在的单位造成任何不利影响。非常感谢您的理解和配合！

A1 您的出生年月是：　　　　　　　　　　　□□□□年□□月

A2 您的性别是：（1）男　　（2）女

A3 您的民族是：（1）汉族　　（2）少数民族

A4 您的户籍所在地：（1）本县　　（2）本省外地　　（3）外省

A5 您的户籍是：（1）农村　　（2）城市

A6 您目前的居住地是：（1）农村　　（2）乡镇　　（3）县城

A7 您在目前居住地居住了多久：____年

A8 您的宗教信仰是：

（1）不信教　　　　（2）佛教　　　　　　（3）道教

（4）基督教/天主教　（5）伊斯兰教　　（6）其他

A9 您的受教育程度是：

（1）没上过学　　　（2）小学　　　　（3）初中

（4）高中（含中专、技校）　　　　（5）大专及以上

A10 您目前的职业是：

（1）国家干部、国有企业或事业单位负责人

（2）经理（企业高层管理人员）

（3）私营企业老板

（4）专业技术人员（如教师、医生、律师等）

（5）生产、运输设备操作人员

（6）办事人员（如机关普通工作人员等）

（7）个体工商户

（8）商业服务人员（如营业员、出纳等）

（9）工人　　　　　（10）农民　　　　（11）进城务工农民工

（12）待业/失业人员（13）退休人员

（14）其他（请注明_____）

A11 近一年来，您的年收入是：_____元

A12 和周围的人相比，您认为您家的经济状况如何？

（1）差很多　　　（2）差　　　　（3）差不多

（4）好　　　　　（5）好很多

V 您认为当地的贫富差距是怎样的？

（1）非常大　　　（2）很大　　　　（3）一般

（4）不大　　　　（5）没什么差别

A13 您目前的婚姻状况是：

（1）未婚且未同居（跳问 C1）　　　（2）未婚同居

（3）已婚且居住在一起　　　　　　（4）已婚但分居

（5）离婚或丧偶（跳问 C1）

A14 您配偶或对象的出生年月是：　　　　　□□□□年□□月

A15 您配偶或对象的职业是：

（1）国家干部、国有企业或事业单位负责人（2）经理（企业高层管理人员）（3）私营企业老板（4）专业技术人员（如教师、医生、律师等）

（5）生产、运输设备操作人员 （6）办事人员（如机关普通工作人员等）
（7）个体工商户 （8）商业服务人员（如营业员、出纳等）（9）工人（10）
农民 （11）进城务工农民工 （12）待业/失业人员 （13）退休人员 （14）
其他（请注明＿＿＿＿＿＿＿＿＿＿＿＿）

A16 近一年来，您配偶或对象的年收入是＿＿＿＿＿＿＿＿元

A17 您配偶或对象的受教育程度是：

（1）没上过学 　　　　（2）小学 　　　　　（3）初中

（4）高中（含中专、技校） 　　　　（5）大专及以上

B1 您和您配偶目前有几个孩子？（几男几女） B1.1 儿子□女儿□

B2 您或您配偶到目前为止的流产次数是＿＿＿＿＿＿次

C1 您对子女性别的看法：

C1.1 不管男孩女孩，有孩子即可 　（1）同意 　（2）不同意

C1.2 不管几个孩子，只要有儿子即可 　（1）同意 　（2）不同意

C1.3 不管几个孩子，只要有女儿即可 　（1）同意 　（2）不同意

C2 您最理想的子女数是：

（1）不管男孩女孩，一个即可

（2）只要一个男孩 　　　　　　（3）只要一个女孩

（4）一个儿子，一个女儿 　　　　（5）两个儿子

（6）两个女儿 　　　（7）不管男孩女孩，两个即可

（8）越多越好 　　　　　　　　（9）其他

C3 如果政策允许，您会通过流产、引产等方法达到生儿子的目的吗？

（1）一定会 　　　（2）会 　　　　（3）说不准

（4）不会 　　　（5）一定不会

C4 如果政策允许，您会通过流产、引产等方法达到生女儿的目的吗？

（1）一定会 　　　（2）会 　　　　（3）说不准

（4）不会 　　　（5）一定不会

C5 如果国家允许生育二胎，请您根据自己的想法回答以下问题：

C5.1，假设您第一胎生育的是男孩，对于第二胎：

（1）不生育二胎 　　　　　　　（2）还想生一个男孩

（3）还想生一个女孩 　　　　　（4）再生一个，男女无所谓

C5.2 假设您第一胎生育的是男孩，对于第二胎：

（1）不生育二胎 　　　　　　（2）还想生一个男孩

（3）还想生一个女孩 　　　　（4）再生一个，男女无所谓

D 以下问题请根据您的真实想法或看法做出回答（在相应的选项上打"√"或画圈）

	1 = 非常不同意	2 = 不同意	3 = 既不同意也不反对	4 = 同意	5 = 非常同意
D1 儿子是家族的香火	1	2	3	4	5
D2 儿子将来可以给自己养老	1	2	3	4	5
D3 儿子可以使心理得到安慰	1	2	3	4	5
D4 儿子是家里的经济支柱	1	2	3	4	5
D5 儿子可以让自己在社会上有面子	1	2	3	4	5
D6 女儿是家族的香火	1	2	3	4	5
D7 女儿将来可以给自己养老	1	2	3	4	5
D8 女儿可以使心理得到安慰	1	2	3	4	5
D9 女儿是家里的经济支柱	1	2	3	4	5
D10 女儿可以让自己在社会上有面子	1	2	3	4	5

E1 您一般会跟哪些人谈论生育方面的问题？（请在符合您情况的选项后面打"√"或画圈）

人群	和谁讨论生育方面的问题？		
	0 = 不谈论	1 = 谈论	2 = 不适用
E1.1 配偶或对象	0	1	2
E1.2 父母	0	1	2
E1.3 公婆或岳父母	0	1	2
E1.4 兄弟姐妹	0	1	2
E1.5 熟人或好友	0	1	2

E2 哪些人对您生育决策方面的影响比较大？（请在符合您情况的选项上打"√"或画圈）

（注：生育决策包括什么时候生、生几个、想要生男孩还是女孩）

人群	谁对于您生育决策有影响（什么时候生？生几个？男孩女孩？）				
	1 = 非常大	2 = 比较大	3 = 有点大	4 = 不太大	5 = 没有影响
E2.1 配偶或对象	1	2	3	4	5

人群	谁对于您生育决策有影响（什么时候生？生几个？男孩女孩？）				
	1 = 非常大	2 = 比较大	3 = 有点大	4 = 不太大	5 = 没有影响
E2.2 父母	1	2	3	4	5
E2.3 公婆或岳父母	1	2	3	4	5
E2.4 兄弟姐妹	1	2	3	4	5
E2.5 熟人或好友	1	2	3	4	5

E3 以下是一种假设性的情形，无论您是否生育也无论生育的是男孩还是女孩，都可以根据您所知道的事实对以下问题做出判断（请在符合您情况的选项后面打"√"或画圈）

人群	如果您生了儿子，您认为以下这些人的态度可能是什么？				
	1 = 非常不高兴	2 = 不高兴	3 = 无所谓	4 = 高兴	5 = 非常高兴
E3.1 配偶或对象	1	2	3	4	5
E3.2 父母	1	2	3	4	5
E3.3 公婆或岳父母	1	2	3	4	5

人群	如果您生了儿子，您认为以下这些人的态度可能是什么？				
	1 = 非常不羡慕	2 = 不羡慕	3 = 无所谓	4 = 羡慕	5 = 很羡慕
E3.4 兄弟姐妹	1	2	3	4	5
E3.5 熟人或好友	1	2	3	4	5
E3.6 周围的人（邻居、朋友等）	1	2	3	4	5

事实	如果您生了儿子，您或您的家庭可能会面临什么？				
	1 = 非常不同意	2 = 不同意	3 = 不同意也不反对	4 = 同意	5 = 非常同意
E3.7 在集体利益分配的时候，只有儿子的家庭一般会吃亏	1	2	3	4	5
E3.8 您周围的家庭一般都是靠儿子养老的	1	2	3	4	5

E4 以下是一种假设性的情形，无论您是否生育也无论生育的是男孩还是女孩，都可以根据您所知道的事实对以下问题做出判断（请在符合您情况的选项后面打"√"或画圈）

人群	如果您生了女儿，您认为以下这些人的态度是什么？				
	1 = 很高兴	2 = 高兴	3 = 无所谓	4 = 不高兴	5 = 很不高兴
E4.1 配偶或对象	1	2	3	4	5
E4.2 父母	1	2	3	4	5
E4.3 公婆或岳父母	1	2	3	4	5

人群	如果您生了女儿，您认为以下这些人的态度可能是什么？				
	1 = 非常不羡慕	2 = 不羡慕	3 = 无所谓	4 = 羡慕	5 = 非常羡慕
E4.4 兄弟姐妹	1	2	3	4	5
E4.5 熟人或好友	1	2	3	4	5
E4.6 周围的人（邻居、朋友等）	1	2	3	4	5

事实	如果您生了女儿，您或您的家庭可能会面临什么？				
	1 = 非常不同意	2 = 不同意	3 = 不同意也不反对	4 = 同意	5 = 非常同意
E4.7 在集体利益分配的时候，家中只有女儿的家庭一般会吃亏	1	2	3	4	5
E4.8 您周围的家庭一般都是靠女儿养老的	1	2	3	4	5

F 请根据您所知道的事实如实回答您对以下问题的认识或看法（请将符合您认识或看法的答案题号填在相应的空格内）

政策名称	您是否知道？ 1 = 没听说，2 = 听说过但不清楚，3 = 知道一点，4 比较了解，5 = 非常清楚	您的看法？ 1 = 很不好，2 = 不好，3 = 无所谓，4 = 好，5 = 很好	对于该项政策的执行和实施情况，您是否满意？ 1 = 很不满意，2 = 不满意，3 = 一般，4 = 满意，5 = 很满意，6 = 没开展，7 = 不知道
F1 禁止非法的胎儿性别鉴定	F11□	F12□	F13□
F2 取消农村居民二胎生育的时间间隔	F21□	F22□	F23□

政策名称	您是否知道？ 1 = 没听说，2 = 听说过但不清楚，3 = 知道一点，4 比较了解，5 = 非常清楚	您的看法？ 1 = 很不好，2 = 不好，3 = 无所谓，4 = 好，5 = 很好	对于该项政策的执行和实施情况，您是否满意？ 1 = 很不满意，2 = 不满意，3 = 一般，4 = 满意，5 = 很满意，6 = 没开展，7 = 不知道
F3 为农村孕产妇提供优质的孕产期全程服务	F31□	F32□	F33□
F4 农村在土地分配、集体分钱时，计生男孩户和计生女孩户平等	F41□	F42□	F43□
F5 农村在土地分配、集体分钱时，给计生女孩户多分	F51□	F52□	F53□
F6 在参与新农合方面，农村计生女孩户可以少交钱或者多报销	F61□	F62□	F63□
F7 对超过 60 岁的农村计生户家庭老人每人每月发放 50 元奖励扶助金	F71□	F72□	F73□
F8 将农村计生户家庭老人的奖励扶助金标准提高到每人每月 100 元	F81□	F82□	F83□
F9 提倡女性参与祭祀、社事等民俗活动，宣传男女平等	F91□	F92□	F93□
F10 在农村开展评选"五好"（"好公公""好婆婆""好女婿""好女儿""好家庭"）活动，宣传男女平等	F101□	F102□	F103□

G 以下问题请根据您的真实想法或看法做出回答（在相应的选项上打"√"或画圈）

G1	1 = 很容易	2 = 容易	3 = 一般	4 = 困难	5 = 很困难
G1.1 过去有人在怀孕时就可以很容易地知道胎儿的性别吗？	1	2	3	4	5
G1.2 过去有人能够很容易地做人工流产吗？	1	2	3	4	5
G1.3 您认为您可以很容易地知道胎儿的性别吗？	1	2	3	4	5
G1.4 您认为您或者您妻子可以很容易地获得人工流产手术服务吗？	1	2	3	4	5
G2	1 = 非常不同意	2 = 不同意	3 = 不同意也不反对	4 = 同意	5 = 非常同意
G2.1 作为个人来讲，无论如何，违反国家政策超生是不对的	1	2	3	4	5
G2.2 为了生儿子超生是可以理解的	1	2	3	4	5
G2.3 为了生女儿超生是可以理解的	1	2	3	4	5
G2.4 只是单纯地想知道胎儿的性别而做 B 超是可以理解的	1	2	3	4	5
G2.5 为了生儿子做 B 超是错误的行为	1	2	3	4	5
G2.6 为了生女儿做 B 超是错误的行为	1	2	3	4	5
G2.7 为了生儿子而去做人工流产是错误的行为	1	2	3	4	5
G2.8 为了生女儿而去做人工流产是错误的行为	1	2	3	4	5
G3、G4	1 = 非常不同意	2 = 不同意	3 = 无所谓	4 = 同意	5 = 非常同意
G3.1 如果没有女儿，将是我一辈子最大的遗憾	1	2	3	4	5
G3.2 如果没有儿子，将是我一辈子最大的遗憾	1	2	3	4	5
G4.1 现在很多名人、有钱人在怀孕时都知道胎儿的性别	1	2	3	4	5
G4.2 现在很多名人、有钱人都超生	1	2	3	4	5

G4.3 现在很多名人、有钱人都一门心思想生男孩	1	2	3	4	5
G5	1 = 非常不同意	2 = 不同意	3 = 不同意也不反对	4 = 同意	5 = 非常同意
G5.1 人工流产会对妇女健康带来比较大的危害	1	2	3	4	5
G5.2 人工流产有可能造成不孕症	1	2	3	4	5
G5.3 没有儿子可能会造成父母在晚年没人养老	1	2	3	4	5
G5.4 没有女儿可能会造成父母在晚年没人养老	1	2	3	4	5
G5.5 如果没有儿子，可能会在将来对家庭经济情况造成不好的影响	1	2	3	4	5
G5.6 如果没有女儿，可能会在将来对家庭经济情况造成不好的影响	1	2	3	4	5
G5.7 如果没有儿子，可能会影响家庭的声望和地位	1	2	3	4	5
G5.8 如果没有女儿，可能会影响家庭的声望和地位	1	2	3	4	5

K 以下问题是关于您对计生部门工作的一些看法，请按照您的真实感受做出问答

K1 在您来计生部门办事之前，您认为计生部门的服务质量是怎样的？

（1）非常差（2）比较差（3）一般（4）比较好（5）非常好

K2.1 您对当地计生部门提供的服务满意吗？

（1）非常不满意（2）不满意（3）一般（4）满意（5）非常满意

K2.2 和您预想的相比，当地计生部门所提供服务的质量如何？

（1）非常差（2）比较差（3）一般（4）比较好（5）非常好

K2.3 与您想得到的最好的计生服务相比，您对当地计生部门工作的评价？

（1）相差很多（2）相差较多（3）差不多（4）比较接近（5）非常接近

K3

	1 = 一定不会	2 = 不会	3 = 不知道	4 = 可能会	5 = 一定会
K3.1 如果对计生部门服务不满意，您会去投诉吗？	1	2	3	4	5
K3.2 如果对计生部门服务不满意，您会对熟人抱怨吗？	1	2	3	4	5
K3.3 如果对计生部门服务不满意，您会对陌生人抱怨吗？	1	2	3	4	5

K4

	1 = 非常不同意	2 = 不同意	3 = 不同意也不反对	4 = 同意	5 = 非常同意
K4.1 计生部门能够解决大部分的计划生育问题	1	2	3	4	5
K4.2 计生部门的领导能够把部门管理得很好	1	2	3	4	5
K4.3 计生部门工作人员能够很快解决群众的问题	1	2	3	4	5
K4.4 计生部门能够很好地贯彻实施国家的政策	1	2	3	4	5

K5

	1 = 非常不同意	2 = 不同意	3 = 不同意也不反对	4 = 同意	5 = 非常同意
K5.1 计生部门代表公众利益，为民服务	1	2	3	4	5
K5.2 计生部门公布的信息真实可信	1	2	3	4	5
K5.3 计生部门很少出现贪污、腐败等违纪情况	1	2	3	4	5
K5.4 计生部门对办事群众一视同仁，能够公平公正地处理问题	1	2	3	4	5

K6

	1 = 非常不同意	2 = 不同意	3 = 不同意也不反对	4 = 同意	5 = 非常同意
K6.1 计生部门采取了很多办法与群众沟通	1	2	3	4	5
K6.2 计生部门能够在工作中听取群众的意见	1	2	3	4	5
K6.3 计生部门能够根据群众的反映不断改善政策	1	2	3	4	5

K7

	1 = 非常不同意	2 = 不同意	3 = 不同意也不反对	4 = 同意	5 = 非常同意
K7.1 计生部门工作中的办公环境和服务设施很好	1	2	3	4	5
K7.2 计生部门开展的工作对公众是有帮助的	1	2	3	4	5
K7.3 我愿意去计生部门反映情况	1	2	3	4	5
K7.4 我能感觉到计生部门及其工作人员对群众的关怀	1	2	3	4	5
K7.5 我愿意配合计生部门的工作	1	2	3	4	5
K7.6 计生部门的形象比较好，声望也较高	1	2	3	4	5
K7.7 我相信当地的计生工作会越做越好	1	2	3	4	5

问卷调查到此全部结束，谢谢您的参与和合作，祝您愉快！

后　记

　　本书是西安交通大学公共政策与管理学院人口与发展研究所性别失衡与治理课题组所有成员长期以来坚持不懈、共同努力的结晶。

　　首先要感谢我的导师李树茁教授。李老师"春风化雨润物无声"的高尚师德让我感动不已。他严谨的治学态度、敏感的学术洞察力、开阔的学术视野令我终身受益。在本书的写作过程中，李老师提出了许多有价值的、方向性的、指导性的意见和建议，他的可贵意见是我成书过程中保持清醒思路的重要保障。在这里，我要向我的恩师表达最诚挚的谢意，做他的学生是我一生的骄傲。

　　其次，感谢陕西省卫计委领导、陕西省各地区人口计生部门以及接受问卷调查或访谈的各县区群众，他们的倾力配合是本书得以完成的最重要前提，在此对他们的付出表示由衷的感谢。

　　再次，感谢西安交通大学人口与发展研究所性别失衡与治理课题组所有成员的辛苦付出。杨雪燕教授、刘慧君教授以及当时已经80岁高龄的朱楚珠教授不仅亲赴调查地指导调查工作，而且在本书的写作思路构建以及成书过程中给予极大的支持和帮助。感谢人口所的靳小怡老师、黎洁老师、姜全保老师、杨东朗老师、曾卫红老师、左冬梅老师、白萌老师对我的帮助和支持，感谢这些敬业的老师。感谢人口所的杜威、韦艳、悦中山、张群林、闫绍华、果臻、尚子娟、杨博、李卫东、李成华、胡莹、蔡萌、刘茜、郭秋菊、李元昭、闫凯旋、鲁小茜、李卓霖、李华倩、王硕晨、龚怡、朱亚宏、徐洁、程菲、孟阳、张若恬、刘永茂、冯伟林、邱昀、李亚男、宋瑞霞、贺婧、张瑞璇、龚冬生、韩兆彩、王欢、孙绎乔、高丽对我的支持和帮助，与你们在一起是最美的时光。感谢我的父母，感谢你们给了我生命并用你们淳朴的为人品质教会了我做人与为学的态度。感谢我的姐姐对我生活上的无私帮助，姐姐和母亲接力式地帮助我照顾宝宝，使我能够安心投入本书的写作。感谢我的爱人贺杰。他伴我走过了从高中到博士毕业的漫长时光，也陪我完成了人生中从恋爱、结婚到生子的必修课。他的包容、支持和理解是我最强劲的动力。他独自一人挑起我们这个四口之家的重担，为我和宝宝阻挡风浪，让我们时刻感受到家庭的温暖。

最后，要特别感谢我的两个可爱的宝宝，感谢你们让我有了妈妈这个神圣的身份，让我感受到了做母亲的职责和幸福，你们稚嫩的一声呼唤会让我前行的脚步更加坚定。宝宝们，妈妈爱你们！

感谢西北政法大学专著基金对本书的资助，感谢西北政法大学政治与公共管理学院的领导和老师对本书写作给予的支持和帮助。

由于学术能力有限，本书必然存在诸多不足之处，敬请各位读者批评指正。

图书在版编目（CIP）数据

　　出生性别比治理绩效的影响机制：基于制度分析视
角的实证研究／毕雅丽，李树茁著. -- 北京：社会科
学文献出版社，2018.11
　　（西安交通大学人口与发展研究所. 学术文库）
　　ISBN 978 - 7 - 5201 - 3392 - 0

　　Ⅰ.①出…　Ⅱ.①毕…②李…　Ⅲ.①人口出生率 -
性别 - 比例 - 研究 - 中国　Ⅳ.①C924.24

　　中国版本图书馆 CIP 数据核字（2018）第 205162 号

西安交通大学人口与发展研究所·学术文库
出生性别比治理绩效的影响机制
　　——基于制度分析视角的实证研究

著　　者／毕雅丽　李树茁

出 版 人／谢寿光
项目统筹／周　丽　高　雁
责任编辑／颜林柯　刘　翠

出　　版／社会科学文献出版社·经济与管理分社（010）59367226
　　　　　　地址：北京市北三环中路甲 29 号院华龙大厦　邮编：100029
　　　　　　网址：www.ssap.com.cn
发　　行／市场营销中心（010）59367081　59367018
印　　装／三河市尚艺印装有限公司

规　　格／开　本：787mm × 1092mm　1/16
　　　　　　印　张：14.5　字　数：238 千字
版　　次／2018 年 11 月第 1 版　2018 年 11 月第 1 次印刷
书　　号／ISBN 978 - 7 - 5201 - 3392 - 0
定　　价／75.00 元

本书如有印装质量问题，请与读者服务中心（010 - 59367028）联系